회고록

독립 운동가의 후예

上海에서
서울까지

|회고록| 독립운동가의 후예

上海에서 서울까지

2022년 9월 15일 1판 1쇄 인쇄
2022년 9월 30일 1판 1쇄 발행

저 자   최용학
발행자   심혁창
마케팅   정기영
교 열   송재덕
디자인   박성덕
인 쇄   김영배
제 본   송선철
등록일   1980년 2월 20일 제2018-000182
주 소   04116 서울특별시 마포구 신촌로 270(아현동) 수창빌딩 903호
전 화   02-363-0301   팩 스 02-362-8635
E-mail   simsazang@daum.net
창 업   1980. 2. 20.
이전신고   제2018-000182

ISBN 97889-7073-616-7-03130

필자 최용학 근영

회고록

독립 운동가의 후예

上海에서
서울까지

최용학 지음

구한말 고종황제 휘하의 조선특무대 마지막 장교 최태현의 아들
역경을 딛고 성실하고 당당하게 살아온 일생기!

도서출판 한글

자서전을 상재한다면 적어도 국가적으로나 사회적으로 그만한 업적을 쌓은 공로자가 해야 할 일이다. 그런데 나 같은 사람이 감히 자서전 운운하는 것은 어울리지 않아 부끄러운 생각이 앞선다.

그렇지만 내가 몇 자라도 남기고 싶은 것은 내 명예나 자랑을 하고 싶어서가 아니라 나를 낳아주신 자랑스러운 아버님의 행적을 남기고 싶어서이다.

우리 아버님은 매동보통학교를 다니셨고, 구한말 고종황제 휘하의 조선특무대 마지막 장교로 20kg의 모래주머니를 매달고 북한산 백운대를 오르내리는 극기 훈련으로 다져진 강한 투사셨다.

일본군 장교가 "대일본 제국 장교한테 먼저 인사하지 않았다"고 호통을 치자 그 자리에서 "내가 왜 일본 놈한테 먼저 인사해야 하는가?"라고 소리치며 육탄공격을 하여 때려눕힌 반일정신이 투철한 조선군대의 당당한 장교이셨다.

나는 그런 아버님의 아들로 상해에서 태어나 4살 때 아버님이 일제에 의해 피살당하여 세상을 떠나신 후 홀어머니 밑에서 초등학교를 다니다가 해방을 맞았다.

1945년 임시정부 간부들은 미국이 마련해준 비행기로 귀국했으나 우리 가족은 아버님의 사망으로 그 대열에 끼지 못하고 상해에서 대형 화물선을 타고 귀국길에 올랐다. 상해 무역항 근처에 있던 집을 떠나 세 남매(누이 둘과 나)와 한쪽 다리를 못 쓰는 외할머니까지 모시고 어머니는 온갖 고생을 하시며 석 달 만에 부산항에 도착하였다. 그 후 부산에서의 파란곡절은 이루 말할 수 없는 고난이었고 서울로 올라온 나는 독립운동가의 후손이 다 그렇듯이 초등학교와 중학교를 제대로 마치지 못하고 자랐다.

그런 내가 동북고등학교를 들어갔고, 외국어대학을 마치고 연세대학교·대학원까지 가서 석사가 되고, 마닐라대학에서 박사학위를 받아 평택대학교 교수가 되어 학교 여러 요직을 맡고 교육대학원장까지 되어 인성교육을 충실히 강의하고 정년을 마쳤다.

그동안 나를 아껴주고 도와주신 분들을 일일이 거명하기 힘들만큼 많은 이의 은혜를 입고 역경을 딛고 당당하게 서게 되었음에 감사드린다. 그리고 이 자서전이 출판되기까지 원고에서부터 화보에 이르기까지 일일이 손보며 협조해 주신 아동문학가 심혁창 사장께도 감사드린다.

최용학

차 례

1_ 각암(覺庵) 정재현의 휘호
단란한 한때 / 막내딸 경희(璟嬉) 출생 전 / 배경 그림 청수(淸壽)
글자는 고모부 각암(覺庵) 정재현의 휘호, 당대 신필(神筆), 도필(道筆)로
평가됨. 폐목서(閉目書)로도 유명함.

2_ 우리는 닮은 남매
아들 희탁(爔鐸)과 큰딸 경란(璟蘭) / 1971년도(서부이촌동 한강아파트)
막내딸 경희(璟嬉) 출생 전

3_ 아들(희탁), 돌 땐가 백일 땐가?
즐거운 한때 / 기억이 아물아물 / 희탁이 웃는 얼굴 / 행복이 가득

<table>
<tr><td>4</td></tr>
<tr><td>5</td></tr>
</table>

4_ 동북고등학교 소풍(앞줄 중아), 담임 이재각 선생님
선생님 오른쪽 옆 조명웅(사, 한민회 이사), 뒷줄 우로부터 이정익(성공한 기업인 서광그룹 회장) 바로 옆 필자 최용학(사, 한민회 회장) 7번째 이수천(전 신당동 소재 미공군부대 연락병), 8번째 박관종, 9번째 백대현(가나다 이민), 두 번째 줄 좌로 3번째 봉사정신이 강한 신덕선(총통 총무), 6번째 박종철(전 한국유리 과장, 작고) 생각나는 이름만 기재.

5_ 하우스 보이 시절(좌측)
미군부대 하우스보이 시절 나를 각별히 돌봐주시던 군속으로 있던 UN군 아저씨와 그 아들 양재, 좌측 필자의 주머니가 불룩한 것은 내 전 재산이 다 그 안에 들어 있기 때문이었다.

6_ 약혼식 때
꽃피는 이른 봄 행복한 약혼식
우측은 작은어머니(김복동 마리아),
두 번째 필자 최용학(안드레아),
그 옆 약혼녀 정원정(모니까),
그 옆 장모님(김보기마리아)

7_ 한강성당 미사 해설
노기남(바오로) 대주교 집전,
미사 해설을 하는 필자 최용학(안드레아)
동부이촌동 한강성당에서 10년 이상
미사 해설을 했다. 당시 미사해설을 하는
사람이 귀했다.

8_ 한강성당 시절
좌로부터 필자의 큰딸 경란(발리스타아),
두 번째 김성원(산타 모니카 거주, 김대환
회장 둘째 딸) 그 옆 김동욱(삼화제관
사장, 김대환 회장의 아들) 네 번째 최경희
(유치원 교사, 필자의 막내 딸) 그 옆
이선민(가정의학과 전문의 사진예술가 고
이완교 교수의 아들) 맨 끝 피아니스트
윤석자(이완교 교수 부인, 별명 신사임당,
심성이 착하고 고와서 붙여진 이름, 작고)

6
7
8

9	10

9_ 아름다운 추억으로 남은 벗
좌로부터 2번째 권용욱(전 국방부 서기관 권순익 아들, 미국 존스 홉킨스대학 재학, 3번째 이한주(한국 호스트웨이 사장 이해민〈전 삼성전자 사장, 이건희 삼성그룹 회장과 서울사대부고 동기동창〉의 장남, 필자의 동서), 그 옆 최희탁(싱가포르 주재 회사 대표, 필자의 장남) 우로부터 2번째 호태정(호문룡 교수의 차남, 서울대 재학 중 미국 언어연수 갔다가 귀국 전날 뉴욕 거리에서 흑인의 총에 맞아 안타깝게 사망, 미국 갈 때는 탑승객으로 갔으나 귀국할 때는 알미늄 관속에서 화물칸에 실려 왔다.)

10_ 군복무시절
완전군장하고 무반동총 사격 훈련

11_ 교수 시절 별밤에
학생들과 야외 오락회에서 좌로부터 시인 신달자 교수
가운데 필자와 우편에 이덕화 교수. 1992년 4월 9일

11

12_ 고등학교 후배와
동북고등학교(東北高等學校) 자랑스러운 후배
전 대한민국 축구 대표팀 감독 홍명보와 함께

12

2012-12-04

<table>
<tr><td></td><td>14</td></tr>
<tr><td>13</td><td></td></tr>
</table>

13_ 서예대가 정재현님과 함께
서예의 대가 고모부 각암 정재현
고모부는 88세에 작고하시었지만 80세가 넘어서도 유도 8단의 실력을 과시.
종로 YMCA도장에서 젊은 후배를 지도하며 활약하시었다.
미국 체류중에 미국 유도 챔피언과 한판 붙자고 하여 신문에 보도되기도 했다.

14_ 옛날 난로 피던 시절
서울 종로 신문로 피어선고등공민학교 시절
난로와 중앙 필자, 맨 오른쪽 김애자(평택대학교 생활관장) 김관장의 아들은 미국
명문대학 재학중이다. 사진 : 1990년 1월 4일

15_ 모스크바에서
모스크바 국립대학 한국학센터 소장 박미하엘 박사(고려인 2세)의 연구실에서 함께 기념사진을 찍었다.

16_ 한결같이 우정을 나누던
　고등학교 친구들(설악산 자락에서)
학생시절 친하게 지냈던 동창들을 만났다. 좌로부터 필자, 고 김동진(전 철도청 비상계획관), 고 김근택(전 연세대불문학과 교수), 차국헌(대림정밀 회장, 사단법인 한민회 고문), 조명웅(전 명성당 대표, 사단법인 한민회 이사), 임태유(법무법인 새천년 대표 변호사)
※김근택 동문은 東北高 재학시절 서울상대주최 전국고등학교 영어웅변대회에서 일등을 하여 학교를 빛냈다.

17_ 마닐라 근교 히든벨리 입구에서
박사 동문들. 좌로부터 필자, 설성진 박사(전 원광대학교 교수), 이재구 박사(전 경복대학교 교수, 작고), 안병돈 박사(전 신성대학교 교수), 엄주정 박사(전 용인대학교 교수, 용인대학교 대학원원장)
2006년 6월 29일.

15
16
17

	18	19
		20

18_ 신갈성당 요나킴회 회원들
앞줄 좌로부터 총무 전관(삼성그룹 이건희 회장과 서울사대부고 동기동창), 이호영(전 청와대 경호관, 대한민국 합기도연합회 사무총장), 네 번째 허길영 고문(95세 초고령), 그 옆 고 정지채(전 요아킴회 회장, 서강대 정의채 석좌 교수, 몬시뇰의 동생), 7번째 필자 최용학(10년 넘게 요아킴회 회장) 뒷줄 우로부터 2번째 백흠천(전 고려대 럭비선수, 유도 고단자), 3번째 김양호(전 중학교 교장), 4번째 조윤식(전 대한민국 스케이트 대표 선수, 감독) 5번째 김복한(유스티노 총무), 6번째 고 정준구(전 효임대학 학장)

19_ 평택대학교 피어선홀 앞에서
피어선 박사 부부 흉상 배경. 우로부터 정진우(필자의 조카, 예일대 졸업 후 뉴욕금융회사 근무) 중앙, 조기흥 총장과 그 옆 필자

20_ 학술교류 여행중
미 자매대학(고든 콘웰대) 학술교류여행 중 앞줄 중앙 필자, 그 다음 옆 이광희 교수(목사) 필자가 인솔대장이었다. 고 이성범(법인이사), 장희옥 과장, 전병하 과장. 1995년 7월 1일

21_ 박사 동문들
마닐라 근교 히든 벨리 입구에서.
좌로부터 안병돈 박사, 고 이재구 박사, 중
앙 필자 최용학 박사, 엄주정 박사, 설성진
박사 2006년.

22_ 러시아에서
예술의 나라 러시아에서.
모스크바 알바트 거리(서울 명동 같은 곳)
거리의 악사들과 어울려 노래도 부르다.

23_ 모스크바 대학에서
모스크바 국립대학 강의실에서.
학생들과 함께

21
22
23

24_ 육사생들과 함께
육군사관학교 생도들과 함께.
좌로부터 필자, 2번째 문종익(미카엘)
맨 오른쪽 필자의 아내 정원정(모니까)

25_ 늠름한 육군사관학교 생도들
육군사관학교 생도, 영세대부, 대자들
맨 뒤 좌로부터 이민황(전 삼익상선 해외
담당 상무), 2번째 고 권순익(아오스딩, 전
국방부 서기관), 3번째 신용극(한국버버
리 회장), 김대환(요셉, 삼화제관 회장, 착
한 일의 천사로 알려짐) 뒤에서 2번째 줄,
2번째 박태규 박사(전흑석동 성모병원 원
장), 3번째 필자, 그 옆 한무협 회장(알퐁
소, 장군, 논산훈련소소장 역임, 고 박정희
대통령이 결혼 주례), 바로 옆 김지성 회장
(전 초등학교 교장)

26_ 분당 정자동 집에서
좌로부터 필자의 막내딸 경희, 문향아(장
목사의 부인 무릎 위 아이, 작은딸 장혜성
대졸 후 회사원) 네 번째 장은도(목사, 1급
장애인, 저명한 음악가) 바로 옆 장목사의
큰딸 혜지(이화여대 대학원 이수하고 음악
가로 활약중) 맨 우측 필자의 아들 희탁(싱
가포르 주재 회사 대표), 우측 2번째 필자

24
25
26

27_ 한겨울 대문호 톨스토이 묘 옆에서
모스크바 근교 톨스토이 무덤 앞. 검소한 무덤 앞에 추모객의 꽃다발이 놓여 있어서 묘를 알 수 있었다.

28_ 모스크바 한인성당에서
좌로부터 필자 2번째 안과 여의사 울리아나, 중앙 송천호 신부(안드레아, 노비따스 음악 학교 설립자, 고아들을 위한 학교) 그 옆 알레그(안드레아, 전 모스크바 소재 은행장), 필자의 영세 대자, 맨 우측 박종효 교수(전 모스크바대 교수, 한국인 최초로 러시아 최고 학술기관 '아카데미 나우끄')에서 독토르 학위 취득.

29_ 모스크바 거리
모스크바 알바트 거리(서울 명동거리와 비슷) 악사들과 함께 러시아 정서적 노래 '베체르니즈본'(저녁종이 울린다)을 함께 불렀다.

27
28
29

30_ 자작나무 (베료자) 숲 눈 위에서
모스크바 근교 톨스토이 무덤을 찾
아가는 길, 안내해준 학생과 함께
우측 박종효 박사, 좌측 필자 영하
22-23℃ 날씨

31_ 광장에서 가슴을 활짝 펴고
모스크바 크렘린 광장 종탑 앞에서

30
31

32_ 3.1절 기념행사
모스크바에서 3.1절 기념행사를 가졌다.
행사를 주관하는 이형근 목사(중앙 한복 차림), 그 오른쪽 한막스(전 러시아 청년대학 학장), 앞에서 두 번째 줄 오른쪽에서 2번째가 필자

33_ 모스크바 고리끼 대학에서
모스크바 고리끼문학대학에서 2학기 연구수료, 좌 학장, 중앙 필자 그 옆 전임강사 라리사(서울 러시아학교 교장)

34_ 모스크바에서
모스크바 연구실 조교들과 함께 좌측 독토르 박종효, 우측 필자

32
33
34

35_ 자매대학 교수와
미국 고든콘웰 자매대학교 교수와 함께.

36_ 고든 코웰대에서
미국 콘웰대 학장실에서 중앙 학장, 좌 필자, 우 이광희 박사.

37_ 외대 1학년 동기들

뒷줄 좌로부터 최관식, 정성연 무역회가(조그만 사장), 한 사람 건너 이용, 김명선, 한사람 건너 문무창(아틀란타 거주, 작고), 한 사람 건너 최정길, 최해붕, 앞줄 세 번째 유영식, 고 김홍렬(동문회장) 기억하는 이름만 기재

38_ 고마운 아내 항상 감사
한강 아파트에 살 때 아내 정원정(필자가 중병에 걸렸을 때 주 2회씩 손수 주사를 놓아주고 헌신적으로 간병하여 건강을 되찾았다).

39_ 한강대건회 회원들
앞 좌로부터 필자, 2번째 호문룡 박사(전 수원대 이공대 학장), 정종진(안드레아, 전 성심여고 교사), 권순익(아오스딩, 전 국방부 서기관, 작고), 키 큰 사람 김대환(요셉, 삼화제관 회장), 키 작은사람 성명미상(전 국세청 과장), 그 옆 성시훈(청평화의류제조회사 사장, 작고), 박태규 박사(전 흑석성모병원 원장), 안경 쓴 사람 신상규(요셉, 전부동산 사장, 작고), 이민황(전 삼익상선 해외담당 상무), 문병학(전 大海企業 사장, 작고).

40_ 미국 자매대학 방문 후
미국 자매대학 학술교류 행사 후 학생들과 함께 스미소니언 박물관 앞에서.

38
39
40

41_ 한강 대건회 회원들

대구 베네딕또 수도회 방문. 앞줄 앉아 있는 사람, 좌로부터 박태규 박사(전 흑석성모병원 원장), 이계수(말찌나, 주관철 원장 부인), 정원정(모니까, 필자의 아내), 필자 최용학 회장(안드레아, 회장은 나이 순으로 하고 있다.) 호문룡 박사(암브로시오, 전 수원대 교수) 서 있는 사람, 좌로부터 성시훈(가브리엘, 전 청평화시장 사장, 작고), 수사신부, 홍경자(벨라데따, 호박사 부인), 윤석자(요세피나, 피아니스트, 이완교 교수 부인 작고, 사진 찍느라 안 보인다), 오미희(양승춘 교수 부인, 작고), 신은열(방그라시아, 고 문병학 사장 부인), 윤안나(박태규 박사 부인, 작고), 주관철(마누엘, 전 반포 의당치과 원장), 맨 좌 문병학(전 대해기업 사장, 작고), 그 옆 양승춘 교수(안드레아, 전 서울 미대 교수(학장), 88올림픽 엠브럼 작가, 작고)

42_ 깜짝파티

평택대 국문학과 깜짝 파티, 좌로 2번째 김동현 교수, 중앙 이덕화 교수, 김대숙 교수와 필자 최용학 교수

41

42

43_ 음악회를 마치고
평택대 창립 90주년 음악회(대강당) 앞 2째 줄부터 2번째 김행자 교수, 필자, 최용학 교수, 이효순 교수(음악학과장), 가운데 조기흥 총장, 옆 김동현 교수(부총장) 김영미 교수(대외부총장), 조석연 교수(대학원장) 이루사 교수

44_ 선상에서
선상에서 헤밍웨이를 닮은 사람을 만나다.

45_ 진중 세례식

논산 훈련소에서 베푼 진중 세례식, 집례
목사 이광희 교수와 봉사자 필자, 평택대
학교 주관으로 훈련병 2,3천 명에게 기독
교식 세례를 주었다.

46_ 신갈성당의 교우들

신갈성당 요아킴 회원들. 좌로부터 필자,
마낙봉(주 3회 투석을 받는 중환자임에도
늘 평온한 모습을 보여준다), 백흠천(고려
대학교 럭비선수 출신, 유도 고단자) 허길
영 고문(95세 최고령 회원), 조윤식 고문(
배재학당 출신, 국가 대표 스케이트 선수,
감독, 국가유공자) 서병윤(대한민국 최초
소방호수 개발자) 김서원(한국대기업 임원
역임), 김재홍(고위경찰관 출신).

47_ 박사논문(GAUF)

1994년 1월 26일. 디펜스 직전 모습

45
46
47

48_ 박사 학위, 박사학위 수여식(마닐라 컨벤션 홀)
DE LASAL 아레네타(GAUF)대학 폰잘(중앙) 총장으로부터 필자(우)가 교육학박사 학위 수여 증서를 받고 있다.

49_ 평택대학교 창학 102주년
평택대학교 창학 102주년 축하 행사, 제자들과 함께, 우측 서연주 박사(국민대 교수), 중앙 장은도 목사(1급장애인, 대한민국예술대상 수상자, 음악의 나라 비엔나에서 오케스트라 지휘자, 퓨르트 전공하여 디프로마 취득, 오케스트라를 이끌고 있으며 대학에서 제자들을 양성하고 있다.)

50_ 장은도 교수와
언제나 맑고 심성 고운 장은도 교수를 아끼면서, 휠체어 타기 전 쌍 지팡이 집고 다녔다. 천사같은 여인 문향아와 결혼하여 두 딸을 낳았다. 큰 딸 장혜지는 이화여대 대학원 수료 후 음악 활동하고 있고, 작은 딸 혜성이는 대학졸업 후 대기업 취업 준비 중이다.

48
49
50

51_ 아름다운 동행자
연세대학교 교육대학원 학위 수료식 후 아내와 함께
(사진작가 이완교 교수 촬영)

52_ 벨기에에서
영세 대부님(앙드레 몽띠 빠리스) 나라 벨기에 리예즈 성당 앞
*대부님은 이 성당에 오래 다니셨다. 1996년 성당 옆 고인이
되신 대부님의 묘소(유럽은 망자들의 무덤이 교회 옆에 있다.)
성묘 후 기념사진

| 51 | 52 |

Souvenez-vous dans vos prières de
Monsieur André MOTTE dit FALISSE
époux de Madame Bernadette TCHUNG IM SOUN
né à Sart-lez-Spa le 26 août 1924
pieusement décédé à Liège le 1ᵉʳ juin 1993.

C'était un homme droit, courageux, généreux qui
payait de sa personne.

Il a consacré sa vie à un idéal de justice et
d'amour, pour les pauvres et les démunis,
spécialement ceux du Tiers Monde.

Seigneur Jésus, il avait mis en Toi et en Ta Maman
Marie toute sa foi; donne-lui la joie et la lumière
éternelle.

PROFESSEUR CHOE YONG HAK
PYONGTAEK UNIVERSITY
III, YONGYI - DONG, PYONGTAEK-SHI
KYONGGI-DO 450-701
KOREA.

평택 대학교   최용학 선생님
450 - 701 경기도 평택시 용이동

경기도 안양시 우체국 사서함 36호
다미안 사회복지회
파레몬드신부

Ray. Aine   전화 2-3556
               3-0804

우편번호 - [ ]
430 - 600

서울시 강남구 대치동 316
은마 APT 12동 1207

최 용 학 님

53

54

53_ 앙드레 몽띠 빠리스

앙드레 몽띠 빠리스 대부님은 다시
한 번 한국 방문을 원하셨으나, 몸이
쇠약하여 뜻을 이루지 못하고 돌아가
셨다.

54_ 대부님의 소식

하후연 성당(옛 정신문화원 언덕 너
머)에서 다미안 사회복지회 파레몬
드신 부를 만나 극적으로 대부님 소
식을 듣게 되었다. 수차례 오고간 편
지를 파레몬드 신부님이 번역해 주
셨다.(불어로 쓴 편지)

55_ 극적 해후
66년 만에 극적으로 만난 상해 仁成학교 구익균 은사님 105세
생신 축하연. 서울 뉴 국제호텔

56_ 도산 안창호 선생 74주기 추모식에서
도산 안창호 선생 74주기 추모행사 참가. 뒤에 서 있는 선글라스
쓴 여성은 구선생님 막내딸 구혜란(이화여고, 홍익대 졸업, 뉴욕
에서 미술을 가르치고 있다.) 구익균 선생님은 도산 안창호 선생
의 비서실장을 하셨다.

| 55 | 56 |

57
59
58

57, 58_ 사랑과 관심
'인간과 생활윤리'시간에 30여 명의 학생에게 '사랑과 관심'에 대한 설명을 하고 양파 실험을 하도록 했다. 그 중 2명의 학생이 실험 결과를 사진에 담아 제출했다. 피어선신학교 신학과 1학년 이삼수 1988년 5월 20일 제공했다. 약 2개월간 관찰한 것으로 추정된다. 오른쪽 많은 잎 난 쪽이 관심 둔 쪽, 왼쪽은 관심을 덜 준 양파.

관심 준 오른쪽과 관심을 덜 준 왼쪽은 차이가 분명히 보인다.

59_ 콩 실험
콩 실험에서도 관심 준 쪽(왼쪽)은 파란 줄기 모양이 보이고 관심 안 준 오른쪽 콩은 곰팡이가 보인다. 피어선 신학교 음악학과 2학년 김현정.

60_ 양파 실험(필자 최용학)
똑같은 조건(같은 날 같은 장소)에서 키운 양파로 관심을 준 것은
싱싱하게 잎과 뿌리가 잘 자랐는데, 관심을 주지 않은 양파는 변
화가 보이지 않는다. 1975. 12. 1(시작한 날)
식물도 사랑과 관심을 주면 잘 자란다. 동물도 그렇다. 우리 안
돼지 중 한 마리를 선택하여 그 돼지에게 마음으로 관심을 주면
다른 돼지에 비해 건실하게 잘 자란다. 아이들에게 주는 사랑과
관심은 좋은 정신적 영양제가 된다는 것을 알 수 있다. 학생 교
육 때 역점을 줘야 겠다.

61_ 중국 작가
작자 미상. 한국 저명화가 이수근 작품을 닮았다. 선물로 받았다.

보물 아이들 450 x 310 Oil Canvas 2012년

62_ 중국 요녕성 이진룡 장군 행사 기념사진
유명한 이진룡 장군은 안중근 의사를 지원하고 권총 제공, 그 권총으로 이또 히로부미를 처단하였다. 앞에서 두 번째 줄 중앙에 필자가 서 있다. 그 옆 흰옷 입은 사람이 유명한 서예화가, 그 옆은 이선우 이사. 필자 오른 쪽 두번 째 전정혁 관장.

63_ 삼성그룹
이건희 회장과 서울사대 부고 동기동창인 이해민(삼성전자 사장 역임) 사장의 작품. 전문 화가는 아니지만 그 재능이 매우 돋보인다. 자녀들 모습을 그가 직접 그려 화폭에 담았다. 화가는 필자의 바로 손아래 동서가 된다. 인사동 화랑에서 전시회 하였다.

62
63

64
65
66
67

64_ 글짓기 대회
이진룡 장군 글짓기 대회 시상식

65_ 수상자들과 함께.

66_ 글짓기 대회 장면.

67_ 수상자들과 함께. 뒤 우측 전
정혁 관장, 우승희 선생, 이진룡
장군 부인 우씨, 후손 우승의 뒤쪽
학교 교사들. 중앙 학교장

68
69

68_ 이진룡 장군 기념 서예, 그림 전시회

69_ 전시 작품

韩国韩民会会长：崔勇鹤

辽宁省朝鲜族美术摄影书法协会会长：全正卫

2016年4月辽宁朝鲜文报副总编吴熙成、韩民会会长崔勇鹤、辽宁东北抗日联军暨抗战研究会副会长邵宇春等调研李镇龙将军义烈碑和禹氏夫人纪念碑

2017年12月辽东抗日英烈研究室为大韩民国驻沈阳总领事馆申凤燮总领事赠送李镇龙将军义烈碑碑文书法

<table>
<tr><td>70</td></tr>
<tr><td>71</td></tr>
<tr><td>72</td></tr>
</table>

70_ 이진룡 장군
기념비를 배경으로

71_ 이진룡 장군
심양 영사관에서

72_ 기념행사(음악회)를 마치고
서있는 사람 중앙 필자, 옆 키
큰 사람 이장군 부인의 외손자
우빈희(출판사 사장), 맨 우측
진정혁 관장

73_ 66년 만에 만난 상해 인성학교 구익균 선생님과 함께
댁을 방문할 때마다 인성학교 교가를 불러드리고 애국가(영국민
요, 올드랭사인 곡)을 함께 부르며 눈물을 글썽거렸다. (안익태
선생 애국가 작곡 전 부르던애국가)

74_ 학술대회 후 신용하(중앙, 서울대 명예 교수), 한시준(단국대 명예교수)
교수와 함께

75_ 김형석(연세대 명예 교수)와 함께(도산 안창호 특강 후)

73	74
75	

76	77
78	

76_ 도산 안창호 선생 특강(김형석교
수)후 기념촬영

77_ 뒤 필자, 좌 김학수 교수(김일성대
학 졸업), 백동영(목사, 캐나다 거
주), 루돌프 빨가리 교수

78_ 이종찬(중앙, 이희영 기념사업회
이사장)과 함께 추모 행사장

79_ 하란사와 하상기

*하란사 할머니는 1919년 고종황제의 밀서를 갖고 파리 강화회의에 가던 중 중국 모처에서 일제에 의해 변고 당했고 동행하던 본인의 선친 최태현(1891-1940)은 위기 탈출하여 상해(上海)로 가서 백범 김구, 성제 이시영 선생 등에 합류함.

하상기(서 있는 사람)는 인천감리를 역임하였고, 필자의 친할머니의 남동생. 앉아 있는 여성은 하란사(河蘭史)로 하상기 할아버지의 부인. 한국여성 최초로 미국 (웨슬리안 대학)에서 박사학위 받음. 이화학당에서 교수 역임.

*사육신 가운데 한 분인 하위지는 필자 할아버지뻘 됨. 하위지는 차거당함(우마차로 사지가 찢기는 극형).

80_ 고교 시절 앞(김진현, 캐나다 거주 작고) 필자(자신감에 넘쳤다). 뒤 왼쪽 조명웅(공부 잘했고 필자의 짝꿍이기도 했다. 노래도 잘 불러서 마을 음악회에서 상을 받기도 함), 맨 오른쪽 원용철(천안 거주)

81_ 아라네타 빌리지 스트리트에서 아프리카 유학생들과 함께

여러 나라 미사 참례, 신앙 체험기

| 최용학 안드레아(교육학 박사) / 6지역 |

필자가 대학 재직시 방학 때 해외 자매 대학 초청 또는 학술 교류 관계로 여러 나라에 장기 또는 단기 체류할 기회가 있었습니다. 또한 재직 7년차 되는 해에 교수들에게 1년간 연구년(안식년)이 주어져 자매 대학 또는 본인이 선택한 대학에 교환 교수로 가거나 국내외 어디서든 자유로이 연구 활동을 할 수 있어서 해외 여러 성당에서 미사 참례를 할 수 있었습니다.

이때에 여러 나라에서 미사 참례하면서 체험했던 사례들과 그 이외의 몇 가지 기억에 남는 점들을 간단하게 소개해 드리겠습니다. 각 나라는 문화와 환경은 달라도 가톨릭 신자들의 미사 때 주님을 향한 일치된 마음은 똑같아 보이고, 한국 가톨릭 신자들의 참례 열기는 어디서나 뜨거워 보였습니다.

바티칸 성 베드로 대성당 국내외 유명 여행사들이 서유럽 관광 안내 코스로 꼭 포함시키고 있는 불후의 세계적 예술 작품을 간직한 건축물인 이 성당에 전 세계에서 많은 인파가 몰려오고 있습니다. 웅장한 성당 내부에 유명한 성화들과 조각상들이 있는데 단체 관광객들이 많고 시간에 쫓기다 보니 다는 볼 수 없었습니다. 넓은

성당 내부 벽 쪽으로 도처에 제대들이 있어서 성당 내에 있는 소성당들처럼 보였습니다. 한 곳에서 미사가 막 끝나서 참례를 하지 못했지만 다른 쪽에서 성체 분배중인 것을 보고 달리듯이 가서 성체를 영할 수 있었습니다. 영성체하러 달려온 다른 사람들도 있었는데 그들도 한국에서 온 가톨릭 신자들이었습니다.

벨기에 리예즈 성당 필자의 영세 대부님 나라인 벨기에는 작은 나라지만 유럽 공동체 본부가 소재한 유럽의 중심 국가입니다. 그분의 고향 마을인 리예즈 성당 건물은 건축한 지 오래 되어 보이는 붉은 벽돌 건물로서 좀 작지만 명동 성당과 같은 건축 양식 같았습니다. 성당 바로 뒤쪽에 성당 묘지가 있어서 성당에 오고 가면서 쉽게 볼 수 있기 때문에 죽은 이들과 살아 있는 사람들이 서로 가까이서 살고 있는 모습이었습니다. 성당 내 좌석 수는 신갈성당보다 좀더 많은 듯했는데 신갈성당 평일 미사 참례 신자 수 10분의 1 정도밖에 되지 않는 20~30명 정도가 미사 참례 하고 있었습니다.

미국 워싱턴 한인 성당 교우들이 대체적으로 밝은 표정이며 거의가 다 한국 사람들이지만 외국인들도 더러 보입니다. 신부님이 미사 후에 성당에 처음 나온 사람들을 제대 앞으로 나오게 하여 자기 소개를 하는 데서 친근감을 갖게 하고 신부님과 함께 찍은 즉석 기념 사진을 그 자리에서 나누어 주었습니다. 미사 후 성당 봉사자들이 마련한 점심을 염가로 사먹으면서 서로 친분을 나누며 즐거워하는 모습이었습니다.

러시아 모스크바 한인 성당 러시아는 그레고리오 교황께서 선포하신 그레고리우스 달력(양력)을 쓰지 않고 교회력으로 율리우스 달력을 쓰기 때문에 12월 25일을 성탄절로 지내지 않고 다음해인 1월 7일을 축일로 삼고 있습니다. 그러나 교회 밖에서는 12월 25일을 축제일로 삼는 분위기로 변해 가고 있습니다. 100여 명의 신자들 중에 *고려인 2~3세대(러시아 국적 한국 동포)들이 더러 나오는데 그들은 조국을 그리워하면서도 한국말이 서투르고 미사 예절에 익숙하지 않지만 적응하려고 노력하는 모습을 볼 수 있었습니다. 예술

의 나라에 유학 온 음악 학도들이 제각기 악기(바이올린, 첼로, 베이스, 플루트, 오보에 등)를 갖고 나와 미사 중 연주하여 미사 분위기를 고조시켰습니다.

19세기말 한반도 특히 함경도 지방에 가뭄으로 극심한 기근 때문에 먹고 살기 위하여 또는 일제 강점기에 독립 투쟁을 위해 혹은 일제 탄압을 피해 국경을 넘어 중국과 러시아로 많은 유민(한인)이 이주했는데 이들 중 중국으로 간 사람들을 **조선족**이라 부르고 러시아로 간 사람들은 **고려인**이라고 부르게 되었습니다.

싱가폴 한인 성당 성인 미사에 어린아이들을 많이 볼 수 있었습니다. 영성체 때 신부님께서 어른들은 성체를, 어린아이들에게는 머리에 가벼이 안수하면서 사탕을 주셨습니다. 복사가 들고 있는 바구니에 담긴 각양각색의 예쁜 사탕을 받은 어린이들은 입에 물고 오물오물하면서 자리에 들어오는 모습이 귀여워 보였습니다. 예비 영성체 **교육**을 받고 있는 듯했습니다.

필리핀 마닐라 대성당 필리핀은 가톨릭

신자가 90% 이상인 가톨릭 국가이면서도 많은 사람들이 성당에 나가지 않는 것에 익숙해 있습니다. 그러면서도 어떤 성인의 축일에는 극성이랄 정도로 참여 열기가 아주 뜨겁습니다. 날씨가 더워서 창문을 다 열어놓기 때문에 때로는 성당 내에 새가 날아다니고 나비도 날아다니며 벽이나 창가에 도마뱀이 귀엽게 붙어 있어서 아름다운 자연의 신비 속에서 미사 참례를 하는 기분이었습니다.

프랑스 파리 몽마르트르 언덕 위 성당 고색창연한 큰 성당 안에는 평일 저녁 미사에 제대 앞쪽에 수십 명과 뒤쪽에 십여 명이 미사 참례 중이었습니다. 유럽에는 성당마다 미사 참례하는 신자가 많지 않아 미사 때 비어 있는 자리가 많다고 들었는데 이곳에서도 확인하게 되었습니다. 필자가 자리가 텅 비어 있던 제대 앞쪽에 앉았는데 머리에 무엇인가 떨어지는 느낌이 있어서 손으로 만져 보니 물컹했습니다. 머리 위를 올려다보니 천장에 교묘하게 비둘기 집이 달려 있는데 그곳을 중심으로 몇 마리의 비둘기가 날아다니는 모습으로 보아 그 중 한 마리가 실례했던 것 같습니다. 비둘기 모양의 성령이 연상되어 축복받은 느낌이 들었습니다. 바로 옆 바닥을 보니 실례한 배설물들과 깨진 비둘기 알껍데기와 비

둘기 깃털들이 있는 것으로 보아 비둘기 가족이 벌써 여러 세대째 성당 천장에서 서식하고 있는 것 같았습니다.

말레이시아 쿠알라룸푸르 한인 성

당 말레이시아 수도 쿠알라룸푸르 도심에 소재한 유명한 페트로나스 빌딩은 쌍둥이 빌딩으로 한쪽은 일본의 한 회사가 또 한쪽은 삼성이 일본 회사보다 뒤늦게 발주받고 서도 깔끔하게 먼저 완공하여 큰 칭송을 받은 것으로 잘 알려져 있습니다. 그곳에서 멀지 않은 곳에 성당이 있습니다. 가까운 곳에 김대건 신부님과 연관되는 성지가 있어서 한국 부제님들이 사제 서품 받기 전에 단체로 다녀가는 성당이기도 합니다.

호주 시드니 한인 성당 기차와 택시를

번갈아 타고 시드니에서 그리 멀지 않은 교외 성당에 도착했지만 미사가 이미 끝나서 허탈감에 빠졌습니다. 성당에서 걸어 나오다 한 조그만 병원 건물이 보여 안으로 들어가서 그 근방에 로만 가톨릭 교회가 있는지를 물었습니다. 병원 안내 데스크의 40대로 보이는 여성은 일어서서 그 지역 지도를 펼쳐 들고 한인 성당 위치를 아주 자상하게 안내해 주면서 도보로 10~20분이면 갈 수 있는데 걸어가겠느냐 택시를 타겠느냐고 물었습니다. 택시를 탄다면 전화를 해 주겠다고까지 하면서 친절을 베풀었습니다. 택시를 타고 성당에 도착하니 조금 늦기는 했지만 미사 참례를 할 수 있었고 미사 후 몇 명의 교민들과 인사를 나누기도 했습니다.

일반적으로 호주 사람들은 무뚝뚝해 보이지만 말을 붙이면 친절하게 대해 준다는 것을 알게 되었습니다.

이스라엘 자캐오가 있던 근방에서의 예배 이스라엘과 이집트 성

지 순례 때 신학과[新,舊約學 전공] 교수들이 동행한 적이 있습니다. 버스를 타고 다니면서 신약 성경 배경지에서는 신약학을 전공한 교수가, 구약 성경 배경지에서는 구약학을 전공한 교수가 해당 지역을 지날 때마다 해설을 해 주는 흔치 않은 기회가 있었습니다. 학자들의 해설이라 그런지 좀 지루한 감이 있었지만 현지 가이드(선교사)의 설명은 재미있고 이해하기 좋았습니다.

신학 성경에 나오는 키가 작은 자개오가 예수님을 보기 위해서 올라갔었다는 나무가 있는 곳에서 가까운 곳에 있는 언덕 위에서 예배를 드렸습니다. 목사님들(신학과 교수들은 거의 다 목사임)이 집례한 예배로서 하느님께 드리는 제사는 그 목적이 다 같다는 생각이 들었습니다.

일본 오사카 초교파 조찬 기도회 일본에서는 성당을 찾기가 쉽지 않습니다. 신 구교(가톨릭, 개신교) 성직자들과 불교 승려복 차림의 성직자들이 교파를 초월하여 서로 돌아가며 기도하는 모습에서 교회 일치 운동을 하는 모습을 볼 수 있었습니다. 기도회 후 아침 식사로 토스트 두 쪽과 차 한 잔에 수박 한 쪽의 소박하고 검소함은 오래도록 기억에 남습니다.

중국 장춘 성당 최양업 신부님이 가셨던 길을 따른 순례 중 모니카(집사람)가 장춘 성당에서 미사 참례를 하게 되었습니다. 순례단 20여 명과 *조선족 수명과 그 아이들과 함께 참례를 하였는데 세계 최대 12억 인구의 나라 중국에서 동포들 소수가 함께 했다는 이야기를 듣고 중국 전교가 중요하겠다는 생각이 들었습니다. 신갈 성당 전 주임 신부셨던 김영빈(세례자 요한) 신부님의 선교 사명이 크시겠다는 생각이 들었습니다.

서울 중림동 성당 120년 전 건축된 건물로서 고딕 양식 성당 건물로서는 한국 최초의 것으로 국가 문화재 제252호로 지정되었습니다.

필자가 성가 보육원에 있던 시절인 1953년에 신인식(바오로) 신부님과 노기남(바오로) 주교님한테서 세례 성사와 견진 성사를 받아 가톨릭 신앙의 싹이 튼 곳으로 멀리서 성당을 바라만 보아도 마음의 고향으로 느껴집니다. 동정녀이셨던 박상숙(데레사)님께서 정성어린 천주교 요리 문답 지도 교육을 해 주셨고, 영세 대부이신 앙드레 몽티 파리스 님의 애정 어린 훈육 덕분에 오늘의 제가 있게 되었습니다.

읽어 주셔서 고맙습니다. 주님의 은총이 모든 교우님들의 가정 위에 풍성히 내리시도록 기도드립니다. 최림소식

독립 유공자
구익균옹 105세 생신
恒山 具益均翁
2012. 3.17

82

83

82_ 구인균 선생 생신 축하
구인균 선생은 광복을 맞이한 1945년 8월 하순 임정 주석 김구 선생으로부터 상해교민 통치권 위임장을 받았고, 상해 한국교민협회 회장에 선임 되어서, 상해 거주 동포들의 자녀가 다니다가 일제에 의해 폐교되었던 상해 인성학교(上海仁成學敎)를 다시 세운 후에 학감이 되었다고 한다.

83_ 파고다공원에서 애국지사 구익균 선생님과 함께
2012년 어느 봄날에 좌로부터 필자의 처 정원정, 며느리 김미라(국제학교 교사) 필자, 손녀 최다은(연세대학교 영어영문학과 3학년). 필자의 가족들과 함께 찾아 뵘

84_ 중증 장애인 서석환 학생과의 첫 만남

내가 강의중인데 강의실 맨 앞에 앉은 학생이 교수의 얼굴도 쳐다보지 않고 엎드려 있었다. 나는 강의 중 질문을 던졌다. 강의를 듣고 그렇게 생각하는 사람 손들어 보라고 했다. 그런데 그 학생만 반응이 없었다. 대신 그 옆자리 학생이 "손이 없는데요"라고 했다. 강의 중 가끔 웃기는 경우가 있다. 그래서 왼손 들어보라 했는데 역시 대답이 '없는데요'였다. 이쯤 되니 화가 났지만 참고 그 학생을 자세히 살폈다. 볼펜을 입에 물고 열심히 필기를 하고 있었다.

85_ 천신만고 끝에 목회자 지원 서석환 학생

그 학생은 군복무중 땀을 뻘뻘 흘리며 전기 고압선 공사를 하다가 전력회사 실수로 전기가 들어와 감전되어 몸이 타들어가고 있었는데 갑자기 회오리바람이 불어 땅에 떨어져 목숨만은 건졌는데 양쪽 팔과 한쪽 다리가 타서 없어졌다. 그렇게 하여 다친 곳을 열 번도 넘게 수술을 하여 겨우 살아나게 되었다.
이 사진의 엽서 글씨는 그 학생이 고난을 극복하고 마침내 목회자가 되어 필자와 깊은 인연을 맺고 펜을 입에 물고 십여 년간 써 보낸 편지와 엽서 가운데 2개를 골라 여기 올렸다. 자살하려고 약국에서 수면제 다량 구입하여 먹으려 하였으나 양팔 손이 없어 이루지 못했고, 부산 영도다리에서 뛰어 내리려 하는 순간 "정신" 소리가 떠올라 "정신"이 뭔가 신이 뭔가 하다가 뒤늦게 신학을 공부하여 목회자가 되었다.

나라가 유학 보낸 그들을 나라가 버렸다 <small>2020.6.30.조선일보</small>

앞에서 둘째 줄 5번째 흰색 옷을 입은 여성이 필자의 할머니 하란사 여사

　교복을 입은 청년들이 단체 사진을 찍었다. 맨 앞줄 가운데에 실크해트 (sillk hat)를 쓴 사람이 보인다. 의화군(훗날 의친왕) 이강으로 추정된다. 둘째 줄 왼쪽에는 흰 한복을 입은 여자가 한 사람 보인다. 이름은 김란사(金蘭史)다.

　이 사진은 김란사 후손인 독립운동 연구가 김용택이 서울대 도서관에서 찾아낸 사진이다.

　사진 위쪽에는 '대조선인 일본 유학생 친목회'라고 적혀 있다. 아래에는 '건양 원년 1월 6일 공사관 내 촬영'이라고 적혀 있다. 건양 원년은 1896년이다. 그해부터 조선은 양력(陽曆)을 썼다. 이 학생들은 1894년 시작된 갑오경장의 일환으로 일본으로 파견된 관비(官費·국비) 유학생이다.

　사진을 찍고 한 달 닷새 뒤 고종이 러시아 공사관으로 피신했다. 그날 개혁 정부 총리대신 김홍집은 청계천에서 피살당했다. 아관파천 이후에 조선 학생들 유학생활은 만신창이 됐다. 귀국 후 인생도 뒤죽박죽이 됐다. 정쟁(政爭)과 무책임한 가운데에 내버려진 조선의 마지막 기회 이야기.

갑오정부의 유학구상

1894년 청일전쟁이 터지고 조선에 김홍집 내각이 들어섰다. 일본 힘으로 개혁을 하려던 김홍집 정부는 그해 11월 부임한 주한 일본공사 이노우에 가오루 주선으로 관비 유학생 프로젝트를 시작했다. 이에 앞서 일본에 망명중이던 박영효 또한 의학·상업·군사 유학생을 계획 중이었다.(1893년 10월 31일 '윤치호일기') 게이오대 설립자인 일본 석학 후쿠자와 유키치(福澤諭吉)가 이들 교육 실무를 준비했다. 1895년 2월 학부대신 박정양이 유학생 모집 공고를 걸었다. 양반가 자제 114명이 선발됐다.

박정양이 이들에게 말했다. "일신의 사사로움을 잊고 나라를 사랑하여…"('친목회 회보'1, '학부대신 훈시') 이들은 1895년 4월 2일 내부대신 박영효 배웅을 받으며 한복 차림으로 일본으로 출발했다. 한 달 뒤 2차로 선발된 유학생 26명이 일본에 도착했다.(박찬승, '1890년대 후반 관비 유학생의 도일 유학', '근대 교류사와 상호인식1', 고려대 아세아문제연구소 2001, p80) 두 달 후 후쿠자와 유키치는 "군주에게 보답하고 국민에게 베풀어 동아시아의 존안(尊安)을 도모하라"고 이들을 격려했다.('친목회 회보'1호, 1895년 윤5월 14일 '친목회 일기')

가난한 한 나라가 교육예산(12만 6,752원)의 31%(4만 426원)를 들여 총명한 청년들을 부강한 옆 나라로 보냈다.(1895년 11월 15일 '일성록') 완결되면 나라를 송두리째 바꿀 수 있는 혁명적인 기획이었다. 이에 맞게, 유학생들은 이듬해 전원 유신식 복식으로 갈아입고 기념사진을 찍었다. 그게 끝이었다.

아관파천과 유학생

1895년 10월 왕비 민씨가 일본인 무리에게 살해되는 을미사변이 터졌다. 4개월 뒤인 1896년 2월 11일 고종이 경복궁을 떠나 러시아공사관으로 피신했다. 갑오정권 실권자들은 민씨 살해 배후자로 낙인이 찍혔다. 총리대신 김홍집과 탁지부 대신 어윤중은 길거리에서 피살당했다.

모든 것이 변했다. 이후 조선 정부는 학비 지원과 중단을 반복하며 주일 공사관과 유학생들을 힘들게 만들었다. 공식적으로는 '종전과 동일하게 학업에 열중하라'는 훈령대로였다. 변함없었다.(1896년 2월 21일 '마이니치신문', 마스타니 유이치 '갑오개혁기 도일유학생 파견 정책의 전개와 중단 과정', 한국사 학보 56호, 2014) 하지만 이들은 어느새 '역적의 손에 의해 파견된 유학생'(유학생 어담회고록)이며 '망명 한인들과 접촉한 불온한 사람들'('일본 외무성 기록', 메이지 33년 12월 8일 '재 마산영사가 아오키 외무대신에게', 이상 박찬승, 앞 책 재인용)로 낙인이 찍혀 있었다.

대실패로 끝난 유학 프로젝트

1896년 4월 7일 갑신정변 주역 서재필이 미국 망명 생활을 접고 귀국해 '독립신문'을 창간했다. 1898년 '독립협회'가 왕성하게 활동하면서 독립신문은 유학생 지원을 지속적으로 요구했다.(김기주, '아관파천 후 한국 정부의 유학 정책', 역사학연구 34권, 2008) 이에 대한 제국정부는 일본뿐 아니라 서양 문명 각국에 신분 고하를 막론한 유학생 100명 파견 계획을 세웠다.(1898년 12월 7일 '독립신문') 이 사실이 보도되고 18일 뒤 정부는 '민권(民權)'과 '입헌군주제'를 주장하는 독립협회를 전격 해산시켜 버렸다. 유학생 계획은 전면 중단됐다.

지원이 끊긴 일본 유학생들은 '학비를 지원받지 못해 사방이 빚이었고, 끼니를 때우느라 진 빚에 공관이 창피함은 물론 외국에 수치스러울 정도였다.'(각사 등록 근대편 학부래거문 1899년 8월 3일 '외무대신 박제순이 학부대신 민병석에게 보내는 조회') 일본 유학생에 대한 지원은 빚 상환 차원에서 간헐적으로 이뤄지다 1903년 2월 전면 송환령이 내려지며 중단됐다. 밀린 유학비용은 귀국 명령 14개월 뒤에야 청산됐다.

유학생들의 파란만장한 인생

'정부 지원이 끊긴 가난한 나라 국비유학생'의 인생은 파란만장했다. 일본 육군사관 학교로 진학한 유학생 18명은 1900년 현지에서 대한제국 육군 참위 사령장을 받았다. 봉급은 지급받지 못했다. 그리고 유학을 계속하라는 명령이 내려왔다. 학비지급 또한 없었다. 불만을 품은 이들은 망명 중이던 유길준과 쿠데타 계획을 세우다 적발됐다. 1904년 체포된 쿠데타 미수자 7명이 참수 (斬首)형을 받았다. 1명은 곤장 100대형을 받았다. 고종 정권과 망명인사들 은 정쟁의 희생자였다. 유학생 가운데 6명은 귀국을 거부하고 '친목회'자금을 들고 미국으로 도주했다. 12명은 사립학교 교사로 취직했다.

변하진, 신해영, 어용선은 독립협회에 참여했다. 1898년 이들은 박영효를 장관으로 추천했다가 역적으로 몰렸다. 같은 유학생 오성모도 함께 체포돼 참수됐다. 변하진은 옥사했다. 처형을 면한 신해영은 훗날 기미독립 선언서를 찍은 보성사를 설립하고 일본에서 병사했다. 함께 체포된 안국선은 진도로 종신 유배형을 받고 1907년 풀려났다. 이후 그는 고종 정권을 비판한 '금수 회의록'을 저술했다.

그녀, 김란사 (하란사)

김란사는 여자였다. 이미 관비 유학생이 파견되기 전 남편 하상기와 함께 일본 유학 중이었다. 유학생이 온다는 소식에 김란사는 당시 학부대신 이완용에게 자신도 포함시켜 달라고 청원했다.(각사등록 근대편, '학부래거문' 1 · 4, 1895년 윤 2월 '여학생 김란사 관비유학생 대우 조회') 석 달 뒤 청원이 통과됐다.

김란사는 게이오에서 관비로 학업을 마치고 미국으로 건너가 1900년 오하이오 주 웨슬리언대학에서 문학사를 취득했다. 미국에서는 의친왕 이강과 교류했다. 그리고 돌아와 이화학당 교사가 되었다. 기숙사 사감, 교감격인 총학사도 맡았다. 1916년 순회강연을 떠나 정동제일교회에 파이프오르간 설치 기금을 모았다.

1918년 설치된 그 파이프오르간 송풍실에서 유관순과 학생들이 독립선언문을 찍었다. 3 · 1운동 열흘 뒤인 1919년 3월 10일 김란사는 중국 북경에서 동포들과 식사를 한 후 식중독으로 사망했다는 설이 있고, 유행성 독감에 걸려 사망했다는 설이 있으나 필자는 하란사가 일본 경찰에 의해 피살되었다는 소리를 작은아버지 (崔靑龍)로부터 들었다. 아버지는 4형제 중 2째(崔台鉉)이시고 첫째는 최익현, 4째는 최창득(崔昌得)이시다. 사람들은 그녀 행적으로 보아 독립운동과 관련이 있다고 믿고 있다. (심옥주, '이화학당 총교사 김란사와 유관순'유관순 연구소 학술대회 2018) 김란사는 그래도 행복한 편이었다.

제자리로 돌아오지 않은 그들

이미 나라가 망가질 대로 망가진 상태였다. 많은 유학생이 귀국하고도 취직하지 못했다. 1904년 러일전쟁이 터지고 이듬해 을사늑약이 체결됐다. 냉대받던 유학생들은 대거 통감부 체제 관료로 변신했다. '조선 측 유학생 정책은 실패했고, 일본의 조선 유학생 정책은 성공한 것이라고 할 수 있다.'(박찬승, 앞 책, p128)

1868년 메이지 유신 이후 일본 정부 유학생은 5년 만에 1,000명을 넘었다. 1872년 청에서 미국으로 보낸 국비 유학생은 120명이었다. 일본 유학생들은 정부지원 속에 학업을 마치고 귀국해 정부·민간 요직에 취직했다. 청나라 유학생은 10년 뒤인 1881년 '서양에 물들었다'며 전원 소환됐다.(2019년 4월 17일 '박종인의 땅의 역사 161 : 청나라 조기 유학생 유미유동(留美幼童)과 청일 전쟁'참조)

그들이 귀국하고 14년 뒤인 1895년 조선정부는 일본으로 관비 유학생 140명을 보낸 것이다. 일본은 실리(實利)로 청년들을 보냈고, 청은 이념(理念)에 매몰돼 그들을 소환했다. 조선은 희한할 정도로 맑고 순수한, 정치 놀이였다.청·일·한 3국 무대인 동아시아 질서 재편 과정은 정확하게 그 순서대로 진행됐다. 유학생도 나라도, 돌아오지 못한 것이다.(선임 기자)

이상은 2020년 6월 30일(화요일) 조선일보 A30면에 게재된 사진과 글을 전재하였다.

그리운 선생님, 보리밭 작곡가
윤용하 은사님 회고담

최용학

선생님과의 인연

윤용하 은사님

　우리 동북고등학교가 장춘동 사찰터에 있던 시절에 본인의 집은 바로 학교 정문 오른쪽에서 20여 미터쯤 떨어진 축대 아래쪽에 있었습니다. 집 오른쪽 옆에 2층 양옥이 있었는데 모교 동기 동창인 차국현(동문회 자문위원, 대림정밀공업 (주)대표 이사 회장) 동문이 살고 있어서 공부하다 창문을 내다보면서 가끔 눈이 마주쳐서 서로 웃으면서 인사말을 서로 주고받던 추억이 있습니다.

　우리 집 마당에 우물이 있었는데 가냘프게 보이는 한 아주머니가 가끔 물을 길러 왔습니다. 두 개의 통에 물을 담아 한 통을 들고 몇 걸음 가서 놓고 되돌아와서는 좀 쉬었다가 한 통을 또 들고 몇 걸음 가고 하는 식으로 물을 힘들게 운반했습니다.

　하루는 힘들어하시는 아주머니를 도와 댁으로 물을 운반해 드렸는데, 그곳은 우리 모교인 동북고등학교 운동장 한쪽에 있는 땅굴 속이었습니다. 한 눈에 보기에도 살림이 아주 궁핍해 보였습니다. 바로 이 아주머니가 윤용하 선생님의 부인이라는 것을 알고는 깜짝 놀랐습니다. 아마도 학교 당국에서 집 없는 선생님에게 임시 삶의 터를 배려해 드린 것이 아닌가 싶습니다. 그 후에도 물을 자주 운반해 드렸지만 댁에서는 한 번도 직접 선생님을 만나보지 못했습니다.

천재 작곡가 윤용하

선생님에 대해서 전 조선일보 이규태 논설위원의 칼럼을 통해서 고귀하면서도 애절한 예술가의 생애를 알 수 있습니다.

보리밭을 작곡한 천재 음악가 윤용하와는 세 번 만남이 있었다. 그 첫 만남은 재해를 몰아온 사라호 태풍 때였다. 의연금을 모집하는 신문사 데스크에 허술한 중년 신사가 나타나 입고 있던 겉저고리를 벗어 놓고 돌아서 가는 것이었다.

주소 성명을 묻자 돌아보지도 않고 사라졌다. 소매나 깃이 헐어 너덜너덜한 저고리 속주머니 위를 보았더니 尹龍河라고 박혀 있었다. 후에 들은 것이지만 그에게는 여분의 옷이 없어 한동안 윗옷 없이 살았다고 한다.

그 후 보리밭을 작곡하게 된 어떤 사연이라도 있는지 물은 일이 있다. "나는 헛소리 듣는 허청(虛聽)기가 있으며 분명히 들었는데 돌아보면 아무 것도 없을 때 그곳에 아무 것도 없을 리 없다고 작심하고 추구하다 보면 미(美)의 꼬리 같은 것이 어른어른 보이

1956년 또는 1957년 장충동 모교 정문 앞에서 친구들과 함께.
(필자 두번 째 줄 우측 첫번 째 엉거주춤 자세)

기 시작한다"라고 했던 그의 집요한 예술관에 접했던 것이 두 번째 만남이다.

그 윤용하가 40대 젊은 나이에 요절했다는 부음에 접했다. 빈소를 찾았는데 한 번지에 수천 호가 잡거하는 판자촌인지라 이틀을 넘겨서야 찾을 수 있었다.

이 천재가 누워 있는 곳은 판잣집도 못되는, 종이상자를 뜯어 여민 단칸방의 거적 위였다. 美의 순수한 응어리가 저렇게 이승을 마칠 수 있었던가가 원망스러웠던 세 번째의 만남이었다.

신당동 가톨릭 합창단 시절

선생님께서는 신당동 가톨릭 합창단 성가대를 지휘하셨는데 선생님의 명성으로 인하여 한때 유명한 합창단으로 소문나기도 했습니다. 단원 중에는 고등학생들도 몇 명 있었는데 본인을 비롯하여 고등학교 3학년 때 짝이었던 한국 초기 보석 감정사 조명웅(명성당 대표) 동문이 테너 파트에서 봉사하였는데 지금도 노래를 잘 부릅니다.

어느 날 학교 근처 대포집 앞을 지나가는데 누가 불러서 가보니 선생님이 안주 없이 주전자 막걸리를 마시고 계셨습니다. 아무 말 없이 의자에 앉으라고 손짓하시어 교복 입은 학생으로서 어색하게 앉아 있던 적이 있습니다. 선생님은 무뚝뚝하시지만 마음은 따뜻하셨습니다. 지금 생각하니 귀여워하는 제자에 대한 애정 표현을 그런 식으로 하셨던 것 같습니다.

호암 아트홀 추모 음악회

2005년 10월 26일 작곡가 윤용하40주기 연주회에 어렵게 입장권 2장을 구입하여 모교 동기동창 권순달(전 모교 8대 총동문회장, 전 (주)태우공영 대표이사) 동문과 함께 갔습니다.

연주회에는 원로 음악가 테너 안형일 (22회 안종선 동문의 부친), 바리톤 오현명, 피아니스트 정진우 등의 선생님과 같은 세대의 음악가들이 출연하여 관객들에게 큰 감동을 주었습니다.

원로 음악가 바리톤 오현명 교수는 윤용하 선생님과 같은 세대 음악인으로서

4회 동기 친구들(어느덧 70대 중반의 나이가 되어) 설악산 자락에서

좌로부터 필자, 김동진(작고, 안보회 서기관), 김근택(작고, 연세대불어불문학과 교수), 차국헌(대림정밀 주식회사 회장), 조영웅(명성당 대표, 사단법인 한민회 이사), 임태유(법무법인 새천년 대표) 변호사

선생님의 대표적 가곡 '보리밭'에 대해서 "우리 국민 누구나 사랑하는 국민 가곡이 된 지 오래 됐다. 이 가곡은 한국 전쟁이 한창이던 1951년 피란 수도 부산에서 박화목 선생의 노랫말에 곡을 붙여 태어났다.

전란으로 인하여 메마를 대로 메말라 버린 우리네 마음을 포근하게 적셔 주어야겠다는 두 사람의 뜻이 투합하여 만들어졌다"고 회고했습니다.

이날 또 하나의 감동을 받았습니다. 어린이 합창단이 부른 주옥과 같은 선생님이 작곡하신 동요들은 우리가 어렸을 때 귀에 많이 익은 노래들로, 들으면서 어린 시절이 떠올라 눈물이 났습니다. 또한 200곡 이상의 많은 곡을 만드신 것에 놀라움을 금치 못했습니다.

천재 작곡가 윤용하 선생님의 추도 연주회

언젠가 추도 연주회를 우리 동문회에서 주도한다면 학교 홍보도 되고 모교 위상도 향상될 것이라고 생각됩니다. 우리 4회 동기 모임에서 노래할 기회가 있을 때마다 우리 선생님께서 작곡하신 '보리밭'을 제가 꼭 부릅니다. 끝으로 노래를 불러 드리겠습니다.

음미하시기 바랍니다.

보리밭 ~ 사이 길로 ~ 걸어가면 ~ 뉘 ~ 부르는 소리 있어 ~ 나를 멈춘다 ~
옛 생각에 ~ 외로워 ~ 휘파람 불면 ~ 고운 노래 귓가에 ~ 들려 온 다 ~
돌아보면 ~ 아무도 보이지 않고 ~ 저녁 놀 ~ 빈 하늘만 눈에 차누나 ~~

종로구 신문로 피어선 공등공민학교, 피어선 실업 전수학교 교정

피어선 축구부 축구 대회를 마치고 앞 착석 왼쪽 첫 인물 필자, 맨 앞 중앙 뚱뚱한 사람 이명수
선생 작고, 그 옆 이성범 소장 작고, 우측 맨 끝 이정순 선생, 그 옆 조기홍 교장, 서 있는 사람
맨 우측 김동현 선생, 그 옆 조기동, 김동흠 목사, 키 튼 사람 故 강기배 선생, 좌측 고 이기종
선생, 그 옆 김상준 선생

86_ 종로 신문로 피어선홀
피어선학교 스승의 날 기념.
앞줄 우측 4번째 필자, 뒷줄 중앙
머리딴 여학생(최은숙, 필자의 사촌
여동생 MBC 가요제 입상, 지금도
무대에서 민요를 부른다.

**87_ 피어선학교 운동장 계단에서 선생님
들과 함께**
앞줄 좌로부터 이정순, 강인실, 신
영혜, 원순우, 신정자, 강기덕(멋진
사람), 2째줄 정현복(필자의 처제),
이명수, 조기흥 교장, 오복석, 강승
삼, 3번 째줄 최용학(필자), 한 사람
건너, 김동현(후에 교장이 됨), 맨
뒤 오덕환, 김덕남, 최기룡, 김용한,
이기종(작고)

88_ 1972년도 세미나를 마치고
야외에서 한 자리에, 서오릉인가 서
삼능인가 가물가물

| 86 |
| 87 |
| 88 |

우당 선생 순국 84주기 추모행사

지난 11월 17일 상동교회(서울 남대문로)에서는 (사)우당이회영선생기념사업회와 (재)우당장학회에서 우당 이회영 선생 순국 84주기를 계기로 추모식 및 우당장학금 수여식이 거행되었다. 이 행사에는 (사)한민회 최용학 이사장도 참석하여 인사 하였다.

89_ 표지사진

90_ 최회장 인사말

91_ 기념사
중앙 좌석 앞 전 광복회장 박유철, 그 뒤 필자 최용학, 좌측 앞 좌석 우당선생의 후손들, 이종찬, 이종걸 형제가 앉아있다.

89
90

91

우당 이회영 선생 순국 84주기
추모식 및 우당장학금 수여식

일 시 | 2016년 11월 17일 [목] 오후 2시
장 소 | 상 동 교 회 (중구 남대문로 30)

(사)우당이회영선생기념사업회 | (재)우당장학회
상 동 교 회

92_ 필자가 태어난 집 앞에서
필자가 80여년 만에 태어난 집을 찾아간
집 앞에서(上海 四川北路長春坊7號)

93_ 상해 만국공묘
상해 임정시절 박은식 태통령, 노백린 장
군, 묘소 참례, 그 옆 표지는 없으나 필자
의 선친 최태현(崔台鉉 1891~1940)을 생
각하며 흙 한줌을 갖고 귀국하였다.

94_ 절강성 김구유적기념비
김구 선생 피난처 기념비 앞에서

92
93
94

95_ 상해 임시정부청사 앞
상해 임시정부청사를 찾아서

96_ 임정요인 가족
상해 임시정부 시절의 요인들이 한 자리
에서

97_ 유년시절에 살던 집(1937~1946, 봄날)
어렸을 적 살던 집 옥상에서(3층집, 연립
주택 형식 가옥이었다)

잊지말아야할 나의 옛터
上海四川北路长春房7号旧址

95
96
97

98_ 뜻 깊은 해후
중국 요녕성 金正革 관장과 함께

99_ 상해 임시정부 청사 앞에서
좌 이선우, 한민회 이사(전 국가보훈처
선양 국장), 중앙 필자, 우 전정혁 관장

100_ 백범 기념관
중국 백범기념관 백범 선생 흉상 앞에서

| 98 |
| 99 |
| 100 |

101_ 백범 선생 집무실
백범 김구 선생이 사용하시던 책상에 앉아서

102_ 상해 홍구공원
필자가 어려서 뛰어놀던 자리, 상해 홍구공원 입구에 기념비가 세워져 있다.

103_ 홍구 공원 입구
상해 홍구공원은 윤봉길 의사가 의거한 곳으로 유명하다.
이곳에서 1945년 가을철 백범 김구 선생께서 많은 동포들이 모인 자리에서 나라사랑에 대한 열변을 하였다. 어렸을 때 기억이 지금도 생생하다. "대한독립 만세" 삼찬 소리가 지금도 들리는 듯 하다.

101
102
103

104_ 백범 흉상 앞에서
중국 백범기념관 안 백범 선생 흉상 앞에서

105_ 윤봉길 의사 기념관 앞에서
상해 홍구공원 윤봉길 의사 기념관 앞에서

*홍구공원은 필자가 살던 집에서 가까워 유년 시절 뛰어놀던 곳인데 필자가 사단법인 韓民會회장으로 있는 한민회 주관으로 본인이 직접 그 공원에서 학술대회를 한 것은 매우 감격적이었다.

106_ 대한민국임시정부유적지

104
105
106

마닐라에서

107_ 대학원 학생들과 함께

108_ 1960년대 후반 공항출국장
중앙 선 그라스 최기덕 목사(덕수교회
개척목사, 대한 예수교 장로회 총회장
역임) 우측부터 강기덕 선생, 배경전
목사, 조기홍 전도사(평택대학교 총장
역임) 김동현 교수(평택대 부총장 역
임), 필자 최용학(평택대학교 교육대
학원장 역임), 여선생, 임금영, / 최기
덕 목사는 필자의 5촌 아저씨

109_ 데라살 아라네타 대학교(GAUF)
설립자 싼티아고 박사의 딸과
그 가족과 함께(그녀의 저택에서)
만찬 후 기념 촬영

107

108

109

110_ 공항 출국장에서
우로부터 필자, 김애자(평택대학교 생활관
장), 김동현 교수, 고영필 교수, 박덕상 목
사, 박태영 교수, 진종현 교수(체육학 박사)

111_ 대학 식당에서
우로부터 이은상 박사(안양대대학원장),
박명준 박사, 한 사람 건너 다데나 대학원
원장, 강치환 박사, 필자, 최용학 박사, 폰
잘 총장, 김보관 박사, 박덕재 박사

112_ 1992년도 마닐라 근교 히든 벨리에서
맨 뒤 필자, 좌로부터 박덕재 교수, 강치환
교수, 앉은 사람 중앙 김보관 박사(한국행
정협회 회장), 박명준 교수, 김기문 씨(김
보관 박사 형).

| 110 |
| 111 |
| 112 |

113_ 데라살 아라네타(GAUF)대학교
우측 폰잘 총장(아라네타대학교 총장), 다데나 대학원 원장, 필자, 강치환 교수

114_ 오락프로 관람
중앙 필자

115_ 박사 학위 디펜스 마치고
중앙 넥타이 맨 사람 필자와 박사학위 심사위원 교수님들 디펜스(박사학위 심사) 마치고

113
114
115

116_ 언젠가?
중앙 집사람 정원정, 뒤 조카 고인이 된 이성렬, 좌 이순
남, 우 박진숙, 조카들이 지금은 다 손주를 거느린 할머
니가 되었다.

117_ 결혼 전
합동도서인쇄주식회사, 편집사원 시절의
정원정

118_ 우리 부부가
정현복 처제, 대학 축제 때 함께

116	117
	118

119_ 우리 부부 출국 땐가 입국 땐가?
옆 아이들 아들 최희탁, 딸 최경란, 막내 경희 출생 전이다.

120_ 서대문구 북아현동 245번지 살 때 똘이와 함께
대문에 "편지요" 하는 소리 듣고 달려가 편지를 물고 와 마루에 올려놓아 똘똘해서 똘똘이라 명명했다. 서 있는 아이, 이경은(누님의 딸이다).
경희대 출신 송동근과 결혼, 아들 현민이 있고 지금은 서울 강남 중화요리식당 사장이다.

121_ 앞줄 중앙 황인국 마테오 신부(몬시뇰)
앞줄 중앙 황인국 신부(몬시뇰), 그 오른쪽 김덕후 회장, 멘 뒤 오른쪽에서 두번째 정원정(모니카) 필자의 안사람(삼각지 성당 시절).

119
120
121

122_ 삼각지 성당 시절 즐거운 오락
맨 앞 정원정(모니까), 맨 뒤 황인국 신부(몬
시뇰)

123_ 성당에서
아들 최희탁(마오스딩), 영세 세례마치고
중앙 흰 한복 차림 정원정(모니까), 황인국
신부(몬시뇰)

124_ 결혼 전
물가에서 정원정

122
123
124

125_ 이화여대 졸업식 날
정원정

126_ 서울 대교구
꾸르실리스따 일동(가톨릭 신앙쇄신
교육모임)

127_ 삼각지 성당
(주임 신부 황인국 몬시뇰)에서 용산
구 동부이촌동 한강성당 신축부지 마
련, 중앙 정면을 보고 있는 사람이 박
고빈 시메온 신부, 그 좌측 좌향으로
반듯한 자세로 서 있는 사람이 필자
최용학(안드레아)

| 125 |
| 126 |
| 127 |

128_ 필자가 과외공부 지도하던 진명여중 제자들
서 있는 학생 이순자, 좌 최선자, 우 장미자, 친구인 진명여중 영어교사 길홍재가 주선해 줘서 많은 학생들을 지도하였다.

129_ 아내 정원정이 이화여대 졸업 때
오빠 민병주와 함께
오빠는 고려대 법대를 나와 육군 대위로 복무하면서 권총을 차고 다녔다.

130_ 아내 정원정 졸업식 때 가족들과 함께
주인공 옆 우측 정인석 장인, 좌측 김보기 장모님, 그 옆 고모(교회 권사), 맨 우측 정충모 처남(성동공고 시절), 지금은 미국 볼티모어 거주, 아들 정진우 예일대 졸업 후 뉴욕 금융회사 근무, 두 딸은 미국 명문 대학 카네기 멜른대 졸업 후 백악관 근무 아이들이 결혼하여 자녀를 두어 할아버지가 되었다.

128	129

130

| 131 |
| 132 |
| 133 |

131_ 무슨 전시?
맨 좌측 천재 작곡가 이문근 신부, 서정열 회장, 현석호 회장(국방부 장관 역임), 우측 필자, 이문근 신부는 이탈리아 산타 체질리아 음악대학원을 동양인으로 수석 졸업, 동양에서 파이프 오르간 연주 1인자로 많은 성가 작곡을 하였다.(작사자 최민순 신부)

132_ 어느 때인가?
맨 좌측 최창득(방지거) 작은아버지, 우측 조카 故 최광일(월남전 비둘기 부대 참전, 어려운 시절 일본 철공소 취업, 중노동하면서 돈 벌어 집에 보내주는 효자였다. 귀국하여 공사 현장 트럭에서 뛰어 내리다 바퀴에 치어 사망.

133_ 십자가 그림
참된 크리스챤의 모임 꾸르실료

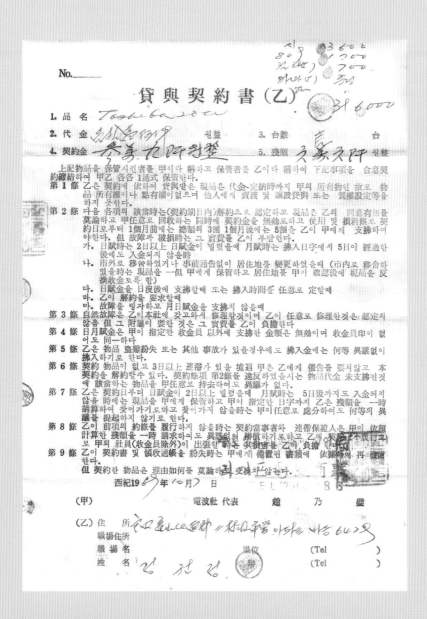

No._____

貸與契約書 (乙)

1. 品名 Toshiba 20cu
2. 代金   圓整   3. 台數   台
4. 契約金   5. 殘額   圓整

上記物品을 保管시킨者를 甲이라 稱하고 保管者를 乙이라 稱하여 下記事項을 合意契約締結하여 甲乙 各各 1通式 保管한다.

第1條 乙은 契約에 依하여 貸與받은 現品은 代金完納時까지 甲의 所有物인 故로 物品所有權이나 點有權이 없으며 他人에게 賣渡 및 讓渡貸與 또는 質權設定等을 하지 못한다.

第2條 다음 各項의 該當時는 (契約期日內)解約으로 認定하고 現品은 乙의 同意有無를 莫論하고 甲任意로 回收하는 同時에 契約金을 無効로하고 使用 및 損料条로 契約日로부터 1個月前에는 總額의 3割 1個月後에는 5割을 乙이 甲에게 支拂하여야한다. 但 故障과 破損時는 그 實費를 乙이 부담한다.
　가. 日賦時는 2日以上 日賦金이 밀렸을때 月賦時는 拂入日字에서 5日이 經過한 後에도 入金되지 않을時
　나. 市外로 移舍하였거나 事前通告없이 居住地를 變更하였을때 (市內로 移舍하였을時는 現品을 一但 甲에게 保管하고 居住地를 甲이 確認後에 現品을 反換收金토록 함)
　다. 日賦金을 日沒後에 支拂할때 또는 拂入時間을 任意로 定할때
　라. 乙이 解約을 要求할때
　마. 故障을 빙자하거나 日賦金을 支拂치 않을때

第3條 自然故障은 乙이 本社에 갖어와서 修理할것이며 乙이 任意로 修理한것은 認定치 않음 但 그 附屬品 및 實費를 乙이 負擔한다.

第4條 日月賦金은 甲이 指定한 收金員 以外에 支拂한 金額은 無効이며 收金員印이 없어도 同一하다.

第5條 乙은 物品 盜難紛失 또는 其他 事故가 있을경우에도 拂入金에는 何等 異議없이 拂入하기로 한다.

第6條 契約物品이 없고 3日以上 連滯가 있을 境遇 甲은 乙에게 催告를 要치않고 本契約을 解約할수있다. 契約餘項 第2條를 違反하였을시는 物品代金 未支拂된것에 該當하는 物品을 甲任意로 持去하여도 異議가 없다.

第7條 乙은 契約日로부터 2日 밀렸을때 月賦時는 5日後까지도 入金되지 않을時에는 現品을 甲에게 保管하고 甲이 指定한 日字까지 乙은 殘額을 一時 精算하여 찾어가기로하고 찾어 가지 않을時는 甲이 任意로 處分하여도 何等의 異議를 提起하지 않기로 한다.

第8條 乙이 前項의 約條를 履行하지 않을時는 契約當事者와 連帶保證人은 甲이 依賴計算한 殘額을 一時 請求하여도 異議없이 辨償하기로 하고 乙에 契約不履行으로 甲의 社員(收金員除外)이 出張할時 其損害를 乙이 負擔한다.

第9條 乙이 契約書 및 領收通帳을 紛失時는 甲에게 備置된 書類에 依據하여 再 請時한다.
　但 契約한 物品은 理由如何를 莫論하고 交換치 않는다.

西紀19６８年 10月 日   TEL '7) ８

(甲)　電波社 代表　　　趙　乃　璧

(乙) 住　所
　　　職場住所
　　　職場名　　　　　　　　順位　　　　(Tel　　　　)
　　　姓名　　김 천 길　　　　　　　(Tel　　　　)

거의 모든 계약은 유능하고 활동적인 아내 정원정이 하였다. 60년대에는 지금과 같지 않아 대여계약을 하고 TV를 시청하였다.

土地 建物 賣買契約書

서울特別市 龍山 區 이촌 洞/路 街 參○ 番地 號 造 華 建 棟間

面積	垈地	坪 合 勺 才 坪當	원
	建坪 十七 坪	合 勺 才 坪當	원

代金 四百六拾七萬 원整

第 1 條 前記 不動產賣買에 對하여 契約當時에 買受者는 契約金으로 一金 册拾萬 원整을 賣渡者에게 支拂하고 賣渡者는 此를 受領함

第 2 條 中渡金 二百四拾七萬 원整을 西紀19七七年 四月 拾九日에 支拂키로하고 殘額金 을 西紀19七七年 五月 六日에 賣渡者는 所有權移轉에 必要한 手續書類와 相換하기로함 (但 殘金支拂은 紹介人 立會下에 支拂하기로함)

第 3 條 代金支拂後 登記 名義人을 誰何로 하든지 賣渡者는 買受者의 要求에 應하기로함

第 4 條 家屋明渡는 西紀19七七年 五月 六 日 明渡하기로함

第 5 條 紹介料는 双方에서 各各 契約當時의 代金에 依하여 所定料金을 紹介 人에게 支拂하기로함

第 6 條 賣渡者가 本契約을 違約할때에는 契約金의 倍額을 買受者에게 賠償하 기로하고 買受者가 本契約을 違約할때에는 契約金은 無效되고 返還請 求를 不得함

上記 各項을 嚴守키 爲하여 本契約書를 作成하여 各壹通式 保管함

但

西紀19七七年 四月 拾 日

住 所 서울特別市 龍山 區 이촌 洞/路 街 參○ 番地 號 賣渡人 龍山 31統 5,06班 (주민등록번호 7P3.384) 李吉伯

住 所 서울特別市 龍山 區 이촌 洞/路 街 參○ 番地 號 買受人 龍山 38班 (주민등록번호 7/4.○08) 鄭元貞

住 所 서울特別市 龍山 區 이촌 洞/路 街 參○ 番地 號 紹介人 (주민등록번호 794.262) 黃在東

집 매매계약도 유능한 아내 정원정이 다 하였다.

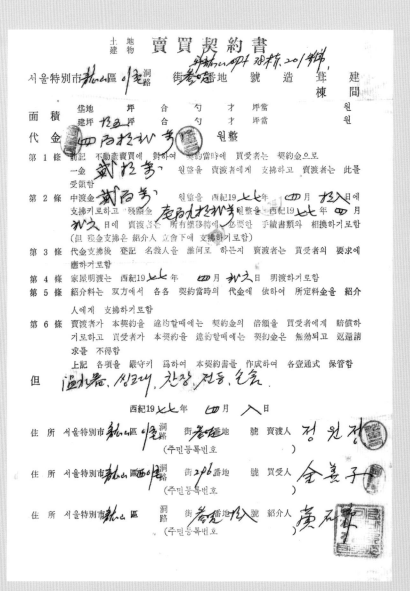

土地
建物　**賣買契約書**

서울特別市 龍山 區 이촌 洞路　街 参０番地　號　造　茸　建
　　　　　　　　　　　　　　　　　　　　　　　　　　　棟　間

面積　垈地　　坪　合　勺　才　坪當　　　　　　　　　원
　　　建坪 18.5 坪　合　勺　才　坪當　　　　　　　　　원

代金　四百柒拾万　원整

第1條　前記 不動產賣買에 對하여 契約當時에 買受者는 契約金으로
　　　一金 貳拾万　원整을 賣渡者에게 支拂하고 賣渡者는 此를
　　　受領함

第2條　中渡金 貳百万　원整을 西紀19 七七年 四月 18 日에
　　　支拂키로하고 殘額金 貳百五拾万 원整을 西紀19 七七 年 四月
　　　廿六 日에 賣渡者는 所有權移轉에 必要한 手續書類와 相換하기로함
　　　(但 殘金支拂은 紹介人 立會下에 支拂하기로함)

第3條　代金支拂後 登記 名義人을 誰何로 하든지 賣渡者는 買受者의 要求에
　　　應하기로함

第4條　家屋明渡는 西紀19 七七 年 四月 廿六 日 明渡하기로함

第5條　紹介料는 双方에서 各各 契約當時의 代金에 依하여 所定料金을 紹介
　　　人에게 支拂하기로함

第6條　賣渡者가 本契約을 違約할때에는 契約金의 倍額을 買受者에게 賠償하
　　　기로하고 買受者가 本契約을 違約할때에는 契約金은 無效되고 返還請
　　　求를 不得함
　　　上記 各項을 嚴守키 爲하여 本契約書를 作成하여 各壹通式 保管함

但　　温水器、싱크대、찬장、전등、기옥.

西紀19 七七 年 四月 八 日

住　所 서울特別市 龍山 區 이촌 洞路　街 중앙 番地　號 賣渡人 정원정
　　　　　　　　　　　　　　(주민등록번호　　　　　　)

住　所 서울特別市 龍山 區 이 洞路　街 296 番地　號 買受人 金基子
　　　　　　　　　　　　　　(주민등록번호　　　　　　)

住　所 서울特別市 龍山 區　　洞路　街 중앙 番地 以號 紹介人 廣石
　　　　　　　　　　　　　　(주민등록번호　　　　　　)

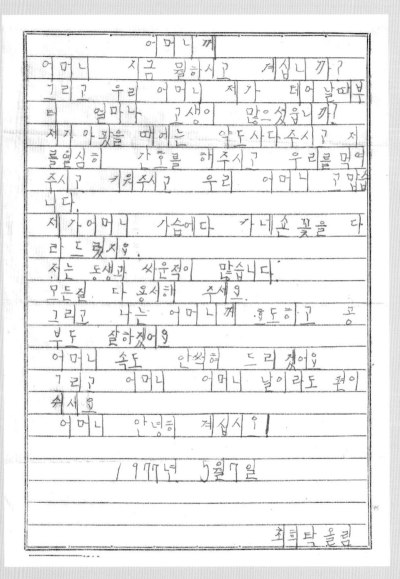

어머니께

어머니 지금 뭘하시고 계십니까?
그리고 우리 어머니 제가 태어날때부
터 얼마나 고생이 많으셨읍니까!
제가 아팠을 때에는 약도 사다주시고 저
를 열심히 간호를 해주시고 우리를 먹여
주시고 키워주시고 우리 어머니 고맙습
니다.
제가 어머니 가슴에다 카네숀꽃을 다
라 드렸지요.
저는 동생과 싸운적이 많습니다.
모든걸 다 용서해 주세요.
그리고 나는 어머니께 효도하고 공
부도 잘하겠어요
어머니 속도 안썩혀 드리겠어요
그리고 어머니 어머니 날이라도 편이
쉬세요
어머니 안녕히 계십시오!

1977년 5월 7일

최희탁 올림

독립심 강한 아들이 어렸을 때 어머니한테 쓴 편지.
지금은 결혼하여 싱가폴 소재 회사 사장으로 근무중이고 며느리는 국제학교 교사. 손녀
는 연세대학교 영어영문학과 재학 중이다.

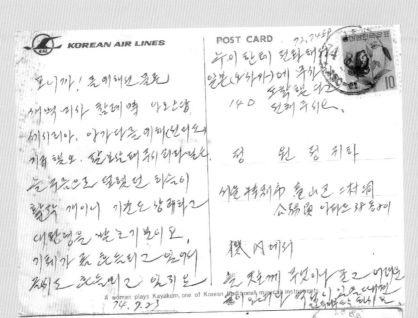

희탁아!
아빠는 지금 그림에
보이는 비행기를 타고
있단다. 지금 하늘높이
떠 있는데 샛파란 하
늘과 흰 구름만 보인다.
희탁이도 이다음에 비행
기 타볼 기회가 있을게다.

140

최 희 탁 앞

서울특별시 용산구 이촌동
공무원 아파트 38동 201호
1974. 7. 23
비행기 안에서
아빠가

내가 처음 해외 나갈 때 비행기 안에서 가족에게 엽서에 써 보낸 편지. 1974년 7월 23일

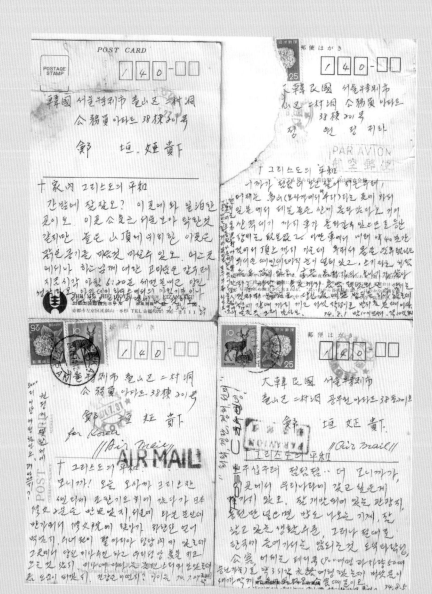

처음 여행 때 일본에서 아내한테 보낸 엽서(1974년 7월 24일에서 8월 5일까지)

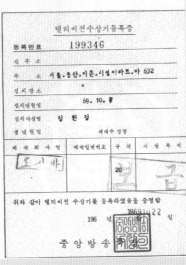

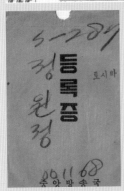

지금은 구해 보려도 구하기 힘든 물건이라 여기에 남겨 본다.
1969년도에는 흑백텔레비전도 웬만한 집에서는 볼 수 없을 정도로 우리나라가 빈곤하였다. 칼라도 아닌 흑백텔레비전을 대여하여 보던 시절 아내 정원정이 중앙방송국과 계약하여 증서를 교부받고 이와 같은 봉투에 소중하게 보관하였다.

역경을 딛고 당당하게

중앙 필자와 좌측 이선우 이사, 우측 기념관장
李善雨 이사는 국가보훈처 청장과 선양국장을 역임하였으며 항일 독립운동 자료 발굴 국내 1인자다. 뛰어난 인물로 학생시절 수학 경시대회 1등, 타이프라이터 경시대회 1등, 테니스대회 우승, 등산대회 1등, 부관학교 시절 시험1등을 한 수재다. 국가 보훈처 퇴직 후 20여 년간 〈韓民〉 계간지 편집인으로 봉사하고 있다. 그 옆 여성 기념관장은 조선족으로 한국독립기념관에서 한국어 교육과 독립운동 관련 교육을 받았다.

사랑의 온천 정원정(모니까)
최용학 회장의 아내이자 1남 2녀의 어머니, 옆에 가까이 있으면 늘 포근함을 느낀다.

134_ 심도 있는 가톨릭 신앙 모임 꾸르실리오
앞에서 두 번째 줄/왼쪽(성시훈, 가브리엘 작고) 그 옆 필자 최용학
(안드레아)

135_ 韓民회 서고 앞에서
제자 장은도 목사(대한민국 장애인 예술대상 수상자)와 함께

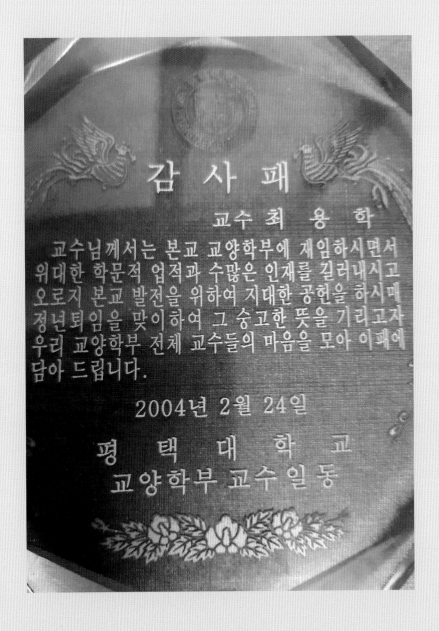

감 사 패

교 수 최 용 학

교수님께서는 본교 교양학부에 재임하시면서
위대한 학문적 업적과 수많은 인재를 길러내시고
오로지 본교 발전을 위하여 지대한 공헌을 하시매
정년퇴임을 맞이하여 그 숭고한 뜻을 기리고자
우리 교양학부 전체 교수들의 마음을 모아 이폐에
담아 드립니다.

2004년 2월 24일

평 택 대 학 교
교 양 학 부 교 수 일 동

136_ 감사패
정년퇴직 기념으로 교양학부 교수들의 감사패

137_ 집 서재에 걸려 있는 도산 안창호 선생
작은 사진 태극기 옆, 필자와 도산선생의 비서실장 항산 구익균 선생.
구익균 선생은 106세에 사망한 애국지사로서 필자의 상해 인성학교 스
승이었음을 뒤늦게(66년 만에) 알게 되었다.

138

138_ 장미꽃 터널에서
한민회 사무실이 소재한 보훈교육 연구원 앞

인성계발 교육 프로그램

人性 향상을 위한 人間關係

육대과정·고급과정

육군교육사령부

139_ 人性 향상을 위한 人間關係
대한민국 육군교육사령부에서 발간한 최용학 교수의 人性敎育 교재

2007 제2기
人性教育 專門家 養成課程

사단
법인 **한국인성교육협회**

140_ 人性教育 專門家 養成課程
사단법인 한국인성교육협회 발간 교재

141_ '韓民會'
최용학 회장과 김(하란사) 기념사업회 김용택 회장

142_ '韓民會' 사무실
'韓民' 잡지 발행 준비 작업을 하고 있는 정원정(한민회 회장의 부인)
이선우 이사(한민 편집인)의 부인 박순화 여사

143_ 대한민국 육군 심포지움
단상 태극기 옆 필자

144
우로부터 필자 최용학 교수 김승광 장군(육군교육 사령관), 양승
봉 인성교육협회 회장

교육박물관 교실. 필자의 할머니 하란사(김란사) 여사 사진

우측 네 학생(최용학, 희탁, 경란, 경희 ; 학, 학, 석박사)을 키운 위대한 어머니 정원정

존경하는 최용학 교수님,

그 동안 平安하셨는지요?

육군은 지금 결실의 계절을 맞아 금년도 사업을 알차게
무리하기 위해 최선의 노력을 다하고 있으며, 최근에는
가적 사업인 경의선 복구공사와 태풍 피해복구 지원을
해 많은 관심을 쏟고 있습니다.

교수님, 지난번에는 바쁘신 데도 불구하시고 육군의 자위문제
전 심포지움에 참석하시어 후見을 들려주셨던 데 대해 다시
번 깊은 감사의 말씀을 올립니다.

　육군은, 이번 심포지움을 통해 교수님을 비롯한 모든 분들이
들려주셨던 高見들을 잘 참고해서 빠른 시일 내에 좀더 구체적
이고 현실성 있는 종합발전계획을 수립하여 추진할 계획이며,
그렇게 함으로써 우리 장병들을 명실공히 21세기 정예강병으로
육성해 나갈 수 있을 것으로 확신합니다.

　교수님의 성원에 다시 한번 감사를 드리며, 교수님의 건안
하심과 평택대학교의 무궁한 발전을 충심으로 기원합니다.

　안녕히 계십시요.

2000年 9월 ○○

陸軍參謀總長 大將 吉 亨 寶 拜上

육군 참모총장 길형보 대장의 감사장

145_ 하얼빈 안중근 의사 기념관
이선우 이사와 함께

146_ 중국 심양 문화관
항일독립운동 투사 리진룡 장군의 부인 우씨의 후손 우승희(좌측)

感谢牌

崔勇鹤 会长

贵下，您在弘扬抗日英烈事迹精神和教育
后代事业中，做出了突出成绩，特赠感谢牌。

校长：太永范

特此感谢！

抚顺市朝鲜族第一中学
2019年3月

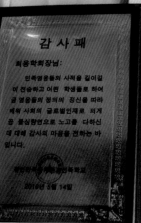

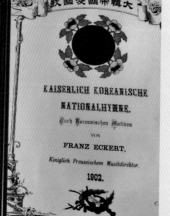

147	
148	149
150	

147_ 한민회 서고 일부

148,149,150_ 필자가 받은 감사패

151_ 장애인예술 국무총리상 대상 수상자 장은도 목사와 함께
뒷줄 가운데 장목사 사모(상담센터 허그맘 운영), 우측 이선우 이사(편집인)
오산에 있는 상담센터는 주말마다 상담자가 넘쳐 6개 사담실이 부족한 실정

151

152_ 창학 103주년 기념식
좌로부터 필자, 김활란 여사(림영철 교수 부인), 김동현 교수 (평택대 부총
장 역임), 림영철 교수(전 가나안 농군학교 교장, 김용기 장로 맏사위)

152

153

154

153_ 李鎭龍 장군 컵 작문경시 대회장
우로부터 전정혁 관장, 이선우 이사,
최용학 회장, 우승희 선생(리진룡 장
군부인의 후손)

154_ 李鎭龍 장군 컵(韓民會 會長 崔勇鶴)

155_
좌로부터 박종효(모스크바 大 명예교수), 강인덕 선배(대한민국
초대통일부 장관), 김영문 동문, 후배 최광원

155

156_ 상해 홍구공원. 윤봉길 의사 기념관 앞
둘째 줄 우에서 두 번째 필자, 뒷줄 우에서 세 번째 이선우 이사,
네 번째 전정혁 관장

156

박순화 권사 작품전(퀼트 작품)
우 정원정(필자의 아내)과 박순화 권사
박순화 권사는 이선우(韓民會 理事) 편집인의 부인이다.

Deos
Cristo
Logos
Orchestra

비전업 청소년 학교 지역 아동센터 선정
주거빈곤가정 아동돕기를 위한

2019 DCLO
Charity Concert

2019. **12. 5.** (목) PM 7시30분
SK 아트리움 소 공연장
(수원시 장안구 이목로 24-25)

지휘자 장은도　　　　남성중창 칸투스

주　　최　DCLO 운영위원회
후원계좌　장은도 주, 우리, 1002-933-810047 / 이희재 주, 농협, 352-1384-4660-13

공연일반문의 010-8636-8764　후원문의 010-2998-1039　입단문의 010-3386-8430
전석 30,000 원 만 5세 입장가. (당일 30분전 좌석권 교환요망)
만7세이하, 1·3급 장애인 및 농빈지 국가 유공지 증제시자, 50%할인
수원비전업 청소년 학교 지역 아동센터(T. 031-236-7429)

대한민국 1급 휠체어 장애인 음악대상 수상자 장은도(팔자의 제자) 목사가 이끄는 악단 공연.
장은도 목사는 음악의 나라 비엔나에서 "디프로마"를 획득하였다. 유명한 프르티스트이
며 오케스트라를 이끌고 있는 유명한 지휘자 이기도 하다.

157_ 필자의 아내 정원정(사색중?)

157

158_ 전 광복군 회장 (故)김우전 선생(함께 식사한 후 몇 개월만에 고인이
되었다)과 함께.
우측 이선우 이사(韓民 편집인), 좌 필자 최용학(한민회 회장)

158

동부이촌동 한강성당시절 김수경 추기경님 방문기념
서 있는 사람:우로부터 박태규(흑석성모병원 원장)박사, 필자(최용학 안드레아), 한무협
(알퐁소) 회장(삼성장군 출신), 김수환(스테파노) 추기경, 이정희(세실리아, 김대환씨 부
인), 김대환 회장(요셉), 홍경자(벨다넷다, 호문룡 교수 부인), 지젬마, 최데레사, 함세웅
신부, 권순익(아오스딩, 작고)
앞줄 앉아 있는 사람 좌로부터 윤안나(작고), 정원정(모니까 필자 최용학의 부인), 호문룡(암
브로시오 전 수원대 이공대 학장), 성시훈 가브리엘(작고), 이은숙(세실리아, 성시훈씨 부인)

159_ 엄마와 함께
막내딸 경희(함박웃음), 큰딸 경란

159

160_ 송도 연세대학교 캠퍼스에서
우로부터 아들 희탁, 며느리 김미라(싱가폴국제학교 교사), 필자,
손녀 최다은(연세대 영문학과 재학), 할머니 정원정

160

두 딸과(큰딸 경란, 막내딸 경희)함께

누구 생일인가?
집사람 정원정, 옆 막내손주가 할머니에게 뽀뽀를 해주고 막내딸 경희가 활짝 웃고 있다.

2012-10-12

161_ 고교 모임
충무로 대림정, 중앙 탁형치 동문(하모니카 연주자, 영락교회장로)
이상은 동문(창가에 기대앉은 사람)

162_ 고교동문회식
좌편 앞 허현(광복회 부회장) 우편 끝 저자

2015-08-25

163_ 도산 안창호 74주기 행사후 / 참가자들과 함께
105세 마지막 애국지사 구익균 선생님(휠체어), 서 있는 사람 자로부터 두 번째 필자, 오동춘 박사

164_ 회식후 대림정 옥상에서 고등학교 동문들과 함께
앞줄 맨옆(휠체어)장은도 목사(후르티스트) 대한민국 장애인예술대상 수상자, 앉은 사람 중앙 조기흥 총장, 이필재 목사, 김충효 목사, 정중앙 필자(서 있는 사람)

165_ 평택대학교 창립 102주년 축하식
앉은 사람 좌로부터 김복수, 구종희, 신덕선 총무, 이창수(아동문학가), 차국헌 회장, 서있는 사람 좌로부터 조영섭(조기 축구회 회장), 두 사람 건너 임병찬(언론인), 손석동, 우춘식(경찰고위간부 출신), 서광호, 권순달(전 태우 공영 대표), 우로부터 정직태(전 경찰 간부), 윤석로, 조명웅(전 명성당 대표), 필자 최용학, 정희수(고려서적 대표), 정은택, 박관종(애국흑판 경영), 신성문

163	
164	165

166_ 동북고등학교 총동문회 자문위원회
앉은 사람 우로부터 두 번째 필자 최용학, 신덕선, 차국헌

166

167_ 고교동문회
중앙 차국헌 회장 인사말 그 옆 신덕선 총무, 필자, 앞쪽에 축구감독
이회택 동문

167

168_ 마닐라 데라살 아라네타대학교 / 박사 동문
우로부터 박명준 신흥대학교수, 설성진 원광대학 교수, 안병돈 교수
(시인, 신성대학교 교수) 이재구 교수, 필자 최용학, 엄주정 교수
(용인대학교 대학원장)

169_ 박사 동문들과 함께
죄로부터 이재구 교수(작고), 안병돈 교수, 설성진 교수,
필자 최용학 교수

168

169

170_ 박사 동문들과 마닐라 근교
흘러내리는 따뜻한 온천수, 히든벨리, 좌로부터 필자, 박명준 교수,
안병돈 교수, 엄주정 교수 설성진 교수

170

171_ 마닐라 공원 앞에서
우로부터 필자 최용학 교수, 안병돈 교수, 설성진 교수, 이재구 교수

171

172_ 상해 인성학교 은사 애국지사 구익균 선생님과 함께
좌로부터 집사람 정원정, 며느리 김미라(싱가포르국제학교 교사),
손녀 최다은(연세대 영문과 2학년), 여성 봉사자, 파고다공원에서

172

173_ 중국저명 서예화가 탁문기 기념전시장
우로부터 필자, 한 사람 건너 김형석회장 부인, 김형석 회장(예식장
운영), 탁문기 서화가, 조기태(평택대 관리처장)

173

174_ 헐버트 박사 추모 행사 후
오동춘 박사와 함께

175_ 피어선학교 시절
윗줄 우로부터 조석연 교수(법학박사), 김충효 목사(학감), 박인병 학장, 전호진 목사(고신대학장) 앉은 사람 좌로부터 김동현 교수, 김형달 교수, 필자, 이근창 교수(경기대학교수 전근), 이효순교수(음악학과)

176_ 구익균 은사님 105회 생신(뉴서울 호텔)
필자가 상해 인성학교 교가를 부르고 있다.

177_ 피어선 학교 시절
중앙 조기홍 교장, 좌 필자 최용학, 우 김동현 교수

178_ 도산 안창호 선생 74주기 추모행사 후
구익균 은사님과 함께. 그 옆 막내딸 구혜란(이화여고 졸업 후 홍익
대 나와 뉴욕에서 후배 지도)

178

179_ 구익균 은사님 105회 생신
서울 뉴서울 호텔 / 구익균 은사님 105세 생신 축하

179

180_ 2000. 1. 18 르네상스 호텔
R 54 申錫均, R55 김청 선배, R58 남상운 사장, 우 필자 최용학

180

181_ 신갈성당 요아킴회
우로부터 허고문(최고령), 김형제(경찰처장 출신), 이호영(청와대경
호처장 출신), 한 사람 건너 김경환 고문, 이형제(유도8단), 박흠천
(고려대 럭비선수 출신), 맨끝(요아킴회 회장 최용학)

181

182_ 골프장에서
중앙 휘문의숙 사무국장 김근수, 그 옆 필자

183_ 동북고등학교 모임(서울 대림정)
사회 : 필자, 동문회 회장, 2012년 10월 12일

184_ 평택대학교 102주년 창학 행사
서서 인사하고 있는 필자 옆 강윤식 박사(대항병원 원장), 신현수 교수

184

185_ 105회 생신 축하
서울 뉴 국제호텔에서

185

항산 구익균옹 105세 생신 祝
恒山 具益均翁
2012. 3.17

186_ 구익균 은사님 앞에서 노래하는 필자

187_ 오래 전에, 서울 뚝섬에서
우 민병주 오빠, 가운데 女兒 정현복(삼성전자 이해민 사장 부인)
우에서 두 번째 집사람 정원정

188_ 평택대학교 피어선 홀 앞
피어선 박사 내외 동상 앞에서, 조카 정진우
(예일대 졸업후 뉴욕 금융가 근무)

189_ 서부 이촌동 한강 아파트 살 때
큰딸 경란

188

189

190_ 막내딸 경희와 함께

191_ MBC에서
큰딸 경란 작은딸 경희

190 | 191

192

192_ 가족 모임
막내처남 정명모(원자공학박사) 부부와 가족들: 경자, 경복, 진우, 진구가 보인다.

최 교수님

아버님의 105번의 생신에 참여
해주셔서 감사합니다. 또한
안창호 선생님의 추모식에
여러모로 신경 써주시고
교통편도 마련해 주셔서 저의
아버님이 훌륭하신 제자님을
두시것이 저로서는 고맙습니다.
저희 아버님도 함께 고마운
마음을 전합니다.

혜란드림.

POSTCARD

The Seashore of I M-AN Peninsula. Photographed for Shin Ho

윤지음.
옥상 버리고.
그리움도 놓아 버리고.
잊을 건 잊으면서.
한 걸음 살아 가거요.
이 사형 (식)

장충단 모교에 가서
오종경기 시합했다.
승옥이 껀 두 빠름.
문환이 껀 한 빠름.
내 껀 밤등에 떨어졌다.
아! 옛날이여.

TSPO Planning & Editing Tel. 02-332-8233~4

193_ 승옥 : 박승옥 광운대 축구감독 / 문환 : 오문환 동북고 밴드미스터
전국 고등학교 축구대회 우승할 때마다 장충단 일대에 밴드 소리가
요란하게 울려 퍼졌다. 동북고등학교가 장충동에 있었다.

193

194_ 2021년 10월 어느 날
고교 돈문들과 함께 권순달 회장(총동문회장 역임)이 초청하여 고급음
식점 '해마루'에서 식사후— 좌로부터 신덕선, 신용창, 정은택, 김복수,
권순달, 구종희, 김병환, 서있는 사람 필자.

194

195_ 필자가 어릴 때 살던 집 근방
상해 홍구공원에 있는 윤봉길 의사 기념관 앞에서. 동포들과 함께. 둘째줄 위에서 두 번째 필자, 뒷줄 우에서 두 번째 전정혁 관장, 그 옆 이선우 이사(韓民 편집인)

195

196_ 교육박물관
하란사(필자의 할머니) 여사 기념 전시회에서 韓民會 이사들과 함께. 앞줄 우에서 필자, 김근수, 조명웅. 뒷줄 우에서 손철근 법무사, 이상준, 이종찬, 이선우(韓民 편집인)

196

'99년도 대학종합평가단과 기념촬영
1999. 10. 27 (기념관 앞에서)

평택대학교 대학종합평가단과 기념 촬영
뒷줄 좌로부터 조석연 교수, 김동현 교수, 박종우 법인사무국장, 정봉서 교수, 김범수 교수, 김영미 교수, 조항래 교수, 필자 최용학 교수, 조대현 대학총무처장. 앞줄 평가단 중앙 조기흥 총장

197_ 필자가 8세까지 살던 옛집 2층(중국 상해)

198_ 중국 상해 필자가 태어난 옛집
북사천로 규강로 장춘방 7호

197

198

199_ 기념비 앞
필자가 어릴 때 뛰어놀던 상해 홍구공원에 있는 기념비 옆에서 조선
족 동포들과 함께. 서 있는 사람 우에서 4번째 필자. 다음다음 이선
우 이사

199

200_ 중국 심양 / 9.18 박물관 앞.
우 전정혁 관장, 필자, 이선우 이사

200

193_ 리진용 장군 기념행사 합창단원들과 함께
서 있는 사람 중앙 필자, 그 옆 키 큰 사람 우빈희 북경출판사 사장

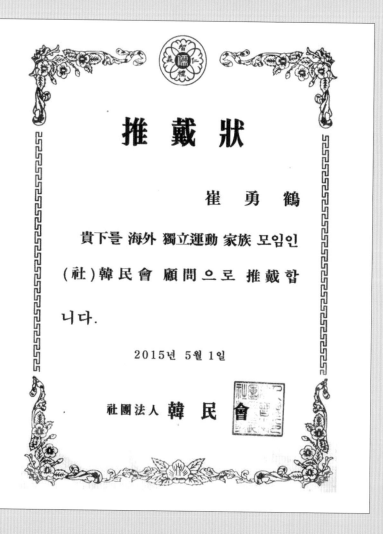

推 戴 狀

崔 勇 鶴

貴下를 海外 獨立運動 家族 모임인

(社) 韓民會 顧問으로 推戴합

니다.

2015년 5월 1일

社團法人 韓 民 會

201_ 창학 103주년 기념식(평택대학교)
우로부터 필자, 김활란 여사(가나안농군학교 설립자 김용기 장로
맏딸) 김동현 교수, 림영철 교수(가나안농군학교 설립자 김용기
장로 맏사위)

201

202_ 한민회 사무실에서
제자 장은도 목사(장애인 예술대상 수상자)와 함께

202

203_ 가톨릭 신앙 심화 모임 꾸르실료
앞에서 2번째 줄 2번째 필자 최안드레아

203

204_ 한민회 사무실에서
'韓民'지 편집 봉사 모습, 우로부터 이선우 이사(편집인),
정원정(한민회 회장 부인), 박순화(이선우 이사 부인)

204

205_ 김수환 추기경
우측 김수환 추기경

206_ 강인덕 선배(초대 통일부 장관)와 함께
좌측 강인덕 선배(초대 통일부 장관)와 필자

205

206

207_ 김란사 여사 순례길
서울교육박물관 황동진 학예실장
의 노고가 큼, 김란사(하란사) 기
념사업회 김용택 회장은 열성적
인 인물이다.

208_ 덕수궁에서

207

208

209
좌로부터 박종효(국립모스크바대 명예교수) 강인덕 선배, 필자,
김영문 동문, 최광진 후배

209

210_ 고교 동문들
좌로부터 신덕선 회장 겸 총무, 신용창, 정은택, 김복수, 권순달,
구종회, 임병찬

210

211_ 광교 호수 배경
사랑스런 아내 정원정

212_ 사색에 잠긴 정원정

211

212

213_ 한민회 사무실에서
박종효 교수와 함께

214_ 상해 홍구공원 화장실에서

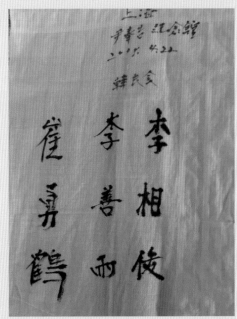

213

214

215_ 토요 스크린 골프팀
좌로부터 이한구(용인실버 합창단장), 배은효 사장, 권태수 사장

216_ 스프링골프 우승 기념

215

216

217_ 보훈원 배경으로
만국기가 펄럭인다

218_ 어느 봄날
아내 정원정

217

218

219

220

219_ 산책 중에

220_ 수원 어느 정자에서

221_ 외길(가발 스텐드 제작)
50여 년 조그만무역 정성
련 사장과 함께, '조그만'을
거꾸로 하면 '만족'이 된다.

222_ 아내 정원정

221
222

Students of Ewha Haktang, the famous W. F. M. S. school, Seoul, Korea, standing in front of the new pipe organ of First M. E. Church. This organ, the gift of Y. Kim, of Detroit, Mich., and other Korean friends in the U. S., is the first pipe organ in Korea.

223_ 이화학당 학생들과 관계자들
파이프오르간을 배경으로 사진을 찍었다. 한국 초초로 설치된 오르간은 하란사(김란사) 여사가 기증한 것이다.

223

224_ 이화학당 학생들과 교수들(앞줄 좌 끝 하란사)

224

김란사

225_ 하란사 여사(중앙) 훈장 타던 날 기념 동료들과 함께

225

226_ 이화학당 학생들이 한 자리에

226

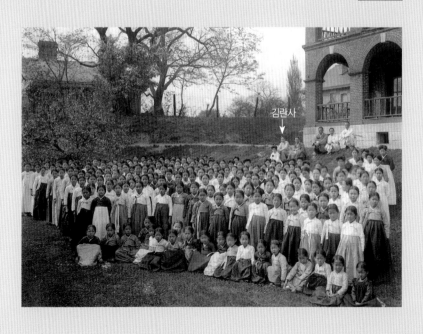

김란사

227_ 동북고등학교 동문들과 대림정에서 식사 후 식당 옥상에서 기념 촬영
우로부터 :정직태(고위 경찰 간부)윤석로, 조명웅, 필자 최용학, 정희수,
정은택, 박관종, 권순달, 서광호, 우춘식, 손석동, 임면환, 두 사람 건너
조영섭
앉은 사람 좌로부터 :김복수, 한 사람 건너 신덕선, 김창수, 차국헌

227

228

228_ 백범 김구선생 추모행사 참석 후 백범기념관 입구에서 이종찬 의원과 함께

229_ 필자 최용학의 내자 鄭垣廷의 서예 족자

230_ 고교동창 시인 이사형의 詩

231_ 앙드레 몽띠 빠리스 수사

앙드레몽띠 빠리스님은 벨기에의 부유한 가정 출신으로 6.25전쟁 때 전쟁고아들을 위해 고아원을 설립하고 한국 고아들을 위해 평생을 헌신한 분이다.

종합　　　　　2011년 5월 1일(주일)·제1115호 21

"고아들 보살핀 따뜻한 손길 잊을 수 없어"

앙드레 몽띠 빠리스 수사 도움 받은 전쟁 고아 찾는 최용학씨

앙드레 몽띠 빠리스 수사

최용학씨가 어린 시절 자신을 돌봐준 앙드레 몽띠 빠리스 수사의 사진을 보여주고 있다.

"한국전쟁 직후 고아들에게 헌신적으로 봉사하며 벨기에 출신의 앙드레 몽띠 빠리스(Mon-sieur André Motie de Palaise, 1924~1980) 수사님 만을 잊을 수 없습니다. 수사님 도움을 받은 고아들을 함께 수소문해 주모 미사를 드리고 싶습니다."

최용학(안드레아, 74, 전 평택대 교육대학원장)씨는 고아다. 아버지는 일제 강점기 중국 상해에서 독립운동을 하다 옥사했고, 어머니마저 홀로 남은 8남매를 부양하다 세상을 떠났다. 이후 여러형제와 뿔뿔이 흩어졌다. 그는 초등학교 4학년 때 수사님을 만났다.

"어느 날 자모 김포스님과 간호로 에수님처럼 보이는 외국인이 인심놀 늘어왔습니다. 그분은 제가 고아라는 걸 알아보고 보드쁘한 인간서울을 림웃어 있는 성격서울 웃으로 대하주었다." 그가 빠리스 수사를 처음 만난 순간이었다. 고아원을 떠났던 그도 다시 찾았다.

수사의 따뜻함에서 살아갈 힘 얻어

한국전쟁 서울 미군 부대에서 허드렛일을 하는 하우스보이였던 그는 빠리스 수사를 따라 고아원으로 돌아갔다. 빠리스 수사님이 운영하던 고아원에서 숙식을 함께하며 고등학교를 졸업했다. 고아원에서 배움의 혁신을 특권받는 어려움 속에서도 주변에 피해를 주지 않기 위해 노력했다.

"어느 날 저녁 친구집에 간다고 예수님처럼 외국인이 인심놀 들어왔습니다. 그분은 제가 고아라는 걸 알아보고 보드쁘한 손을 내밀었다. 고아들의 세파를 겪은 때에는 대자수가 뭐 인심으로 돌아왔다.

서너 달을 보살펴준 고아들을 금세 30여 명으로 늘어났다. 고아들은 빠리스 수사가 서울 약현성당(현재 서울 중림동성당)으로 옮겨가면서 신부님을 만났다. 고아들은 신부님을 만나 생의 희망을 찾았다.

그는 중학교 1학년 부터, 소식이 끊겼던 작은 학교와 인학했다. 낮에는 지금, 오하원으로 돌아가 일하며 학업을 이어갔다. 늦은 나이에 외국어대 러시아어과에 입학한 그는 연세대에서 석사학위를, 필리핀대서 교육학 박사학위를 취득했다. 우여곡절이 많았다. 끝나지 않는 실패를 맛보다 '나 같은 고아는…' 하며 좌절했지만 수사의 사랑을 기억했다.

"수사님이 제게 알려주신 힘든 순간에 더 처음 떠나다 견뎌내지 못했을 겁니다. 아프고 배고파 병원에서 살 때, 수사님의 버티를 받아 구워준 식빵 맛은 평생 잊을 수 없습니다. 수사님의 따뜻한 품에서 저는 살을 날마다 힘을 얻었습니다."

그 고아들과 함께 수모하고파

그가 빠리원을 나온 후 빠리스 수사와는 자연스레 소원해 졌다. 그후 수소문 끝에 1903년 그의 빠리에 주제 주소를 알아내 편지를 보냈다. 몇 개월이 지나 답장이 왔다. "제가 감끔 기억이 안 좋아진다. 특히 간에 편은 멀을 당아 났고 실고 싶다. 남아준 아이들을 잊지 않고 실아라. 그리고 내 자식들은 내 진손주라고 남습니다."

빠리스 수사는 편지를 주고 받은 그 해에 세상을 떠났다.

쪽째는 "수사님을 몰래 추모 이달에 추모 이들에 지금은 대부분 노인행이 됐다"며 "이들을 찾아 수사님 묘지에 가서 함께 기도드리고, 금식이 못을 전하고 싶다"며 친구들 이름을 댔다. 당시 보육원에서 함께 지낸 친구들은 김용섭(엠마누엘), 김선패, 김창소, 박태금, 홍수연(페토로), 이김재(마다해), 지금금(라파엘), 김규환 등이다.

특히 "수사님을 몰래 추모 이달에 추모에 부를 이 음을을 불어는앞이 겨냘며 간나드림다"며 "하늘나라서 내 응성을 빠리 사람들에게 우리의 이 분들의 홍을다고 말했다. 문의 : 010-5349-8005. 이지혜 기자 bonism@obc.co.kr

다섯 이기

2월의 디딤돌

(1)

행복으로
가는 길이 따로 없다.
지금,
가고 있는 그 길에
행복의 길이 있다.

(2)

조금만
못살기로 작정하면
삶이
훨씬 편안해지는 걸.
더 늦기 전에 알아라.

(3)

쓰러지지 않으려고
버티는 사람보다
쓰러졌다가
다시 일어서는 사람이
더 강하다.

(4)

어머니 아버지께
재미있는 얘기
많이 해 드려라.
아들 노릇, 며느리 노릇
잘하는 지름길이다.

(5)

어디쯤 오고 있나요.
영목에서
개구리 겨울잠 깨우고
예쁜 나비 데불고
아맹이재는 언제 넘나요.

이 사 형
〈소설가〉
〈본지 편집자문위원장〉

구익균 선생 생신 축하

1935년에는 일경에 체포되어 신의주로 압송. 신의주 지방법원에서 "치안유지법 위반" 죄목으로 징역 2년형을 받고, 1936년 2월 평양 복심법원에서 징역 2년 집행유예 4년이 확정될 때까지 옥고를 치렀다. 그 후에도 구금 석방이 몇 차례 반복되었다.

광복을 맞이한 1945년 8월 하순 임정 주석 김구 선생으로부터 상해교민 통치권 위임장을 받았고, 상해 한국교민협회 회장에 선임 되어서, 상해 거주 동포들의 자녀가 다니다가 일제에 의해 폐교되었던 상해 인성학교(上海人成學校)를 다시 세운 후에, 학감도 맡았다고 한다.

필자의 가족들과 함께 찾아 뵘

파고다공원에서 구익균 은사님을 모시고 우로부터 필자의 내자 정원정, 며느리 김미라, 손녀 최다은

한민회 이사진은 얼마 전 2017년 임원회의를 개최하고, 서울 인근의 여러 관련 행사에도 참석하였다.

박물관 앞 기념사진(이사진)

순국선열 위패

기념사진(후원위원)

순국선열추념탑

이날 회의는 한민회의 업무보고와 2016년 예산 및 결산 보고, 그리고 감사보고… 등을 마친 후에 향후 발전방안 등에 대한 토의도 진행하였다.

회의가 끝난 후 일행은 안국역에 있는, 우리나라 교육의 변천사를 담아낸 [서울 교육박물관]을 답사하고, 이곳에서 독립유공자 하란사(河蘭史) 여사의 전시관도 관람하였다.

하란사(河蘭史) : 이 분은 평남 안주(安州) 출신으로 이화학당(梨花學堂)에서 교사로 재직하였다.

이후 일본으로 유학을 가서 동경(東京)의 경응의숙(慶應義塾)에서 1년간 수학한 뒤에, 1900년에는 남편 하상기(河相驥)와 함께 다시 미국으로 건너가 오하이오주 웨슬렌 대학에서 수학하고 귀국해서 다시 이화학당에서 교편을 잡았다.

그리고 이곳에서 유관순(柳寬順) 열사 등… 학생들에게 민족의식을 고양시키는데 앞장 선 분이다. 이렇게 민족교육운동을 전개하는 한편 성결학원을 설립해서, 기독교 정신의 보급과 아울러 민족의식을 고취시키는데 힘을 기

한민회 순국선열 추모 행사

독립관

　한민회 이사진은 얼마 전 2017년 임원회의를 개최하고, 서울 인근의 여러 관련 행사에도 참석하였다.

　한민회 임원들은 독립공원에 있는 독립관 및 순국선열 추념탑에서 순국선열을 추모하는 행사를 가진 후에 순국선열유족회의 도움으로, 그 사무실에서 이사회를 개최하였다.

　독립관에는 나라와 민족을 위해서 독립운동을 하다가 목숨을 바친 순국선열(殉國先烈) 2,835위의 위패(位牌)가 모셔져 있는 곳이다. 일행은 이곳에서 정중하게 묵념을 올리고 선열들의 명복(冥福)을 기원하였다.

우렸다.

그리고 제1차 세계대전 종결과 함께 국제사회에서 제국주의에 대한 반성으로 인도주의가 부상하는 때를 맞게 되자, 한국의 독립을 국제사회에 호소할 것을 계획하였다. 그래서 1919년에 의친왕(議親王)의 밀칙(密勅)을 받아 북경(北京)으로 건너갔으나, 이곳에서 일제 밀정의 추적으로 암살 순국하신 분이라고 한다.

그리고 이러한 하란사(河蘭史) 여사는 본명이 김란사(金蘭史)였는데, 그 당시의 습관에 따라 남편의 성을 그대로 사용하게 되었던 것이다.

윤봉길의사 의거현장 기념비

출처 : 문화콘텐츠닷컴
일찍이 교육의 중요성을 깨닫고
여성도 배워야 한다고 주장했던 김하란사 여사.
그녀는 '조선의 동불'이 되어달라며
유관순 등의 독립운동을 지지한 이화학당의 교사입니다.
전시회 사진 일부

그런데 [한민회] 최용학(崔勇鶴) 회장은 상해에서 태어나 어렸을 때 상해의 인성학교를 다녔으며, 이곳에 있는 윤봉길 의사 의거 현장도 직접 찾아가 본 분이다.

그리고 부친이신 최태현(崔台鉉 : 1891-1940) 선생은 대한제국 시절 마지막 군 특무장교 출신이었는데, 길을 가다가 일본 군인이 인사 안한다고 행패를 부리자 "왜 일본 놈한테 인사를 해야 하느냐?"고 하면서 그 자리에서 그를 때려눕힌 분이라고 한다. 이후 일본 헌병의 추적을 피하다가 군복을 벗었다고 한다. 그리고 1919년 초에 퇴직금으로 받은 얼마 안 되는 돈과, 외숙모 하란사 여사가 포목점(종로 화신백화점 근방)을 처분해서 마련한 독립운동 자금과 황제의 밀서를 간직하고, 1919년 초에 하란사 여사를 경호하기 위해서 북경(北京)까지 모시고 갔던 것이다. 그런데 하란사 여사가 적의 끈질긴 추적으로 이토 히로부미(伊藤博文)의 양녀로 입양되었던 왜적의 밀정 배정자(裵貞子)의 농간에 독살되고 말았다고 한다.

이후 홀로 상해로 건너 간 최태현 선생은 상해에서 한인들의 경제상황이 불안하고 대한민국임시정부의 운영도 어렵던 시기에, 안창호(安昌浩) 선생이 이를 타파하기 위해서 주관하던 공평사(公平社)에 가입했으며, 기부금을 지원하는 등… 많은 활동을 하던 분이다. 그리고 홍구공원 의거의 윤봉길(尹奉吉) 의사와 동조

한 박경순(朴敬淳) 등… 친구들을 도웁는 등…
항일 활동을 계속하다가, 광복 전에 상해에서
돌아가신 분이다.

민족혼 계승(民族魂 繼承)

이밖에 또 한 가지 중요한 내용은 사육신(死
六臣)과의 관련사항이다.

사육신의 역사를 간단히 요약하면 다음과 같
다.

단종(端宗)은 조선시대 제5대 임금인 문종(文
宗)의 아들로 어린 나이에 문종이 승하하자 제
6대 왕으로 즉위한 분이다. 그런데 바로 수양
대군(首陽大君)이 모든 정권을 장악해서 얼마
안되어 단종을 축출하자, 사육신(死六臣 : 成三
問, 朴彭年, 河緯地, 李塏, 兪應孚, 柳誠源)이
단종의 복위(復位)를 추진하다가 사전에 발각
되어 악형(惡刑)에도 굴하지 않고 순사(殉死)한
조선 초기의 6충신을 사육신이라고 칭한다.

이 분들은 그 후 250년이 지난 후에야 숙종
(肅宗)에 이르러 관직이 복구되었고, 민절(愍
節)이라는 사액(賜額)이 내려짐에 노량진 동산
의 묘소 아래에 민절서원(愍節書院)을 세워 신
위(神位)를 모시고 제사를 지내게 하였던 것이
다.

그런데 이러한 사육신을 모신 노량진의 사육
신 묘가 초라하게 남아 있엇는데, 최근에는 이
곳이 사육신공원(死六臣公園)으로 조성되어 화
려하게 발전되었으며, 수많은 관광객들이 몰려
드는 곳이 되었다.

사육신 공원 입구

그리고 사육신 중 한분인 하위지(河緯地) 선
생이 바로 독립유공자 하란사(河蘭師)의 남편
하상기(河相驥) 선생의 선조인 것이었다. 뒤늦
게 이러한 사실을 알게 된 [한민회] 최용학 회
장은 후원위원들과 함께 처음으로 하위지 선열
의 묘 앞에서 큰 절을 올리고, 눈물을 흘리면서
추모하기도 하였다.

하위지 선생 묘

(사진35) 하위지 선생 묘

이러한 선조의 위대한 민족혼(民族魂)을 이
어 독립운동으로 순국한 하란사 여사의 뜻은
한민족의 정신이며 민족정기(民族正氣)로서,
우리 민족의 앞날을 굳게 지켜나갈 민족혼이라
고 확신하였다.

234_ 중국 항일독립운동지 답사
우로부터 이선우 이사, 필자 최용학, 전정혁 관장(중국 거주)

234

235_ 가톨릭 신앙인들의 심도있는 모임
꾸르실로, 맨 뒤 서있는 사람 좌로부터 필자 최용학(안드레아)
조규철(한국외국어대학교 총장), 김창식 신부(지도신부)

235

236_ 필자의 동반자, 젊은 시절
데이트 기념(조선호텔 옆 아케이드)

237_ 대학시절
(이화여대 신문방송학과 설악산 수학여행)
맨 우측 정원정(필자의 아내)

238_ 어느 여름날
뒤 우측 필자의 누나 최의학, 앉은 사람 우로부터
조카 이종섭, 동생 최은숙(MBC가요제 입상)
(작고한 이종찬, 이하의 부인)

| 236 |
| 237 |
| 238 |

239	240
241	

239_ 필자의 군복무 시절
육군방첩대에 파견근무 중

240_ 약수동에 살던 시절
필자의 내자 정원정

241_ 최의학 누님
필자의 3살 위 최의학 누님과 누님의 딸 이
경은(이 어린이가 지금은 중국 음식점 상지
원을 남편 송동근과 함께 경영하는 사장이
되었다.

제 3409 호

훈 장 증

고 하 란 사

위는 우리나라 자주독립과 국가
발전에 이바지한 바 그므로 대한민국헌법
의 규정에 의하여 다음 훈장을 추서함

건국훈장 애족장

1995년 8월 15일

대통령 김 영 삼

국무총리 이 홍 구

이름을 건국훈장부에 기록함

총무처장관 김 기

제 00361 호

훈장수여증명서

김란사

소   속   국내항일
직급 또는 계급
생년월일 또는 군번
포 상 종 류   건국훈장애족장
상 훈 기 록 번 호   0003409
수   여   일   1995.08.15
공 적 요 지   독립운동유공자

위와 같이 수여사실을 증명합니다

2018년 2월 28일

행 정 안 전 부 장 관

[별지 제7호서식]

안 장 확 인 서

						처리기간	
						즉시	

	성 명	김란사	신 분	애국지사	계급 · 직위	
안 장 자	주민등록 번 호	000000-0000000	소 속		군 번	
	주 소					
	사 망 지	중국	사 망 일	1919.03.10	사망구분	□전사 ■순국 □일반사망
	안장자격	애국지사	훈격 · 등급	애족장	보훈번호	
	안 장 일	2018.03.09	배 우 자	□있음 ■없음	종 교	
	안장위치	■ 위패실 봉안 48판 8면 119호 □ 충혼당 안치 층 실 호 □ 묘지매장 묘역 판 호				

	성 명	김용택	생년월일 (성 별)	470410-■■■■■■■	안장자 와의관계	친정조카손자
1유족	주 소	서울시 용산구 서빙고로 62길 35-4				

	성 명	김용택	생년월일 (성 별)	******-*******	안장자 와의관계	친정조카손자
신청인	주 소	서울시 용산구 서빙고로 62길 35-4			E-메일	
	전화번호				휴대폰	010-3326-1198

용 도	- 기관 제출용 -

상기 안장자는 국립묘지에 안장되어 있음을 「국립묘지의 설치 및 운영에 관한 법률 시행규칙」 제11조제2항의 규정에 의하여 위와 같이 확인함

2018년 8월 16일

국 립 서 울 현 충 원 장 (인)

※ **구비서류**
유족관계 입증서류 1부(제적등본)

수수료
없 음

※ 위 안장확인서의 안장자 및 유족의 기록은 「국립묘지의 설치 및 운영에 관한 법률 시행
규칙」 제10조의 묘적부에 근거한 기록입니다.

履歷書

現住　京城北部瑞麟坊許屏八統三戸

教師　河蘭史

籍丹溪

朝鮮開國四百七十九年　　生

學業

建陽元年九月에本國政府官費留學生으로被命하야同月에

東京慶應義塾에入學

全二年三月에因家事하야歸國

全二年五月에京城西部貞洞私立梨花學堂에入學修業

全二年九月에再渡日本하야長崎港活水女學校에入學

光武元年七月에渡去美國하야聖瓊聖經養成女學校
州入學

全三年九月에美國으로붓터信仰專門大學校에入學

全十年五月에同校을卒業하야學士의學位를得하고七月에
州歸國

經歷

建陽元年四月에渡去日本하야東京外國語學校韓語科教授
是被任하야一學期間教授

光武四年에唐家劉革中徒大職陞帖淑夫人

0173

全十年에唐家劉革中徒大職陞帖夫人

全十年九月에京城南郡尚洞女學校에教授로被任

隆熙元年九月에尚洞女學校教授를辭免

全元年九月에貞洞梨花學堂에學監兼教授로被任

全二年九月에貞洞梨花學堂教授를被免

全二年九月에京城中部鍾路靑年學院에教授로被任

明治四十四年九月에貞洞梨花學堂教授再任

賞罰無

明治四十五年二月　日

教師　河蘭史　㊞

0174

242_ 윤봉길 의사 의거 90주년 행사장
행사준비위원장 이종찬회장과 함께

243_ 윤봉길 의사 기념관에서

244_ 윤봉길 의사 의거90주년 기념행사에서(매헌기념관 앞뜰)

245_ 「韓民會」 사무실 소재 보훈교육연구원
성실히 근무하는 경비 배승득씨와 함께, 배씨는 마윈 회장을 닮았다.

| 242 | 243 |

| 244 | 245 |

246_ 평택대학교 교육관 준공기념

247_ 평택대학교 대학종합평가단 기념촬영
대학원동 앞에서(1999. 10. 27)

248

249

248_ 내자 정원정
새벽마다 일어나 성경을
필사하는 모습

249_ 필사하는 데 쓴 연필들

250

251

250_ 광교 호수 배경으로 내자 정원정

251_ 명동 성당

252_ 계간지 「韓民」 발송작업 봉사
좌)한민회 회장 부인 정원정, 우)한민회 편집인 이선우 이사 부인
박화순 권사

252

253_ 韓民會 사무실에서 「韓民誌」 발송을 준비하고 있는 모습

253

254_ 태권도행사 진행위원들
우측 2번째 강신철 사범

255_ 대한민국 태권도 최고수 강신철(우측) 사범

**256_ 태권도 경기에서 금메달 수상자
강신철 사범님의 영애 강유진**

257_ 메달 수상자들

258_ 강신철 사범이 운영하는 수원 남창도장 태권도 관계자들

1.
나의 아버지

고종황제의 밀서密書와 나의 아버지

나는 일제 치하의 억압에서 조국을 해방시켜 독립된 국가를 건설하려는 중국 상해의 임시정부 시절에 태어났다.

네 살 위의 인학仁鶴, 세 살 위의 의학義鶴, 그 뒤 누나에 이어 셋째로 태어난 나는 아들 용학勇鶴이다.

1937년, 상해의 대한민국 임시정부와 가까운 홍구공원 주변에서였다. 따라서 홍구공원은 어린 시절 우리 세 남매의 놀이터였다.

나의 조부는 서울 종로구 창성동 103번지의 최기풍崔基豊이다. 경복궁의 서쪽 담을 끼고 있는 서울의 최중심부다. 마포나루에 60여 척의 배를 소유한 거부였으며, 명동성당의 회계 장부를 담당한 중요 멤버였다.

지금도 선명하게 기억하는 사진이 있다. 아버지는 할아버지의 장례식 날 정경을 어머니와 어린 세 남매에게 굉장했었다고 자랑하셨다. 꽃으로 뒤덮인 검정색 장의 차량은 서울 사람들도 처음 보는 굉장한 구경거리였고, 도로변은 구경꾼이 인산인해였다는 것이다.

나의 부친은 매동보통학교를 다녔고, 구한말 고종황제 휘하의
조선특무대의 마지막 장교였다. 20kg의 모래주머니를 매달고
북한산 고봉중 하나인 화강암의 백운대를 오르내리는 극기 훈련
으로 다져진 힘세고 의분을 참지 못하는 투사였다.

일본군 장교를 만난 자리에서 "대일본 제국의 장교에게 먼저
인사하지 않았다"고 호통을 치자 즉각 "내가 왜 일본 놈에게 먼
저 인사해야 하는가?"라고, 감히 육탄공격을 하여 때려눕혔다.
아버지는 조선군대 장교로서 강한 체력과 의분이 강한 분이라
일을 저지른 것이다.

무사할 리가 없었다. 일본 군경은 아버지를 체포하기 위해 눈
에 불을 켜고 찾았다. 더 이상 버티기 어려워진 아버지는 은밀
하게 은퇴수속을 마치고 만일의 경우에 대비하여 얼마 안 되는
퇴직금을 비상금으로 보관해 두었다가 도피 길에 오를 수밖에
없었다. 1919년이다.

그 해 1월 21일, 조선왕조 26대 고종황제가 67세에 급사하였
다. 일본 통감부의 공식 사인은 뇌일혈이지만, 마지막으로 마신
식혜에 독극물이 들어 있었다는 설이 유력하게 회자된다. 고종
황제의 1905년 일본과의 보호조약 거부, 1907년의 헤이그 밀
사 파견사건 등 일본으로서는 제거하지 않을 수 없는 존재였던
것이다.

그 직후인 3월 1일, 한반도 전체에서 대대적인 만세운동이 일
어난 것도 고종황제의 돌연 서거에 대한 백성의 분노 표출이었

다. 미국에 유학중이던 고종황제의 5남 의친왕 이강은 아버지의
밀서를 가지고 프랑스 파리의 강화회의에 가려다 고종황제의 급
서로 못 가게 되자 하란사河蘭史 여사에게 밀사로 보내려는 시도
를 하였다.

　의친왕의 미국 유학시절에 하란사도 미국 웨슬리안 대학에 유
학중이어서 친분이 있었다. 부유층인 하란사 여사는 영어에 능
통하며, 한국 여자로는 최초로 미국에서 학사학위를 받은 지성
의 신여성이었다(사후 76년 만인 1995년에 대한민국 건국훈장
애족장 수상, 당시 국가 보훈처 보훈선양 과장 이선우 담당, 현
'한민회' 이사, 편집인이다. 이선우李善雨 이사는 필자가 이사장으
로 있는 한민회와 참 깊은 인연이다. 항일독립운동자를 발굴 정
리 국내 제1인자이며 천재다. 수학경시대회에서 1등, 육군부관
학교 시험 1등, 한글타자경시대회 1등, 등산대회 1등,　테니스
대회 우승, 국가보훈처 말단 직원에서 국장'이사관'까지 자수성
가한 인물이다.)

　프랑스 파리의 강화회의에 밀사로 보내기에 그녀보다 더 적격
자를 찾기 힘들었다.

　하란사는 서울 종로 한복판의 화신백화점 주변에 있던 포목상
을 처분한 돈까지 챙겨서 조카의 신변보호를 받으며 함께 중국
을 거쳐 파리를 향해 떠났다.

　그 조카가 힘세고 용감하고 정의로운, 조선왕조 마지막 특무
부대 장교였다가 도피자가 된 나의 아버지 최태현崔台鉉이다.

일본군 장교를 노상에서 폭행할 정도의 끓어오르는 애국심과 혈기의 28세 청년 최태현은 거액의 현금과 의친왕의 밀서를 몸에 지닌 사명자로서, 왜경의 지명수배를 받은 도피자로서, 극도의 경계심으로 긴장된 채 멀고 험한 밀사密使의 여행길에 올랐다. 프랑스로 가려면 일단 선박 편을 이용, 중국으로 들어가 육로로 북경을 경유하지 않으면 안 되었다.

의친왕의 밀서는 독립운동과 관련된 중요문서였다. 일본에게 부당하게 억압받는 조선의 실정을 서구 열강에 소상히 알리고 조선의 독립을 위한 도움을 요청하는 절절한 내용이었다. 그러나 애석하게도 중국을 경유하던 중 모처에서 왜경의 급습을 받아 필자의 할머니 하란사는 변고 당하셨고, 나의 부친은 간신히 탈출하여 상해로 도주하였다.

하란사의 거액의 자금은 상해 독립투사들의 운동자금으로 쓰이게 되었고, 아버지는 김구 선생과 이시영 선생 등과 합류하였다. 하란사는 필자 친할머니의 남동생 하상기(인천 감리역임)의 부인으로 남편의 성을 따라 하씨로 썼으나 본래의 성을 찾아 김란사의 친손자 김용택에 의해서 김란사金蘭史로 쓰게 되어 지난 1월(2019년) 국립서울현충원에 위패가 공식적으로 안치되었다.

비극의 서막 - 1940년 상해

나의 아버지는 일곱 살과 여섯 살의 두 딸과 세 살짜리 아들 나와 어머니를 남겨두고 상해 운제의원云齊醫院에서 7월 20일에 돌아가셨다. 하란사 할머니는 북경의 한 만찬장에서 사망하였다는 설이 있고, 친일 여성 배정자의 소행이었다는 설도 있다. 또 유행성 독감설과 음식의 독극물설이 있었다. 서양 선교사는 할머니(하란사)의 시신이 검게 변한 것으로 보아 독살설에 비중을 두었다고 한다. 고종황제도 식혜를 마신 후 사망하였는데 시신이 검게 변한 것으로 보아 독살당한 것이라는 설이 유력하였다.

어머니와 어린 3남매는 죽지도 못하고 살지도 못하는 깊은 비극의 질곡에서 허우적거려야 하는 암담한 여로 앞에 섰다.

우리 세 남매는 겨우 4살과 7살과 8살이었다. 어린 우리는 상해 임시정부 주변의 홍구공원에서 노는 시간이 많았다. 달리 노는 방법도 모르거니와 갈 데도, 올 데도 없었다. 장난감은 일본 아이들이나 소유하는 사치품이었다. 청상과부가 된 어머니가 어떻게 우리를 먹이고 입히는지 알지 못하였고 우리는 유일한 놀이터인 홍구공원이 가까운 게 좋았다. 두 누나가 친구와 놀이터를 가는데 따라가서 집 문을 막 들어서려는데 그 집 아이가 나를 문밖으로 떼미는 바람에 철 계단에서 굴러 떨어지고 말았다. 왼쪽 눈 위에 깊은 상처가 나고 많은 피를 흘렸다. 덜컥 겁이 났고, 무척 아프고 끔찍한 경험이었다. 나 혼자여서 몹시 당황하였고 무서웠다.

　그렇게 자란 나는 나이가 차서 상해 제6국민학교에 입학하였다. 허리에 긴 칼을 찬 선생이 늘 화가 난 경직된 표정으로 엄격하게 일본어를 가르쳤다. 학교가 아니라 어린이 군대를 방불케 하였다. 등교 시에는 상급생이 동네 아이들을 인솔하여 군대식으로 열을 맞추어 교문으로 들어선다. 붉고 흰 어깨띠를 두른 선배 상급학생이 차렷 자세로 서 있다. 하교 때도 열을 맞추어 절도 있게 걸어갔다.

　수업 중에도 경보가 울리면 "구슈 게이오, 게이 까이 게이오!" 하면서 솜 모자를 쓰고 방공훈련을 하였다. 마치 꼬마군대 훈련소를 방불케 하는 긴장 속에서의 그 엄격한 학교생활이었다. 군국주의 일본, 그들은 어린 국민학교 학생들도 군대로 간주한 듯 엄격하게 경직된 학교 운영으로 정서를 파괴하였다. 정복전쟁과 수탈을 일삼아 괴롭히던 일본은 그러나 1945년 8월 15일 천황이라는 일본 왕이 세계를 향한 항복 선언으로 패전국이 되었다. 두 개의 원자탄, 그 미증유의 불세례로 악랄한 일본군국주의가 무릎을 꿇었다. 나 같은 어린이아이들도 눈물을 펑펑 쏟는 감격의 해방으로 우리는 거리로 쏟아져나가 만세를 목청껏 부르며 뛰어다녔다.

상해 임시정부

김구金九 주석과 눈물의 홍구공원

해방이 가져온 변화는 나와 직결된다. 긴 칼을 허리에 찬 일본 선생과 일본어와 꼬마군대의 병영을 방불케 하는 긴장된 환경이 일거에 제거되었다.

인성학교 교실 앞쪽의 일장기 자리에는 우리나라 태극기가 걸렸다. 도산 안창호 선생이 작사 작곡한 인성학교 교가를 우리는 힘차게 불렀다. 귀국 후 66년 만에 상해 인성학교 구익균 선생님을 한국 외교통상부 고문 최서면崔書勉, 국제 교류관계기관 원장(2020.5.28. 작고)을 통하여 만났다.

나는 최서면 원장을 통하여 구익균 선생님을 알게 되었고 구 선생님은 왜경의 검거를 피해 상해로 피신하여, 한국독립당에서 활동하였으며, 도산 안창호 선생의 비서실장이었다. 광복 후 건국훈장 애족장을 받고 106세에 사망, 국립묘지에 안장되었다.

오랜 세월이 흐른 후 서울에서 구익균 선생님을 만난 일은 잊을 수 없는 기쁨이었다.

1945년 초가을이다. 내 나이 여덟 살 때 조선 동포는 홍구공원으로 모두 모이라고 하였다. 상해 임시정부의 김구 주석이 오신다는 것이다. 조선 사람들은 너나 할 것 없이 흥분하여 홍구공원으로 집결하였다. 나도 어머니의 손을 잡고 공원으로 갔다. 조선 사람들이 그렇게 많이 모인 자리는 처음이다. 상해의 조선 사람은 다 모인 것 같았다. 모두들 흥분한 표정이었다.

두루마기 차림의 김구 선생이 등장하셨다. 목청껏 만세소리가 터져 나왔고, 손바닥이 벌게지도록 힘찬 박수를 쳤다. 감격의 함성이 터졌다. 벌써부터 눈물이 그렁거려 붉어진 눈이지만 이렇게 감격하고 기뻐하는 조선 사람을 처음 보았다. 어린 나도 그런 어른들과 다르지 않았다. 가슴이 터질 것 같았다. 소리쳐 울고 싶고 고함치고 싶었다. 흥분상태의 감격이었다.

주악에 맞춰 애국가(가사는 지금과 같으나 안익태 작곡 전이라 곡은 이별곡, 영국민요 올드렝싸인 곡)를 합창하였다. 모두들 펑펑 울어대며 동해물과 백두산이 마르고 닳도록 하느님이 보우하사 우리나라 만세를 목청껏 불러댔다. 모두의 얼굴이 눈물로 번들거렸다. 거기 모인 우리 동포는 노인이나 어린이나 한마음으로 가슴이 뜨거웠다. 김구 선생의 연설이 있었다.

그 당시는 무슨 내용인지 몰랐지만 나라 사랑에 대한 열변이었을 것이다. 어른들이 힘차게 박수를 칠 때마다 나도 따라서 박수를 쳤다. 그렇게 하라고 해서가 아니라 저절로 그렇게 되었다. 어린 시절 홍구공원의 그 현장은 80년을 더 산 지금의 내 가슴에 지워지지 않는 흥분으로 생생하게 남아 있다.

1946년 —고난의 한국생활

임시정부 관련 간부들은 1945년 해방을 맞이하던 해에 미국이 마련해 준 비행기로 귀국했으나 우리 가족은 해방 전 아버지의 사망으로 인하여 그 대열에 끼지 못하였다.

조선 사람들의 귀국이 본격화되었다. 광복 다음 해인 1946년 우리 가족은 상해에서 대형 화물선을 타고 귀국길에 올랐다. 무역항 주변의 우리가 살던 집을 처분하고 일상용품과 세 남매의 학용품 등을 구입하여 고리짝 몇 개에 담아 힘겹게 짐을 옮겼다.

상해에서 부산항까지는 가까운 거리지만 화물선의 속도가 너무 느려서 거의 석 달에 걸친 긴 항해 끝에 부산항에 도착하였다. 초봄의 쌀쌀한 기온에 출항하여 초여름에 이르는 동안 함께 귀국길에 오른 여러 명의 병약한 사람들이 고국 땅을 밟아 보지 못한 채 선상에서 사망하였다.

병원도 의약품도 없는 화물선이라 속수무책이었다. 시신을 처리할 방법이 없어 검푸른 바다에 던졌다. 나는 그 장면을 여러 번 목격하였다. 그 어린 나이에도 사람은 죽으면 쓰레기가 된다는 걸 알았다.

석 달 만에 처음으로 고국 땅 부산항에 들어와서 기차로 서울에 올 때 처음 들은 조선어는 행상 아주머니의 '내 배 사이소.'였다.

"국물이 찍찍 나는 내 배 사이소."

낯선 도시 서울은 막막했다. 누구 하나 반겨주는 사람 없고 방 한 칸 없으며 먹거리조차 없는 우리 다섯 식구는 거지꼴이었다. 불구이신 할머니와 어린 세 남매를 거느린 어머니는 연약한 어깨에 십자가보다 무거운 짐을 지고 있었다. 아무 대책도 없는 젊은 어머니는 우리를 살려야 하는 가장이었다.

어떤 경로였는지 어린 나로서는 알 수 없으나 우리 가족은 돈암동의 적산가옥을 임시 거처로 삼았다. 나가라면 언제라도 나가야 하는 불안정한 조건을 나도 알고 있었다. 그런 날이 오지 않기를, 아니면 오랫동안 머물러 살 수 있기를 마음으로 빌었다.

그러나 그 간절하고 소박한 소망은 너무 빨리 절망으로 바뀌었다. 우리는 며칠 못 가서 셋방을 구하러 다녀야만 하였다.

헤매고 헤매다가 공덕동에 단칸 방 하나를 얻었다. 다섯 식구가 살기에는 방이 좁아서 세 식구라고 거짓말을 하고 얻었다. 가족이 많은 것을 주인은 싫어하였으므로 방이 커도 거짓말을 할 수밖에 없었다.

이사를 도와주려고 경상도 상주에서 올라와 돈암동 임시 거처까지 찾아왔던 사촌형 정진태가 외할머니를 업어서 옮겨드렸다. 대단히 힘든 하루였다. 어머니는 수고한 사촌형을 위하여 쌀밥에 고기 넣은 생선찌개까지 차려주었다. 그런데 우리들 남매와 어머니와 외할머니 몫은 없었다. 형편이 그랬으니 어쩔 수 없었지만 그 쌀밥과 찌개가 미치도록 먹고 싶었다. 사촌형이 눈치를 채고 반쯤만 먹고 남겨주었다. 미칠 지경으로 맛있는 그 남은 음식을 맛이라도 볼 수 있어서 좋기는 하였으나 고작 맛만 보았으니 배는 더 고파지는 것 같았다. 언제 저런 쌀밥과 찌개를 마음껏 먹을 수 있을까⋯⋯. 그런 날이 정말 우리에게 오기는 올는지, 우리 형편으로는 바랄 수 없는 꿈같은 생각이 들었다.

문제는 사흘도 못 가서 터졌다. 주인이 당장 나가라는 것이었다. 가족 수를 속였다는 이유다. 다섯이 살기에는 너무 좁은 방이어서 칼잠을 자야만 하였다. 자다가 소변이라도 보고 오면 누울 자리가 없었다. 우리는 그렇게 불편해도 그대로 살아야 할 형편이어서 어머니가 싹싹 빌며 애원하였다. 그러나 주인은 막무가내였다. 다리를 못 쓰는 외할머니에 대한 혐오감이 주인의 눈빛에서 물씬 풍겨 나왔다.

서둘러 이사하기로 하였다. 그러나 대책이 없었다.

마침 사촌형에게서 소식이 왔다. 그동안 준비해 오던 고아원을 목포에 세웠다는 것이다. 진명여고를 나온 그의 모친, 곧 나의 고모(고모는 얼굴이 곰보였다. 그래서 우리는 곰보고모라고 불렀고 후덕하지 못하여 깍쟁이로 기억하고 있다. 고모부 정재현은 유도 8단에 유명한 서예가였는데 성품이 착하기만 하였다.)가 세운 고아원이다. 원장이 된 정진태 형이 급히 서울로 와서 외할머니를 업고 갔다.

서울역으로 가는 그 형에게 업혀가는 할머니의 모습이 불쌍해서 눈을 돌릴 수 없었다. 마침 펑펑 쏟아져 내리는 눈이 외할머니의 머리와 등에 내려앉았다. 그 모습이 우리 가족이 본 마지막 할머니였다. 어머니는 불구의 모친을 가족 수를 줄이려고 눈 내리는 밤에 떠나보내는 아픔으로 하염없이, 그러나 소리 없이 눈물을 흘렸다.

외할머니의 소식을 들은 건 한참 후였다. 목포 앞바다의 작은 섬에도 고아원을 세웠는데, 그 외딴 섬 고아원에 가 계시던 외할머니는 하반신을 못 써서 심히 불편하고 외롭게 지내다가 세상을 하직하셨다고 했다.

어머니는 한동안 돌보아드리지 못한 불효와 임종도 못한 불효로 애통해하셨다. 그 몸의 불편과 외로움이 눈에 선하여 한이 맺힌 듯 눈이 퉁퉁 부어오르도록, 그러나 마음껏 소리 내어 울 수도 없는 환경이 서글퍼 한없이 눈물만 흘리셨다.

정진태 형은 힘을 다해 우리 가족을 도왔다. 공덕동에서 종암동으로 이사할 때도 함께하였다. 외할머니가 없으니 이사하기가 수월하였다. 그러나 남편을 비명에 보낸 충격과 할머니의 죽음과 여러 해의 모진 고생으로 심신이 매우 허약해진 어머니는 마음은 텅 비었고, 어린 자식들과의 희망 없는 생활고에 찌들려 중년의 그 몸이 견디어내지 못하는 상태에 이르렀다. 연약한 어머니에게 우리의 환경은 감당하기 어려운 무게였다.

어머니는 어느 날부터인가 기침을 하기 시작하였고, 돈이 없어 병원이나 약국에도 못 가니 빠르게 악화되어 갔다. 기침이 시작되면 반시간이나, 한 시간도 계속되어, 옆에서 보는 나도 가슴이 아프고 미어지는 고통을 느꼈다. 해소 천식이었다.

귀국 후 늘 그랬듯이 우리 4인 가족은 먹고사는 게 절실한 문제였다. 병든 어머니는 날로 악화되어 갔다. 마음은 무너져 갔다. 가장으로서의 남편, 든든한 보호자로서의 남편, 그 남편이 함께 있었다면 이런 고생이 없을 것이며, 어린 세 남매의 양육이 걱정되지 않았을 것이며, 병든 몸이 이토록 대책 없이 악화되어 가지도 않았을 것이다.

그 큰 자리가 비어 있음에 어머니의 아픈 몸은 더 아프고 마음은 공허하여 어머니는 하루가 다르게 깊은 나락으로 침몰해 갔다.

열대여섯 살 사춘기의 누나 둘이 돈벌이에 나섰다. 큰누나는 다방에 레지로 들어가 먹고 자게 되었고, 작은누나는 단추공장에 다녔다. 어머니가 아픈 몸으로 어쩌다 외출하면 나는 텅 빈 방에 홀로 남아 빛바랜 벽지와 천장을 바라보며 냉수나 마셨다.

빈 배를 채울 것은 돈 없이도 먹을 수 있는 물, 그것 하나뿐이었다. 뱃속에서 꼬르륵 소리가 났다. 너무 배를 주려서 울고 싶어도 배고픈 날이 계속되다 보니 울 기운도 없었다. 가난한 그 시대의 모든 사람이 우리처럼 굶기를 밥 먹듯 하고 살아가는 처지라 슬플 것도 없었다. 허기를 참고 또 참아야 했다.

어디서 났는지 쌀이 조금 있었다. 반찬이 한 가지도 없으므로 누나들이 시키는 대로 이웃의 구멍가게로 양재기 그릇을 들고 왜간장을 구하러 갔다.

"애, 또 외상이니?"

따가운 눈총을 받으며 간장을 받아 돌아왔다. 쌀의 양이 적어 죽을 쑤어 먹을까 밥을 해 먹을까 하다가 어차피 배고프기는 마찬가지니 밥을 해서 먹기로 하였다.

하얀 쌀밥을 간장 한 가지에 비벼 먹었다. 꿀맛이었다. 양이 적어 한두 숟갈밖에 안 되어 먹고 나니 배가 더 고팠다. 김치가 없어도 밥만 있으면 얼마든지 먹을 수 있었다.

지금은 갈비로 유명한 수원에서 가장 손님이 많은 유명한 갈비집의 그 비싸고 맛있는 소갈비를 어쩌다 먹을 때가 있는데, 그 어린 시절 왜간장 한 가지만 넣고 비벼먹던 그 쌀밥처럼 맛있지 않음에 나는 그때, 그 맛을 잊지 못하고 있다.

어머니를 화장터로 모시며 허기지고 지쳐서 울었다

그 시절을 글로 옮기자니 눈시울이 붉어지고 콧등이 시큰거려 한동안 눈을 감는다. 초등학교에 다닐 나이에 갈 데가 없어 동네 꼬마들과 놀고 있노라면 그래도 노는 재미에 시간 가는 줄 몰랐다. 어느새 저녁이 되면 같이 놀던 아이들의 어머니나 누나가 나타나 아무개야 밥 먹어라— 하고, 각각 자기 아이들을 불러 간다. 나만 그 자리에 외롭게 남았다.

허전하다. 밥 먹으라는 소리를 들었으니 갑자기 심한 공복을 느껴 나는 그 자리에 주저앉아 눈물을 흘렸다. 생각도 마음도 위장도 텅 비어 나는 껍데기만 남은 듯 외롭고 슬프고 허전했다.

힘없이 집에 들어가니 불고기 냄새가 풍겼다. 정신이 번쩍 들 만큼 음식 냄새에 예민한 나의 후각을 자극했다. 주인집 가족들이 마루에서 숯불에 고기를 구워 먹고 있었다. 고기 타는 연기와 냄새에 나도 모르게 한 발을 안마당으로 들어서다가 찔끔 놀라 작은 문간방으로 얼른 들어갔다. 혹시나 어머니 머리맡에 집주인이 가져다 준 고기 한 점이라도 있을까 하고 기대했으나 어머니는 잠든 듯 조용히 누워 있었다.

나는 고기 익는 그 냄새와 먹는 모습이라도 보고 싶어 방문을 살짝 열고 바라보며 코를 벌름거렸다. 그러자 눈치를 챈 주인 가족은 먹는 자리를 안방으로 옮겼다. 나 같으면 문간방 어린아이를 오라 하여 한 점이라도 먹일 거라고 생각하였다.

주인집에 나만한 아이가 있었고 누나뻘 되는 여학생도 둘이나 있었는데 그렇게 야속할 수가 없었다.

그 날 밤은 잠이 오지 않았다. 빈 속 때문인지, 불고기 냄새와 그들이 먹던 모습이 그림처럼 어른거려서인지 모른다. 어머니는 기침을 했다. 기침할 힘이 없어서인지 소리가 작았다. 나는 이쪽에, 어머니는 저쪽에 누웠다. 기침이 나서 어머니는 제대로 잠을 이루지 못하였다. 나는 그 기침소리 때문이거나 불고기 냄새거나 주인 가족의 고기 먹는 모습이거나, 아무튼 그런 것들이 하나가 되어 잠이 오지 않았다. 밤은 어둡고 고요하고, 어머니 숨소리와 기침소리는 더 크게 들렸다. 나는 마른 침을 삼키고 조심스럽게 문을 열고 나가 물을 한 대접 마셨다.

그 다음날 아침, 어머니는 잠들어 있었다. 늦게 잠든 탓에 늦게 잠에서 깬 나는 지금이 아마 아침 10시쯤 되었을 거라고 짐작하였다. 나도 배가 고팠지만 어머니는 병 때문에 제대로 음식을 먹지 못하고 주려서 일어나지 못하는 듯 전혀 움직임이 없다. 한참을 기다려도 어머니는 꼼짝하지 않았다.

예감인가 직감인가. 나는 갑자기 불안해지면서 기운 없는 몸을 일으켜 어머니에게 다가갔다.

"엄마!"

나직이 불러보았다. 핏기 없는 환자의 얼굴이 숨 쉬는 것 같지 않았다. 깨우지 않으려고 조심스레 코끝에 손가락을 대어 보았다. 정말 숨을 쉬지 않았다. 호흡정지는 사망이라는 것을 지체 없이 알았다.

"엄마! 엄마! 왜 이래? 눈 떠 봐."

주검이다. 어머니의 주검이 무서웠다. 주검 앞에 나 홀로라는 사실이 너무 무서웠다. 나는 도망치듯 뛰쳐나갔다. 단숨에 용두동 사촌형에게 달려갔다.

1950년의 봄, 6.25전쟁이 발발하기 두 달 전이었다.

장례랄 것도 없었다. 사촌형이 얇은 널빤지 관을 구해 왔는데 틈새가 벌어져 안이 보였다. 어디서 손수레를 빌려와 관을 실었다. 용두동에서 홍제동 화장터까지 수레를 끌고 가려면 사촌형 혼자서는 못한다. 한 사람을 사서 절반쯤 끌고 가고 그 다음부터는 사촌형이 끌고 갈 참이었다. 벌어진 관 틈새로 시신이 보였다. 늘 입던 옷 그대로, 배가 고파 주저앉고 싶은 그대로, 사촌형과 내가 관 뒤를 따라갔다. 그러나 절반쯤에서부터 사촌형이 끌고 관을 실은 손수레를 끌고 갔다. 나 홀로 관을 따라 걸었다.

나는 허리가 꼬부라졌다. 그냥 그 자리에 털썩 주저앉아 울고 싶었다. 그러나 울 힘도 없었고 따라갈 힘도 없었다. 너무 배가

고팠다. 초행길인 그 멀고 먼 길, 더구나 홍제동 고개를 오를 때
는 내가 뒤에서 밀어 주어야만 하였다. 얇은 관의 틈새로 어머
니가 보였다. 어디쯤에서부터인가 관에서 물이 질질 흘러 나왔
다. 그 물은 수레 바닥을 지나 길바닥에 떨어졌다. 이미 부패가
시작된 것이다. 늦은 봄 기온이 꽤나 높아서인지, 시체에 대한
기본처리를 하지 않은 탓인지. 어쩌면 사망시간이 어제 내가 잠
들기 전이었는지도 모른다.

나는 배가 고파 지쳤다. 기운이 없어 허리가 꼬부라졌다. 그
래서 어머니의 관을 뒤따르며 틈새로 보이는 어머니 시신을 흐
릿한 눈으로 바라보았다. 이제 다시는 볼 수 없는 엄마의 마지
막 모습⋯⋯.

그날의 그 지루하던 수십 리 길은 우리나라 끝에서 끝까지 가
기라도 하는 듯 멀리 느껴졌다.

1948년 대한민국 초대 부통령이 된 성재 이시영 선생이 상해
임시정부 시절, 그 당시 상해에서 김구 선생과 이시영 선생을
만나 함께 동지로 활동한 조선 왕조의 마지막 장교였던 나의 부
친은 총각의 몸으로 상해로 왔을 때였다. 이시영 선생이 총각
최태현과 처녀 신수임을 중매하여 결혼시켰다.

이시영 선생이 부통령이 된 후 나는 어머니의 손을 잡고 부통
령 관저를 방문한 적이 있다. 부통령은 내 머리를 쓰다듬으며
네 애비가 살아 있으면 얼마나 기뻤을까 하실 때 나는 눈물이

핑 돌았다. 그것이 나로서는 그 어른과의 첫 만남이며 마지막 만남이었다. 어머니와의 영원한 이별로 어머니와 관련되었던 일들이 하염없이 떠올라 비로소 어머니를 잃은 슬픔의 눈물이 배고픔에 의한 눈물과 함께 흘러내렸다.

어머니 신수임은 본적이 종로의 내수동이며 이시영 선생 측근에 의해 상해로 가서 나의 아버지인 노총각 최태현과 혼인을 한 것으로 짐작된다. 어머니는 키가 자그마하고 온화한 성품으로 활동력이 부족했던 것으로 생각된다. 얼마나 주변머리가 없으면 아들 하나 밥도 제대로 못 먹였나 싶다.

이시영 부통령이 수양아버지이면 그쪽에 사정하여 먹고살 순 있었지 않는가 하는 생각이 들기도 한다. 그러나 문득 열 살 넘은 내가 무슨 짓을 해서라도 어머니가 굶어 죽지 않게 할 수 있었지 않았을까 하고 생각하니 부끄럽고 주변머리 없는 어머니가 아니라 못난 아들 내 자신이 무기력한 인간이 아니었나 하는 자책감이 들었다.

어머니가 중국 상해에서 결혼하고 몇 년 살았으나 중국어도 잘못하고 일본어도 못하고 내성적이라 우리말은 할 줄 알아도 어디 가서 자기 어려움에 대하여 도움을 구하지 못하였다.

2.
누나와 걸어온 고생길

누나의 결혼

― 전대미문의 첫날밤

어머니의 장례로 고생을 많이 한 용두동 사촌형 최영학崔永鶴
이 오갈 데 없는 나를 자기 집으로 데리고 갔다. 나는 먹고 자고
생활하는 일터를 몰라 누나들한테 어머니의 사망도 연락하지 못
하였다.

나중에 어머니 사망을 알게 된 두 누나는 너무 슬퍼서 숨이
끊어질 듯 울어댔지만, 이미 화장터에서 한 줌의 재가 되어 흩
뿌려진 후였다. 그러나 울음이 그치고 한동안 한숨을 내쉬며 침
묵하던 누나가 말했다.

"우린 이제 어떻게 사니?"

그 한마디에 세 남매가 다시 울음을 터뜨렸다. 나는 정말 내
가 앞으로 어떻게 살아갈지, 보호자도 없고 당장 먹고살 돈도
없고, 방 한 칸 없으니 눈앞이 캄캄했다.

더구나 우리 세 남매는 학교도 제대로 다니지 못한 처지가 아
닌가. 누나들은 그래도 이런저런 일자리를 찾아 거기서 먹고 자

면서 몇 푼 안 되는 돈이나마 벌어서 살아가는 게 불완전하지
만 그래도 어쩌면 가능할 거라는 막연한 생각이 들었으나, 나는
겨우 13살, 무엇을 어떻게 해야 하는지 생각조차 떠오르지 않아
한숨만 나왔다.

두 누나가 사촌형네로 합류하였다. 사촌형은 마포에서 새우젓
을 떼어다 시내 골목골목을 누비며 '새우젓 사려!'를 외쳐 파는
행상으로 근근이 어렵게 살고 있었다.

힘들고 피곤하고 주리는 고달픈 나날이었다. 그러나 그나마
용두동 생활도 그 해 6월 25일 미명, 북한군 남침으로 전쟁이
터져 살 길이 더 막막하게 되었다.

경기도 양주군 진건면 오남리가 전쟁 때의 피란처라는, 어디
에 근거한 것인지 모르나 그런 풍문을 따라 가난한 우리는 그곳
으로 피란을 갔다. 우리의 핍절한 상황을 벗어나는 유일한 길은
가족을 줄이는 것이었다.

사촌형의 생각이었지만 틀리다고 생각하는 사람은 없었다. 밥
먹는 입을 줄이는 방법은 간단하였다. 두 누나가 시집가는 그것,
그것만이 우리 가족이 입을 줄이는 유일한 방법이었다. 채을순
형수님이,

"너희 둘이 시집가야 한다. 너희 동생 용학이를 굶겨죽이지 않
으려면……."

16살과 15살의 어린 두 누나를 결혼시키려는 형수(최씨 집안
에 시집 와서 기둥이 되었다)가 동네 여러 사람에게 수소문하여

드디어 혼사가 결정되었다. 한 동네의 두 집으로 두 누나는 시
집을 가게 되었다. 어쩔 수 없이 그렇게 된 것이다.

진건면 오남리가 전쟁 때의 안전한 피란처라는 풍문이 어느
정도 들어맞은 듯 마을은 총소리도 들리지 않고 군인도 보이지
않았다. 전쟁의 흉흉한 소문만 무성하게 떠돌았다.

전선이 어디인지 모른다. 전쟁이 어찌 되는지도 관심 밖이다.
우리는 먹고사는 문제만이 심각할 뿐이었다. 가을이 깊어 갔다.
오남리의 우리는 안전하였지만 빈곤은 떨쳐버릴 수 없었다. 두
누나는 서울서 온 예쁜 처녀로 소문났다.

작은누나

그 가을 두 누
나는 동네 총각
과 결혼하기에
이르렀다. 전쟁
중이지만, 조촐
하게 상도 차리
고 신랑신부 맞
절도 하고 동네
사람들이 모여
박수도 치면서
혼례식이 거행되
었다. 두 누나가
거의 비슷한 시

기에 한 동네의 이 남자 저 남자의 색시가 되었다. 우리는 식구 둘을 한꺼번에 줄였다.

"오빠, 내가 시집가면 용학이 데리고 가겠어요. 전쟁 통에 오빠 새우젓 장사도 못하는데…… . 내가 시집가서 어떻게 나만 먹고살아요. 그렇게는 못해요. 용학아, 너 누나와 같이 가자. 응?"

나는 할 말이 없었다. 사촌형네 형편이 말이 아니었다. 끼니를 건너뛰기 일쑤였다. 멀건 죽을 먹으면 두 시간도 못 가서 배에서 쪼르륵 소리가 났다. 사촌형 네와 나는 가만히 앉아서 굶어야만 할 형편이었다. 뒷산에 올라가 먹을 수 있는 풀잎을 다 뜯고, 들에 나가 냉이 등 먹을 수 있는 온갖 풀을 뜯어다가 멀건 죽을 쑤어 물마시듯 먹었다.

서울은 텅 빈 도시였다. 생산도 유통도 없는 죽음의 도시였다. 장사한다고 서울에 갔던 사촌형과 형수님은 처진 몸으로 맥없이 돌아왔다. 두 누나가 동생 하나 두고 가도 끼니도 못 때울 건 빤하였다. 그런 사정으로 두 어린 신부가 될 두 누나는 마음이 매우 아팠던 거다.

나도 큰누나와 함께 살고 싶었다. 우리 세 남매만이 진정 한 가족이 아닌가. 함께 자란 끈끈한 정이 있는 우리는 친남매가 아닌가. 열세 살 나도 이런 생각 저런 생각 끝에 시집가는 큰누나를 따라가는 쪽으로 마음을 정하였다. 그리하여 큰누나가 시집간 그 시골집의 신랑신부는 참으로 희한한 첫날밤을 맞게 되었다.

새색시인 큰누나가 네 살 아래의 나를 굳이 자기 방에서 자라고 강권한 데서 문제는 발단되었다. 누나로서는 어린 동생을 낯선 타인들인 시집 가족들과 한 방에서 자게 하면 얼마나 불편할까라는 연민과 자신의 경우 얼굴도 잘 모르는 신랑이라는 남자와 같이 잠을 잔다는 불안감이 엄습해온 것이다.

새색시 누나는 벽에 붙어 누웠다. 그 옆자리에 나를 자게 하였다. 세 사람이 잘 만한 크기의 방이었다. 잠은 몰라도 나는 어쩐지 불안하였다. 이건 아니라는 생각이 강하게 치밀고 올라왔다.

"누나, 나 저쪽 벽 쪽에서 잘게."

"아냐. 여기서 그냥 자. 그냥 누워 있어."

누나는 단호하였다. 그렇게 밤이 깊어갔다. 그랬는데 느닷없이

"이게 무슨 짓이야!"

하는 신랑의 화난 소리가 우리를 깨웠다. 기분 좋게 술에 취한 신랑은 거듭거듭 이게 무슨 해괴망측한 짓이냐고 소리쳤다. 놀란 시집의 가족들이 뛰쳐나왔다. 집안이 발칵 뒤집혔다.

"신혼 첫날밤인데 다 큰 남동생이 새색시 옆에서 잠을 자다니……."

신방의 새색시 옆에서 첫날밤에 잠을 잔다는 걸 꺼림칙하게 생각하던 나였기에 나는 정말 어찌할 바를 몰랐다. 누나는 '그럼 저 동생을 버리란 말이냐고, 난 그렇게는 못한다'고 당당하게 맞

대응하였다.

신랑은 어찌나 화가 났던지 나를 향해 당장 나가라고 소리쳤다. 누나는 나가지 말라고 나의 바지춤을 잡고 놓지 않았다. 신랑이 주먹으로 나를 윽박질렀다. 그러나 누나는 나를 부둥켜안고 옴짝달싹하지 않았다. 누나는 결코 나를 내보내지 않는다는 단단한 결의를 확인시키고 또 확인시켰다.

다음날 아침 시어머니의 단호한 질책이 누나를 향했다. 누나는 배가 아파서 그랬다고 했다. 그럼 어떻게 하겠느냐고 시어머니가 다그쳤다. 침 맞으면 된다고 누나는 대답했다. 서울 가서 침 맞고 오겠다고 했다. 누나와 나는 아침도 먹지 못하고 신랑 집을 떠났다.

"서울 가서 침을 맞고 와야 합니다."

누나의 거짓말이다. 결국 신부는 동생인 내 손을 잡고 시집에서 나왔다. 사단이 나고 말았다. 나 때문에. 나 때문에.

온종일 걸어서 광화문까지

어제의 잔칫집 떡을 싸 들고 집을 나섰다.

들판의 논밭을 지나고 마을을 지나고 개울을 건너고 오솔길과 마차 길과 자동차 길을 따라 서울 방향으로 걷고 또 걸었다. 차도 사람도 없는 비포장 울퉁불퉁한 길이다. 메마른 비포장도로는 발걸음마다 먼지가 풀썩풀썩 일어났다. 어쩌다 한 대씩 지나가는 낡은 트럭은 먼지를 연기처럼 일으켜 땀범벅의 몸을 덮었다. 구름 한 점 없는 청명한 날이다.

아침녘에는 불암산이 앞쪽에 보이다가 한참 후인 저녁에는 그후면 뒤쪽이 보였다. 가도 가도 서울은 멀어지기만 하는 듯 끝없이 멀고멀었다. 다리가 아파왔다.

개울가에 앉아 다리를 뻗고 쉬면서 떡을 먹고 냇물을 마셨다. 그래도 조금 지나면 또 배가 고팠다. 모든 게 두려운 낯선 길이고 동네고, 어쩌다 보게 되는 사람들은 괜히 무서웠다. 덥다. 힘들다. 슬프다. 지친다. 어쩌다 인민군을 실은 트럭이 지나가면 몸이 움츠러들었다.

그날 온종일 우리 남매는 말없이 걷기만 하였다. 말할 힘이 없었다. 기운은 더 빠졌다. 배는 더 고파지고 할 말도 없었다. 그래서 온종일 걷고 걸었다. 그냥 끝없이 걸어야만 하였다.

낮은 산언덕을 몇 개씩 넘었고 개울을 몇 개 건넜고, 저쪽 오른편 멀지 않은 곳에 솟은 바위산을 보았다. 공동묘지 고개를 넘고 미아리 고개를 넘고 창경원 돌담길을 지나 걷고 또 걸어서 광화문 네거리에 도착한 것은 해질녘이었다.

광화문 네거리에 이르자 지친 누나가 힘없이 말했다.

"용학아, 누나는 서대문에 있는 친구네 집에 가서 자고 올게 넌 하씨 할머니네 가서 자고 내일 아침 이 자리에서 만나자. 알았지?"

아버지의 외숙모 하란사에 대하여는 어머니로부터 들은 얘기가 많다. 아버지와 함께 고종황제의 밀서를 프랑스 파리에 전하러 가다가 북경에서 피살된 이야기, 종로통 화신백화점 옆 대형 포목상을 몇 개씩 운영하던 부자라는 그 할머니의 집을 나도 어렴풋이 기억하고 있었다.

해방 후 귀국해서 어머니와 함께 방문한 적이 있긴 하지만 그 할머니는 이 세상 사람이 아니라서 엄마도 서먹했던 기억이 났다. 나는 그 집 사람들을 아무도 모른다. 그들도 나를 기억할 사람이 없다. 나는 엉거주춤하였다.

"싫어. 나 누나와 같이 있을 거야."

누나와 헤어지면 다시는 못 만날지도 모른다는 느낌이 나를 두렵게 하였다. 그러나 그 느낌을 말하면 정말 그렇게 될지도

모른다는 생각이 든 것은 또 왜일까. 나는 일단 거칠게 거부하
였다.

"용학아—."

누나는 내 어깨를 잡고 한동안 나를 빤히 바라보다가 결의에
찬 표정으로 단호하게 말했다.

"너를 데리고 갈 수
없는 집이야. 나도 그
친구 집에 가는 게 무척
부담스러운데 어떻게
너까지 데리고 가니. 내
말대로 해. 하씨 할머니
네 집은 엄마와 가 봐서
알잖아. 여기서 가까워.
기억나지? 내일 아침
여기로 와. 여기서 만나
자. 알았지?"

"그래도 싫어. 누나
따라 갈래."

"용학아!"

단호한 말투다. 나도
꿈쩍 않고 버티었다.

사진으로 간직한 큰누나

"너, 내가 여기서 죽는 꼴 볼래?"

누나가 죽는다는 말에 나는 찔끔하였다. 누나가 다짐했다.

"그러니까 하씨 할머니네 집에 가서 하룻밤만 자고 내일 아침 여기로 와. 이 자리야. 꼭 이 자리야. 알았지? 여기 이 자리."

단호히 말을 맺고 누나는 몸을 돌려 서대문 방향으로 걷기 시작하였다. 뒤도 돌아보지 않았다. 두려움과 슬픔이 울컥 밀려와 나를 찍어 눌렀다. 나는 누나의 뒷모습이 시야에서 사라질 때까지 그 낯선 자리에 망연히 서 있었다.

길고 긴 그 지친 하루, 어둠이 내리고 있었다. 광화문 사거리 서대문 방향, 지금으로 말하면 이순신 장군 동상 오른쪽 방향이다.

전쟁으로 폐허가 된 황량한 서울의 밤은 어둠이었다. 폭격으로 파괴된 건물들이 흉물스러웠다. 거리에는 차도 사람도 별로 없었다. 더 어둡기 전에 어머니와 갔었던 그 집을 찾아 나섰다. 종로의 기와집 골목을 반시간쯤 이리저리 찾다가 드디어 양옥집을 발견하였다. 그 집이 틀림없었다. 이제 살았다고 안도하며 대문을 두드렸다. 이미 어둠이 덮여오고 있어서 조금만 더 어두워지면 집을 찾지 못할 터인데, 얼마나 다행인가 싶었다. 대문을 한참 두드린 후에야 안에서 사람이 나왔다. 전혀 모르는 얼굴이었다. 그 사람은 나의 아래위를 몇 번 훑어보더니 꺼림칙한 표정이다.

"누구니?"

"용학이요, 상해에서 온 최용학."

"최용학? 최용학이 누구지? 이 집에 누굴 찾아왔니?"

"전에 어머니와 같이 왔었어요. 친척집이라고."

"……?"

그는 거지나 다름없는 내 몰골만으로도 나를 거부할 수밖에 없었을 것이다. 정말 배고픈 거지 소년인 나를 한번 보았다고 덥석 반겨줄 리 없지 않은가. 내가 친척이라는 사실이 믿어지지 않을 것은 빤했다. 나는 정말 지친 거지 소년의 모습이었다.

"얘, 네가 누군지 전혀 모르겠다. 네가 집을 잘못 찾아온 것 같아. 나도 널 본 적이 없어. 지금 집안에 아무도 없고……. 친척집이 맞는다면 낮에 한 번 와 보든가……."

하란사 할머니는 하상기(인천 감리역임)의 부인으로 남편 성을 따라 미국식으로 원래는 김하란인데 하란사로 알려져 있다. 하상기는 나의 친할머니 하씨의 남동생이다. 당시 여인들은 호적에 성만 쓰는 경우가 많았다.

나는 크게 서운하지도 않았다. 나를 몰라보는 건 당연하다는 생각이 들어서다. 하란사 할머니가 북경에서 돌아가신 게 1919년이니, 31년 전이 아닌가. 귀국해서 단 한 번 어머니 손잡고 찾아갔었는데 그때 만난 사람은 보이지 않았다.

나는 갈 곳이 없어 다시 광화문 네거리로 발걸음을 옮겼다. 누나와 헤어진 그 자리, 다시 만날 그 자리만이 내게 낯익은 곳이다. 그러나 마냥 서 있을 수는 없었다.

온종일 걷느라 지칠 대로 지친 몸을 뉘일 수 있는 어떤 공간이든 찾아내야만 하였다. 몸은 지쳤고 배가 몹시 고팠다. 밤이 되니 기온이 많이 내려가 몹시 추웠다. 너무 힘들어서 밥보다 누워서 쉬어야만 하였다. 장승처럼 광화문 네거리의 한 모퉁이에 서서 밤을 지낼 수는 없었다. 누나의 뒷모습이 사라진 서대문 방향을 한동안 바라보다가 어디론가 방향도 모르면서 무작정 걸었다. 한 자리에 망연자실 서 있는 게 더 힘들고 막막해서 움직이지 않을 수 없었다.

어디든 다리 뻗고 누울 사면 벽이 있는 공간을 찾아야만 하였다. 밤길을 걷고 걷다가 불이 켜져 있는 허름한 건물이 보였다. 가정집은 아니었다. 문도 없었다. 빈 집 같은데 희미한 불빛이 있었다.

지금 생각하니 진명여고 3.1당 근방인 것 같다. 동사무소로 쓰던 곳 같기도 하다. 그래서 눈치를 살피며 조심스레 들어가 보았다. 무질서하게 탁자 두세 개가 있고 긴 나무 의자도 있는 빈 공간인데 역시 나처럼 허름한 어른 한 명이 거기 있었다. 나와 비슷한 신세일 것이다. 그는 거지꼴인 나에게 무관심하였다.

"아저씨, 저 여기 있어도 되나요?"

주춤거리며 조심스레 물었다. 제발 나가라고 하지 않기를 마음으로 빌었다.

"갈 데가 없니?"

부드러운 반응이다. 마음이 조금 편해졌다.

"네에."

"맘대로 해라. 그런데 불이 없어서 춥다."

그는 그날 밤 나의 구세주였다. 고맙다고 인사하고 긴 의자에 걸터앉았다. 피로감이 온몸 구석구석을 점령하였다. 딱딱한 나무 의자에 몸을 눕혔다. 이내 잠들었다. 그러나 너무 불편한데다가 밤이 깊어갈수록 추워서 자꾸만 깨어났고, 다시 의자에 앉아 엎드려 탁자 위에 기대어 보고, 다시 긴 의자에 앉아 있다가 쓰러져 잠들고, 또 깨면 추위를 이기느라 좁은 공간을 이리저리 왔다 갔다 하며 몸을 움직였다. 피로가 풀리지 않는 춥고 긴긴 밤이었다.

그 밤은 정말 길었다. 잠이 깰 때마다 왜 아침이 오지 않는지, 왜 먼동이 트지 않는지, 밤새도록 일어났다 앉았다 누기를 반복하며 오직 날이 밝기만을 기다렸다. 창유리에 하얗게 먼동이 트는 것만을 보고 또 보았는데 왜 그렇게 길고 긴지.

허탈한 광화문 네거리

　나는 일찌감치 약속 장소로 가서 누나를 기다렸다. 누나가 먼저 와서 기다리다가 그냥 가면 어쩌나 싶어 일찍 갔고, 정확히 어제 헤어진 그 사거리 모퉁이 건물 앞에 섰다. 온몸이 아팠다. 배가 고파 더 추웠다. 아침 해가 왜 그렇게 늦게 뜨는가. 해라도 뜨면 몸이 좀 녹을 터인데.

　나의 시선은 누나가 사라진 서대문 쪽에 못 박혔다. 기다리고 기다렸다. 아침이 지났다. 해가 중천에 떴다. 그래도 누나는 오지 않았다. 이미 누나는 나를 버렸다고, 다시는 만날 수 없을 거라고, 누나는 나를 떼어놓기 위해 하루 종일 머나먼 길을 걸어와 여기서 나를 버렸다고, 나는 그렇게 판단되기 시작하였다. 배고픈 것도, 삭신이 쑤시는 것도 잊었다. 나를 버리고 가 버린 누나의 그 뒷모습만 아련하였다. 나는 나도 모르게 누나가 사라진 서대문 쪽으로 걷고 있었다. 길 건너 높은 축대가 있고 서양식 건물이 보였다. 서울고등학교 건너편에 있는, 나중에 인연이 된 피어선 학교 건물이다. 그러나 이내 누나 만나기를 포기하고 돌아섰다. 나는 다시 오남리를 향하여 어제처럼 걷고 또 걸어야만 하였다.

그날 밤 거의 초죽음의 몸으로 오남리에 도착한 나는 큰누나가 시집간 집으로 갔다.

"아니, 너 어째 여기 서 있니?"

이미 어둠이 내려앉고 있었다. 집 앞에 서 있는 나를 새색시 누나의 시어머니가 나오다가 만났다.

"아기냐?"

하는 사돈마님 목소리가 나더니,

"누나는?"

하고 묻더니 한 발짝도 집 안에 들이지 않았다. 난 어쩔 수 없이 시집간 작은누나네 집으로 갔다. 이미 어둠이 내려앉고 있었다.

집 앞에 서 있는 나를 새색시 작은누나의 시어머니가 나오다가 만났다.

"아니, 너 어째서 그렇게 서 있니?"

"누나 만나러 왔어요."

"왜?"

"누나니까요."

"애 좀 봐라. 너 여기 있거라. 들어오지 말고."

다시 집 안으로 들어가고 잠시 후에 작은누나가 나왔다. 눈물이 왈칵 쏟아졌다.

"너 언니하고 서울 갔다던데……. 언니는?"

유구무언이다. 나는 소리 없이 눈물만 흘렸다. 서 있을 기력
조차 없어 그냥 주저앉고 싶었다. 어둠 속에서도 지칠 대로 지
친 서러운 내 모습을 불과 열다섯 살 새색시는 넉넉히 느꼈을
터이다.

난감해하는, 그러나 당장 가라고 할 수 없는 난처한 열다섯
살 새색시는 일단 나를 데리고 들어가더니 부엌에서 수수죽을
큰 그릇에 가득 담아 왔다. 이틀 만에 먹는 한 끼였다. 맛이고
뭐고 허겁지겁 단숨에 먹어 치웠다. 그러는 나를 누나는 서글픈
얼굴로 물끄러미 바라만 보았다. 이미
큰누나 새색시의 첫
날밤 이야기가 동네
에 파다해졌고, 가출
한 새색시는 돌아오
지 않았으니 작은누
나의 입장이 얼마나
난처하였을까를 　나
는 미루어 짐작할 수
있었다.

고등학생이 된 나 작은누나와 함께

그날 밤, 이틀 만
에 허겁지겁 빈속에
먹은 수수죽이 요동

을 쳤다. 배가 아파오더니 당장 쌀 지경이었다. 한밤중이다. 변
소(화장실)는 문 밖으로 나가 담을 끼고 모퉁이를 돌아가야 있
다. 그러나 나는 문을 열기도 전에 엉성한 나뭇가지 울타리 밑
에 먹은 만큼의 수수죽을 배설하고 말았다. 너무 급해서 어쩔
수 없었다. 마침 밤새 내린 눈으로 대충 덮어두었다. 아침이 되
자 부지런한 시어머니가 밖으로 나가려다가 배설물을 보고 큰소
리로 나팔을 불며 펄쩍 뛰었다. 이래저래 나는, 그리고 누나는
죽을 맛이었다. 그러나 오갈 데 없는 나로서는 미적거리며 거기
머물 수밖에 달리 생존방법이 없었다.

며칠 만에 누나가 조용히 말했다.

"용학아, 너 땜에 나도 언니처럼 될 거 같다. 그러니 용학아,
어쩔 수 없다. 네가 나가야만 되겠다."

참 힘들게 말하였다. 열세 살 나도 그런 사정을 안다. 그러나
여기마저 떠나면 난 어디로 가나. 어디로—.

내가 대답이 없자 누나가 말을 이었다.

"어쩔 수가 없구나. 내가 어찌할 수가 없어."

"그래도 누나, 난 어디로 가?"

잠시 침묵하던 누나가 단호하게 말했다.

"네가 안 나가면 나도 이 집에서 못 살아. 언니처럼 말이야.
나 차라리 양잿물이라도 먹고 죽어버려야 되겠다."

그러면서 배춧잎에 양잿물을 싸서 입에 넣으려 하였다. 그러
면서 누나는 울었다. 내가 안 떠나면 누나는 정말 양잿물을 먹

고 죽을 것 같았다. 큰누나는 가출로 해결하였지만 작은누나는
자살로 상황을 종결지을 판이다. 나 때문에, 이 동생 하나 때문
에.

나는 사나흘 머물던 작은누나의 시집에서 몸을 빼내어 정처
없이 걷고 또 걸었다.

큰누나는 광화문 사거리에서 내가 죽는 꼴을 보겠느냐 했고
작은누나는 양잿물을 먹고 죽는 꼴을 보겠느냐고 위협했다.

눈 덮인 겨울, 갈 곳도 없고 방향도 모르면서 나는 정처 없이
길을 걸었다. 가다 보니 중공군 부대가 있었다. 어디론가 나는
걷고 또 걸었다. 어떤 산언덕을 넘어가니 UN군부대가 보였다.
천막이 여럿이다. 나는 전선의 한복판쯤에 있는 셈이었지만 크
게 신경 쓰이지 않았다. 나도 처량한 처지, 당장 먹어야 하고 자
야 하는 당면한 문제와 배고프고 지친 몸, 들어갈 집마저 없는
것이 심각한 문제였다.

어디에선가 음식냄새가 났다. 냄새를 따라가니 야산 모퉁이에
군인들이 있었다. 마음 놓고 접근하였다. 군인들이 물가에서 고
기 판을 닦고 있었다. 미군과 UN군(한국군)이 섞여 있는 부대
였다. 먹거리가 있을까 하여 접근해 갔다. 불판에 붙은 고기 점
에 군침이 돌았다. 내 배는 비어 있었다. 식기 닦는 데로 갔다.
닦기 전의 불판에 붙은 고기를 뜯어 먹었다.

"배고프냐?"

군인 아저씨가 물었다.

"네, 아저씨. 제가 다 닦을게요. 밥 있으면 주세요."

"배고프구나. 그래라. 이거 먹어라."

그가 빵을 주었다. 마실 것도 주었다. 내가 얼마나 주렸는지 내 얼굴과 내 말에서 충분히 느낀 모양이다. 정신없이 먹어대는 나를 물끄러미 바라보던 아저씨가 연민의 표정으로 조용히 물었다.

"집이 어디냐? 가족은?"

"없어요. 전 혼자예요."

"쯧쯧, 어쩌다가?"

나는 대답하지 않았고, 인정 넘치는 아저씨는 더 묻지 않았다.

"어디 갈 데라도 있니?"

"없어요. 전 혼자예요."

"그래, 알았다. 너 우리 부대에서 하우스보이 해라. 힘든 일은 없어. 내가 소대장님에게 얘기해줄게."

이렇게 하여 미군부대에 따라다니게 되었다. 명색 하우스보이. 미군부대 병영생활을 함께하며 이 일 저 일 잡일을 돕는 수준이라서 힘들지 않았다. 열세 살에 살기 힘들었는데 단번에 의식주 문제가 해결된 것이었다. 여미고 여며도 춥기만 한 더러운 옷을 벗어던지고 따뜻한 내복도 입고 제일 작은 군복을 골라 주어 입었다. 유엔 점퍼는 몸을 따뜻하게 감싸주었다. 얼마나 따뜻했던지 표현하기 힘들었다. 거기다 고기며 소시지, 초콜릿, 심지어 비스킷도 먹었다. 와, 거지가 부자가 된 것이다. 큰누나 작은누나도 생각나지 않았다. 사촌형도 생각나지 않았다. 나는 청소도 하고 식기들도 닦고 이런저런 잔심부름을 하며 잘 먹고 잘 입고 잘 잤다.

그 얼마 후 우리 부대는 전선을 따라 서부전선으로 이동하였다. 연천쯤으로 기억된다. 중공군과 인민군이 그만큼 후퇴한 것이다. 전선의 위험은 없었다.

그런데 나만 위험에 빠졌다. 미군부대는 천막을 치고 참호를 파고 전투에 대비해 훈련을 하고 경계를 강화하였다. 나는 특별히 할 일이 없어 부대 안을 이리저리 돌아다니다가 참호에 들어갔다. 비어 있는 참호에는 중공군이 급히 후퇴한 흔적이 보였다. 그 안을 호기심으로 기웃거리다가 바닥에 뒹굴고 있는 이상한 것들을 발견했다. 나무 방망이 같은 것도 있고 장난감 같은 쇳덩어리도 있는데 끝에 쇠고리가 달려 있었다. 그 고리를 잡아당기면 어떻게든 놀이기구가 될 것 같았다.

나는 손가락을 그 고리에 넣었다. 그 순간 언제 왔는지 모를 미군병사들과 유엔군 병사 몇이 다급하게 소리쳤다.

"그거 던지고 엎드려!"

나는 무엇이 문제인지 몰랐으나 위기감은 느꼈다. 그래서 쇳덩어리의 고리를 뺀 채 던지라는 소리에 던졌다. 다음 순간, 그 쇳덩어리가 꽝! 하고 굉음을 내며 폭발하였다. 수류탄이었다. 자칫 내 손에서 터질 뻔하였다.

다급히 후퇴하느라고 중공군이 남기고 간 무기였다. 내가 얼굴이 하얗게 질린 채 멍하니 서 있으니 군인 아저씨들이 달려와 내 몸을 만져보면서 "미라클, 미라클!(기적)"하고 외쳐댔다.

나중에 한 군속 아저씨와 A텐트(아저씨와 함께 쓰던 텐트)에 와서 보니 머리맡에 날카로운 수류탄 파편이 뚫고 들어온 구멍이 나 있었다.

탈출과 한강 도강渡江

　미군 부대 하우스보이, 의식주가 해결되는 기간은 오래 가지 않았다. 수류탄 사건 이후 15세 미만의 하우스보이를 부대에서 추방하라는 결정이 났다. 꿈같은 안전한 시간의 마감은 고아원 행으로 이어졌다. 나는 군용 차편으로 서울로 이송되었다.

　나 같은 아이들이 모여 사는 고아원으로 간다는 확인 안 된 소리를 들었다. 문제는 고아원에 대한 소문이 끔찍하였다. 확실치 않은 정보지만 소문으로는 고아원이 가혹한 매질과 찬물 목욕 등 엄격한 규율로 여간 견디기 힘든 곳이 아니라고 한다. 음식도 조금씩 주어서 배가 너무 고파 탈출하는 고아들이 있다는 것이다.

　나 같은 아이 몇 명은 일단 후방의 한국 군부대로 보내졌다. 물자가 풍성한 미군부대와 달리 한국군 부대는 모든 보급품이 부족하였다. 내가 입은 따듯한 유엔 점퍼와 군화는 한국군 아저씨들에 의해 허름한 군복으로 바뀌어졌다.

　어느 날 한국군 부대에 있던 고아 몇 명을 트럭에 싣고 한강을 건너 영등포 쪽으로 이동하는 것이었다. 나는 고아원이 두려워서 노량진의 커브 길에서 속도가 느려진 기회에 과감하게 뛰어내렸다. 그러자 내 옆에 있던 내 또래의 한 아이도 뛰어내렸다. 그러고는 골목길로 달려 들어갔다. 혹시나 차를 세우고 우리를 잡으러 올까 봐 이리저리 골목을 헤매고 다녔다.

우리는 한참만에야 안심하고 큰길로 나섰다. 다시 강을 건너 서울로, 서울에서 더 북쪽의 미군 부대를 찾아가야만 된다고 생각하였다. 한강다리 입구에 무장한 군인들과 경찰이 경계를 서고 있었다.

감히 접근도 하지 못하였다. 도강증이 있어야 한강다리를 건널 수 있었다.

우리 둘만 아니었다. 어른들 몇몇도 도강증이 없어 되돌아서서 두런두런 이야기를 나누었다. 강을 건너려는 사람들은 그렇게 모여들어 거의 스무 명쯤 되었다.

"방법이 없지 않지요. 강물이 꽁꽁 얼어붙었거든요. 한밤중에 건너봅시다."

"서울에 들어가야 하니 그렇게라도 해야겠군. 워낙 추우니 깨질 얼음은 아니겠지."

그날 밤 우리는 어른들이 모이기로 한 장소로 끼어들었다. 엄청 추운 밤이었다.

"이맘때면 한강에서 썰매도 타니까 깨지지는 않겠지만, 그래도 이십여 명이 몰려가는 건 체중 때문에 위험할 겁니다. 두세 명씩 거리를 두고 흩어져서 건너기로 하고, 말소리를 내면 안

됩니다. 침묵, 침묵……. 경비초소에 발각되지 않도록……. 다들 아셨지요?"

칠흑 같은 밤이다. 강바람이 예리한 칼날같이 옷 속을 파고들었다. 몸을 잔뜩 움츠린 우리는 그 어둠의 한강 얼음판을 건너편 불빛을 향해 조심조심 조용조용 걸었다. 그 추위에도 등골에는 긴장의 땀이 났다.

간혹 여의도 비행장 항공기 이착륙 때 비행기에서 빛이 비칠 때 우리는 숨죽이고 잠시 엎드렸다.

강 건너 불빛은 아마 용산역 주변일 터이다. 우리가 접근하는 곳에 몇 사람이 순찰을 도는 것 같았다. 우리는 밤도둑처럼 몸을 숨기고 건물들 사이로 몸을 피했다. 철도 관사 같은 곳으로 들어갔다. 순찰이 언제 올지도 모르니 빨리 나가야 한단다. 여관으로 가기로 했다. 골목길에 여관이 보였다. 우리는 일단 여관에서 하룻밤을 보내기로 하였다. 그러나 여관비를 내지 못하여 우리들은 다른 방으로 들어갔는데, 방바닥이 냉골이라 추워서 잠시도 견디지 못하고 나왔다.

어쩔 수 없이 어른들이 들어간 방으로 갔는데 이불 한 자락에 10여 명이 덮고 누워 있었다. 우리는 이불 발치에 빌붙어 쪼그리고 누웠다. 미지근한 방바닥에서 밤을 지냈다.

3.
시 련

엄청난 시련

　나는 죽을 생각을 해본 적이 없다. 어둠이 덮이는 광화문에서 누나와 헤어져 오갈 데 없고 한 끼 음식도 없고 밤은 깊어가는데 그 하룻밤 작은 몸 하나 뉘일 곳 없어도 죽음이라는 말은 생각하지 않았다. 그런 내가 절절하게 최악의 상황을 만난 것은 한밤중에 한강을 건넌 후 얼마 지나지 않아서 발생한 사소한, 그야말로 한 병사의 지극히 사소한 실수에 의한 사고 때문이었다.

　나는 미군 부대 하우스보이로 지낼 만했다. 잘 먹었고 잘 잤으며 추위도 하등 문제가 되지 않았기 때문이다. 도강 후 어디가 어디인지 모르면서도 무작정 미군 부대를 찾아가기로 마음먹은 까닭이 그것이었다.

　달리 생각할 그 무엇도 없었으므로 서울 사람들이 피란에서 돌아오지 않은 스산한 서울 복판, 용산역을 지나고 서울역을 지나고 남대문을 지나고 광화문 네거리를 지나 의정부 쪽을 향해서 경찰이나 유엔군의 눈에 띄지 않게 논바닥과 야산으로 다녀야 했다.

도로를 끼고 북쪽으로 계속 걸었다. 의정부방향으로 계속 걸
었다. 춥고 배고프고 다리 아프고, 어젯밤 제대로 잠을 못 자서
하품이 끊임없이 나왔으나 걷고 또 걸었다.

거의 온종일 걸었을 때, 다리가 너무 아프고 배가 고파 주저
앉아야 할 무렵에서야 미군 야전부대를 발견하였다. 미군 초병
이 눈을 동그랗게 뜨고 웬 아이인가 바라볼 때,

"아이 고 에이 카프리 씨 컴퍼니(8기갑부대 C중대)!"

라고 하니 그 미군 초병은 친절하게도 그쪽으로 가는 차가 있
어 운전병에게 말해 주어 타고 갔다. 그곳에서 한국 군속 아저
씨가 반갑게 맞아주었다. 따뜻한 내복을 주어서 입고 C레이션
으로 배를 채웠다. 다음날 아침, 아침을 먹기 위해서 산에 천막
치고 흩어져 있던 병사들이 식기를 들고 줄을 서서 배식을 받아
모닥불 주변에 서거나 나무에 걸터앉아 식사를 했다.

한국군 병사(유엔군, 이발사였던 것 같다)의 어이없는 실수,
그 악의 없는 사소한 실수가 나를 무너뜨렸다. 병사들이 땅바닥
에 모닥불을 피웠다. 그러나 제대로 불이 붙지 않았다. 거의 생
나무토막들이어서 불이 잘 붙지 않았다. 불이 활활 타오르기를
기다리지만 바라는 대로 되지 않았다. 그러자 병사 한 사람이
깡통에 휘발유를 담아 가지고 와서 그 불에 던졌다. 그 순간 불
길이 확 치솟았다. 본능적으로 뒤로 물러섰으나 모닥불 앞에 가
깝게 서 있던 내 바지에 불이 옮겨 붙었다. 순식간이다. 나는 비
명을 질렀고 곁의 군인 아저씨들이 내 바지의 불을 끄려고 덤벼

들었다. 내 다리가 불에 타는 냄새가 코에 들어왔다. 견딜 수 없
는 아픔과 무서움으로 나는 쓰러졌다. 몇 사람이 불붙은 다리
를 손으로 두드려 껐다. 불은 꺼졌으나 타들어가던 다리에서 김
이 났다. 왼쪽다리가 통닭 껍질처럼 벗겨졌다.

미군 위생병이 달려와 응급처치를 하고 구급차에 실려 미군야
전병원으로 이송했다. 군의가 정성스레 치료하였다. 다리의 뒷
부분 허벅지와 그 아래쪽이 모두 심한 화상을 입어 나는 엎드린
채 꼼짝도 못하였다. 그런데 병실에서 치료실로 이동하면서 놀
란 것은 복도에 먹거리가 풍성하게 놓여 있는 것이었다. 초콜릿,
사탕, 이름 모를 미국에서 온 각양각색의 과자들이다. 누구나
마음대로 먹어도 되는 그 풍성함에 나는 잠시나마 야전병원에
온 건 잘된 일이라고 생각하였다. 마음대로 그 맛있는 것들을
먹을 수 있다는 사실 하나만으로 나는 행복감을 느꼈다.

마음대로 골라 먹을 수 있는 풍성한 먹거리들이 있어도 다리
가 아파서 별로 먹지는 못하였다. 그 응급처치가 끝나자 나는
다시 구급차에 실려 어디론가 이동하였다. 한국군 구급차였다.

한국군 야전병원의 위생병들은 조심스럽게 환자를 다루지 않
고 거칠었다. 그 다친 다리를 나무토막 취급하듯 했다. 나는 나
락으로 떨어지는 중이었다.

"나 어디로 가는 거예요?"

위생병이 뻔한 걸 묻는다는 듯 가볍게 대답하였다.

"넌 민간인이라 민간병원으로 간다."

서울적십자병원은 서대문 사거리에 있었다. 나는 장장 6개월을 무료 병동에서 입원 치료를 받았다. 지하층의 병실에서 치료가 이어졌는데, 타버린 상처를 핀셋에 빨간 약 머큐롬을 잔뜩 묻혀 닦아내는데 나는 상처의 살을 벗겨내는 것 같은 극심한 통증으로 비명을 질러댔다.

미군 야전병원의 치료와 너무나 달랐다. 거기서는 환자가 아프지 않게 하려고 매우 조심스럽게 치료하였는데, 적십자병원의 치료는 무지막지한 치료였다. 하루 한 차례씩 의사와 간호사가 내 병실에 오는 게 저승사자가 오는 것처럼 두려웠다. 비명을 질러대도, 소리 내어 엉엉 울어도 그들의 치료방법이나 나무토막 다루듯 하는 태도에는 전혀 변화가 없었다.

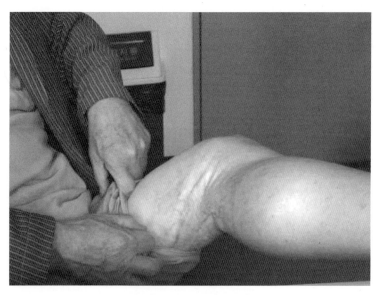

휘발유 불이 붙어 탄 상처

　이런 심한 화상 치료는 아플 수밖에 없으니 참아야 한다는 말도 처음 두세 번 해주었을 뿐이다. 미군 야전병원처럼 먹을 거라도 잔뜩 있으면 위로가 되겠으나 환자 음식이라는 게 어린 나의 배를 만족시키지 못하는 적은 양이었다. 그나마도 세 끼가 아니라 조석으로 하루 두 끼뿐이었다. 찌그러진 양재기 바닥에 깔린 아주 적은 양의 누런 꽁밀 밥과 콩나물 두세 개 들어 있는 소금국이 전부였다. 전쟁이 치러지는 때라 모든 것이 부족하다는 말을 듣기는 하였지만 그래도 너무 배가 고팠다. 아마 내가 기갈이 들어 먹고 먹어도 배가 고픈 것인지도 모른다는 생각이 드는 때도 있었다. 음식의 부족이 나의 고통을 가중시켰다. 늘 눈물이 찔끔찔끔 났다. 미군 야전병원 복도의 그 많은 여러 종류의 먹거리 풍경이 늘 눈앞에 어른거렸다.

　시간이 흘러도, 치료를 받아도, 다리의 통증은 계속 이어졌고, 치료시간은 육체의 지옥이었고, 배는 온종일 고플 뿐이었다. 이 다리 화상이 완치되어 마음대로 걷고 뛰게 되리라고는 기대가 되지 않았다.

　그 무렵, 막연하게나마 하느님께서 나에게 천사를 보내주었다고 생각하였다. 70년이라는 장구한 세월이 흘렀음에도 잊지 못하는 그 이름은 박태숙 간호사다. 나의 그런 참담한 모습을 본 그 간호사 누나가 어린 나를 향한 연민으로 나를 업고 간호실로 갔다. 나를 엎어다 눕히더니 그 큰 환부에 지극히 조심스럽게 부드러운 연고를 발라주었다. 그러자 통증이 사라졌다. 그는 지하병실에서 다시 나를 업고 2층 병실로 옮겨주었다.

박태숙 간호사 누나의 정성어린 치료와 돌봄에 이어 어찌된 일인지 주방 아주머니가 허리에 두른 행주치마에 꽁밀밥 누룽지를 감추어 와서 먹으라고 주는 것이었다.

다른 환자들이 모르게 먹느라 그들이 모두 잠든 밤중에 잠든 척하면서 그 누룽지를 조금씩 잘라 입에 넣고 소리 안 나게 우물우물 씹어 삼켰다. 아침에 밀밥과 소금콩나물국을 먹으니 적십자병원에 입원한 이후 처음으로 포만감을 느꼈다. 살맛이 났다. 아니, 행복감을 느꼈다. 배부름이 곧 행복이라는 걸 느꼈다.

아픔의 고통이 사라지니 배고픔의 고통이 엄습해 왔다. 배고픔의 고통이 사라지니 앞으로 살아갈 길이 막막하여 절망감이 짓눌렀다.

다리의 환부가 어느 정도 굳어가기 시작하였다. 그러자 의사 선생님이 지시하였다. 이대로 근육이 굳어버리면 아주 구부릴 수 없게 되니 이제부터는 다리를 구부렸다 폈다 하는 운동을 계속하라는 것이다. 난 그 말씀대로 그렇게 하였다.

그러나 화상이 가장 큰 무릎 뒤쪽 환부가 이미 뻣뻣하게 굳어 있었고, 몇 달 동안 사용하지 않았으므로 열심히 구부렸다 폈다 해도 하루 서너 번 이상 할 수가 없었다. 그렇게 힘든 운동이었다. 어쩌나 아픈지 다리를 한 번 펴는 데 하루 온종일 걸리고 조금씩 구부리는 데도 하루가 걸렸다. 그러나 한쪽 뻣뻣한 다리를 지팡이에 의지하여 화장실에 갈 수 있는 게 나는 좋았다.

오랜만에 내 다리로 화장실에 들어갔다. 전면에 깨어진 거울이 붙어 있었다. 그 거울 속에 흉측해 보이는 소년 하나가 나타났다. 검은 머리는 뒤엉킨 사자머리 같고, 미군 부대에서 얻어입은 군복은 너무 커서 나는 더욱 왜소했고, 한국군 야전병원에서 내 군화와 바꿔치기 당한 낡은 군화는 형편 없었다. 아마도 이처럼 초라한 거지는 없을 것이다.

몇 달 만에 깨어진 거울에 나타난 내 모습이 나를 절망시켰다. 내 몸이 완치되어 밖으로 나간다 한들 나는 거지 중의 상거지일 터이니 내가 어떻게 살아간단 말인가. 맥이 빠졌다. 완치만이 나의 유일한 희망이었고 이제 어느 정도 완치되어 가는 중인데 세상으로 나갈 기막힌 걱정이 나를 엄습하였다.

병실 창밖을 바라보니 중고등학교 학생들이 지나간다. 여학생들의 단정한 교복, 그 백색 칼라가 돋보였다. 남학생들의 단정한 교복에 검은 교모가 너무나 멋져 보였다. 아마도 인근의 이화여고와 서울고, 창덕여고, 경기중고등학교 학생들일 터이다. 나도 저렇게 교복을 입고 학교에 다니게 될 날이 있을까 생각하니, 스스로 허망한 생각이라고 슬프게 포기되었다. 완치되어 퇴원한다면 나는 희망은커녕 먹고 입고 자는 생명유지에 필요한 최저의 기본대책도 없음을 알기에 또다시 절망하고 좌절하였다.

아픔의 고통이 엄습해 왔다 아픔이 사라지니 배고픔의 고통이 심하게 왔고 배고픔의 고통이 사라지니 심적 고통이 다가와 절망감과 좌절감에 빠졌다.

4.
도전과 희망

앙드레 몽띠 빠리스 대부님

어둠의 늪에 빠져 있는 가운데 이제는 퇴원해야 된다는 소식이 내게 전해졌다. 병원 밖은 내게 깜깜한 세상이다. 겁이 났다. 그러나 6개월의 치료를 받은 적십자병원은 환자가 머무를 곳이 못되었다. 두려움이 나를 엄습해 왔다. 내가 나가서 만나야 하는 세상이 얼마나 무섭게 내 마음에 다가왔던지 나는 불안해서 울지도 못하였다.

그렇게 두려운 내게 손님이 왔다. 박태숙 누나(간호사) 안내로 인자하게 생긴 신사가 내 침대로 왔다.

"집이 어디니? 부모님은?

이렇게 묻고는 연고도 갈 곳도 없다는 걸 알고,

"너 우리와 함께 가겠니? 같이 가자."

그 신사가 담요로 나를 싸서 안고 지프에 태웠다. 서대문의 적십자병원에서 중림동 고아원까지는 가까운 거리였다. 약현성당이 언덕에 있다. 그 옆 골목으로 조금 올라가니 '성가보육원'이 있었다. 그 먼 유럽 벨기에의 귀족인데 한국전쟁고아들을 돌보기 위해 가난한 나라에 온 천사 앙드레 몽띠 빠리스 원장이었다.

중림동(약현)성당에서 신인식(바오로) 신부님 주례로 영세를 받고 같은 해 노기남(바오로) 주교님으로부터 견진 성사도 받았다. 영세 대부님이 앙드레 몽띠 빠리스님이다.

고아원은 내게 안식처였다. 깨끗한 의복과 편안한 잠자리와 먹을 것을 주었다. 그들은 모두 친절해서 불편도 불안도 없었다. 내게 정말 신나는 음식은 미군 부대에서 먹던 야전전투음식 C-레이션 등 육류와 과자와 초콜릿 등이었다.

원장님이 전방의 미군 부대 등을 찾아다니며 우리가 먹을 것과 입을 것 등 여러 생필품을 후원받아 오시느라 늘 바빴다. 한번은 대부님과 함께 트럭을 타고 전방부대를 갔는데 천막 속 스토브에 식빵을 구워 버터를 바르고 설탕을 뿌려 줬는데 그 맛은 지금도 기억에서 떠나지 않는다.

고아원은 고아들을 학교에도 보내주었다. 나는 서울 봉래초등학교 4학년에 편입되었다. 나이로는 열네 살이 되었으므로 이미 중학생이어야 하는데 한국에 와서 학교를 다니지 못하였기 때문이다. 학교에 가고 친구들도 생겨서 좋았다. 그런데 공부가 심각한 문제였다. 상해에서 다니던 초등학교는 일본인들이 일본어로 가르쳤고, 해방 직후부터 잠시 한국인이 상해에 세운 인성학교에 다니며 한글을 배웠지만, 그나마 귀국하느라 중단되었다. 전쟁과 가난으로 제대로 학교에 다니지 못하여 도무지 아는 게 없었다. 그래도 1년여쯤 잘 다녔다. 귀국 후 서울 협성초등학교

2학년 중퇴, 서울 선린중학교(야간부) 1학년 중퇴였다. 아마 5
학년이었다고 기억된다. 고아원에서 사고가 났다.

고아원에 창고가 있었는데 방 한 칸짜리였다. 어느 날 밤 절
도범이 그 창고의 물건들을 훔쳐갔다. 거기 원장님이 차를 운전
하여 최전방까지 다니면서 우리가 먹을 음식들과 미군의 헌 군
복과 군화 등등, 그리고 외국에서 온 구호물품들이 보관된 곳이
다. 그걸 어느 놈이 털어갔다. 아마 고아들의 소행일 것이 거의
확실하였다. 어떤 정신 나간 도둑이 고아원에 훔칠 게 있다고
들어올까.

내부 조사가 시작되었다. 나도 날카로운 질문 아닌 신문을 받
았다. 범인을 대라는 것이었다.

"넌 알고 있지? 누군지 말해라. 그 물건들은 내 것도 네 것도
아닌 우리 모두의 것이야. 그건 알지? 그걸 찾아야 된다. 누군
지 말해라."

나는, 내가 절도행위에 가담하지는 않았으나 실은 범인을 알
고 있었다. 동료 고아다. 그렇다고 아는 대로 말할 수가 없었다.
내가 말하면 그 애는 여기서 쫓겨날 것이며, 경찰서로 가서 죄
수가 될 것이다. 그것이 나는 싫었다.

나를 설득하고 회유하던 앙드레 몽띠 빠리스 대부님이 최종적
으로 나를 공범 내지 주범으로까지 판단한 듯하였다. 고아들을
바르게 양육하기 위해서라도 고아들을 위한 식량과 의류 등 생
활용품을 도둑질한 행위를 용서해서는 안 된다는 판단을 내린

것은 합당할 것이다.

나는 그날 나를 아끼고 사랑하는 앙드레 몽띠 빠리스 원장님
으로부터 평생 잊지 못할 만큼 회초리로 종아리를 맞았다. 피가
나도록 맞았다. 네가 먹을 음식을, 오갈 데 없는 너와 같은 고아
들의 음식과 물품을 훔친 것은 이 회초리로도 부족하다는 훈계
를 들으며 종아리를 맞았다. 그리고 나는 나의 생존공간인 고아
원에서 쫓겨났다.

44년 후의 앙드레 몽띠 빠리스 대부님

　그로부터 44년이 흐른 후 의왕시 청계동의 하우연성당의 미사에 참여할 기회가 있었다. 집전은 외국인 신부가 하였다. 벨기에 신부라는 것이다. 미사가 끝난 후 그 신부님에게 갔다. 혹시나 해서 물었다.

　"앙드레 몽띠 빠리스님을 아십니까?"

　그는 눈을 크게 뜨며 그분을 어떻게 아느냐고 되물었다.

　"아시는군요, 신부님!"

　다미안사회복지원장인 파 레몬드 신부는 한국에서 봉사활동을 하며 하우연성당에서 주일 미사를 집전하시던 분이다. 나는 고아원 이야기를 들려주고 내가 억울하게 매를 맞고 추방당한 옛 비밀을 들려주었다.

　"저는 범인을 알고 있었습니다. 그러나 말할 수가 없어서 대신 누명을 쓰고 추방당하였죠. 그분이 살아 계시다니 어떻게든 꼭 찾아뵙고 싶습니다."

　파 레몬드 신부님은 몹시 마음 아파하면서 편지를 써 오면 번역해서 보내주겠다고 약속하였다. 그 인연으로 여러 번 편지가 오갔다. 첫 답신에서 그 일을 생생히 기억하고 있다는 것과, 나를 도둑으로 벌하고 추방한 잘못을 이제라도 용서를 구한다고, 용서해 달라고 하셨다. 네가 결혼하여 자녀 세 아이를 키우고 있다니 모두 내 손주처럼 생각하겠다. 그리고 학교에서 선생을 하고 있다니 참으로 장하구나. 나의 용서 편지에 대한 답신에서는 용서받을 기회를 주신 주님께 감사하며 최용학, 너에게 감사하다는 내용이 있었다. 그분도 나도 멀고 먼 시공을 넘어 아름다운 회복이 이루어진 것을 눈물겹게 감사하였다.

편지로 계속 왕래하였다. 한국에 가고 싶다, 고아원에서 함께 생활하던 고아들을 만나고 싶다는 절절한 내용들이 오기도 하였다. 그래서 내가 기회를 만들어 보려고 하였으나 뜻대로 되지 않았다. 안타까웠다. 한참 만에 하우연성당에 갔을 때였다. 파레몬드 신부님은 나를 보자 표정이 어두워지더니 우울한 소식을 전하였다.

"앙드레 몽띠 빠리스 대부님 소식 들었나요?"

"아뇨. 얼마 전부터 편지가 오지 않습니다. 자주 하는 건 아니지만……."

"그랬군요……. 실은 그분이 노쇠하셔서서……. 장수하셨지요. 일주일 전에 선종善終하셨습니다."

선종? 나는 너무 놀라 정신이 아찔해졌다. 다리가 휘청했다. 자칫 쓰러질 뻔하였다. 큰 충격이었다. 꼭 뵙고 싶었는데, 정말 만나고 싶은 분인데 가시다니!

1996년, 긴 시간이 흐른 후에야 나는 비로소 대학의 연구년에 주소를 들고 벨기에로 찾아갔다. 대부님은 이미 고인이시지만 묘소라도 찾아뵈어야겠다는 절절한 마음을 떨쳐버릴 수 없어서였다.

찾아간 주소에 부인이 있었다. 보육원에서 보모로 근무하던 한국 여인이 그의 아내였다. 착하고 성실하고 예쁜 선생님이었다는 안개 속 기억만이 떠오를 뿐, 얼굴은 많이 변해 있었다. 이미 할머니이기 때문이다. 세례명은 비아나데트다.

대부님이 다니시던 가까운 성당묘지로 안내받아 갔다. '앙드레 몽띠 빠리스', 그 이름의 작은 묘비와 묘소 전체가 소박하다 못해 초라했다. 고인의 뜻을 따라 검소하게 만들었다고 부인께서 설명하였다. 한국 전쟁고아들을 위해 헌신하신 대부님의 묘지를 보기 좋게 꾸미자고 제안하였다.

"말씀드렸듯 고인의 뜻을 따른 것이라서 그냥 이대로 두겠습니다. 제 남편이 귀족 가문일 뿐만 아니라 넉넉한 형편이랍니다. 독일의 유명한 가전제품 회사의 주식도 갖고 있답니다. 남편이 선종하신 후 생활비도 줄고 해서 유니세프(UNISEF)에 기증하고 있어요."

"정 그렇다면 묘지 꾸밀 돈을 유니세프에 지원하면 어떨까요? 대부님의 유지에도 부합하고……."

그러면서 미화 500불을 유니세프 브뤼셀 지부에 함께 가서 기부금으로 냈다. 귀족이, 부자가, 부귀영화 버리고 전쟁으로

폐허가 된 한국 땅에 와서 전쟁고아를 돌보기 위해 얼마나 많이
애쓰신 분인가. 그런데 사후에도 지극히 어려운 삶을 살아가는
지구촌 가족들을 위해 유니세프를 통해 헌신하는 모습은 나의
가슴과 눈시울을 젖게 하였다.

　그 정신을 이어받아 유니세프에 나도 매월 일정 금액을 자동
이체하고 있다. 어려운 시절에 어려운 한국 어린이들을 위해
UNISEF가 많은 도움을 주기도 해서 그 고마움에 대한 조그만
보답이기도 하다.

목포 고아원으로, 다시 서울로

서울 봉래초등학교 다닐 때 사촌형수(채을순)님이 어떻게 알 았는지 수소문해 학교로 나를 찾아왔다. 형수님은 최씨 집안에 시집와서 기둥 역할을 한 분이다. 형수님은 나를 꼭 도련님이라 고 부르셨다. 결혼 전은 도련님, 결혼 후에는 서방님으로 부르 셨다.

나의 안식처였던 고아원에서 절도범으로 매를 맞고 추방당해 다시 거리로 나선 나는 한동안 어디로 가야 하나 고민하며 우울 한 마음으로 걸었다. 문득 사촌형崔永鶴이 생각났다. 먼저 살던 집을 찾아갔다. 엄마의 시신을 손수레에 신고 홍제동 화장터까 지 끌고 갔던 그는 착한 사촌이다. 그러나 청소년기에 든 나의 보호자가 되기에는 그 형의 형편이 매우 어려웠다.

"용학아, 너 넷째삼촌에게 가는 게 좋겠다. 내가 잘 얘기해서 아예 양자로 삼으라고 해봐야겠다."

나는 나에 대하여 어떤 판단이나 결정을 내릴 수 없는 형편이 라 듣기만 하고 따르기로 했다. 최영학 형은 그래놓고 삼촌에게 내 문제를 의논한 모양이다. 양자 의견은 취소되었다. 내가 하나뿐인 아들이며 장남이라서 양자가 될 수 없는 조건이라는 것이다. 내가 사촌형네 집에서 얼마 동안 거주하면서 들은 이야기로는, 둘째고모는 진명여고 출신인데 어렸을 때 천연두天然痘를 심하게 앓아 얼굴이 곰보인데 성격이 까탈스럽다는 것이다. 고모부는 보성전문(현 고려대학교) 출신인데 유도 8단에 유명한 서예가 각암 정재현으로 부자였지만 고모가 구두쇠라서 내 마음이 내키지 않았다. 그 아들 진태 형은 마음이 착해 상해에서 함께 온 외할머니를 업고 목포까지 모시고 간 연민과 효심이 있으며, 후에 그 외할머니가 세상을 떠나자 고아원이 있는 작은 섬으로 옮겨 장사를 모셔 드렸다.

사촌형은 제2안으로 목포를 제안하였다. 나도 머리가 좀 커졌고 어린 나이에 산전수전 겪었으니 이래라 저래라 하지 않고 의견을 묻는 것이었다. 목포와 그 앞바다 어느 조그마한 섬에 각각 고아원을 세워 운영하고 있었다. 나의 선택은 목포의 고아원이었다. 이미 고아원생활을 경험한 터여서 별로 거부감이 없었다.

완행열차를 타고 온종일 목포로 갔다.

두 고아원의 설립자이며 원장인 고모는 나를 조카로 대해주지 않았다. 조금 지내보니 나는 차라리 나를 원생으로만 대해주었으면 좋겠다는 마음이 간절해졌다. 왜냐하면 나를 머슴처럼 이 일 저 일을 계속해서 시키기 때문이다. 청소 등 잡다한 일들이 내 몫이었다. 섬에 있는 고아원에도 가서 일을 했다. 두 고아원

원생들은 내가 처음 경험한 성가보육원 고아들과 달리 환경 자체가 열악하고 의류나 음식도 비교될 만큼 현저하게 낮았다. 운영자금 조달이 좋지 않아서일 것이라고 생각하였으나 반드시 그래서만은 아니라는 생각도 들었다.

"용학아, 고생되지? 여기 있으면 어쩔 수 없단다. 그러니 차라리 서울로 가거라. 삼촌 집으로."

이 일 저 일을 머슴처럼 해도 내가 고모에게 짐이 된다는 느낌이 들었다.

'할 일 다 하면서 짐으로 여겨진다면, 그래, 가자. 여기를 떠나자.'

사춘기에 접어든 나는 거지 고아 신세지만, 내 형편 사정을 충분히 알고는 있지만, 그럼에도 알량한 자존심이 있었다.

고모는 나를 데리고 목포역으로 가서 기차표 한 장을 샀다. 그러나 그냥 돌아가지 않고 객차 안의 내 좌석까지 데리고 갔다. 별 말도 없이 고모는 내 옆에 앉아 있다가 기차가 떠나려 하자 그때서야 하차하는 것이었다. 내가 서울로 떠나는 것을 끝까지 확인한 모양이다.

어디론가 가야 하겠기에 넷째삼촌네로 갔다. 중구 쌍림동 허술한 창고 같은 집이다. 먼저 살던 집에 불이 나서 전소되어 옮긴 것이다. 허술한 사면 벽만 있고, 지붕은 얇은 함석이었다. 불편하고 초라한 임시 가건물이었다.

그 무렵 나는 나의 환경을 모르는 바 아니었으나 내 나이에 공부하지 않으면 어른이 되어서도 사회로부터 소외되고 무시당하며 천박하게 살아가게 될 것이라는 막연한 생각을 갖게 되었다. 주변에 동북고등학교가 있다. 교복과 검은 교모의 학생들이 한없이 부러워졌다. 그러던 어느 날 길에서 학생 모집 포스터를 발견하였다. 동북고등학교 학생 모집이다. 눈에 확 들어왔다. 저기다. 학교에 가야 한다는 의지와 결단이 섰다. 실은 교복 입은 학생들이 부러워 교복이 입고 싶었던 것이다.

학교를 찾아갔다. 서무과 직원이 짧게 말했다.

"중학교 졸업장 가지고 와."

나는 너무 난감하였으나 사실대로 말할 수밖에 없었다. 중학교에 다니지 못했다고.

"그럼 안 된다. 여긴 고등학교야. 중학교 졸업장 없이는 입학할 수 없어. 알겠니?"

힘없이 돌아서서 잠시 망연히 서 있다가 교문을 나섰다. 운동장에서 뛰노는 학생들이 그렇게 부러울 수가 없었다. 그래서 고민 고민하다가 며칠 후 또 찾아갔다. 서무과 그 직원이 나를 알아보고 왜 왔니 했다.

"저 입학시켜주세요."

"너……, 중학교 졸업장 없이는 여긴 고등학교라 입학할 수 없어. 그냥 가라. 중학교부터 다녀. 알았지?"

냉정하게 거절당하고 나왔다. 그런데 어찌된 일인가. 포기되지 않음이. 나도 나 자신을 이해할 수 없었다. 학교는 가야 했다. 내 나이는 이미 고등학생이었다.

"야, 너 또 왔니? 너……!"

서무과 직원이 어이없다는 표정으로 나를 한참이나 빤히 쳐다
보았다.

"국민학교 졸업장이라도 가져와 봐."

나는 민망한 대답을 해야겠기에 잠시 망설이다가 겨우 말했
다.

"없는데요."

"뭐? 너 국민학교도 안 다녔니?"

"그런 건 아닌데요, 제가 졸업은 못 했습니다."

"왜? 너 부모님 계셔?"

"아버지는 제가 애기일 때 상해에서 일본 경찰에 의해 돌아가
셨구요, 어머니는 서울에 와서 일찍이 병으로 돌아가셨어요. 국
민학교는 고아원에서 보내주어 다녔는데 다른 데로 옮기느라 중
단된 것입니다. 제가 학교 다니기 싫어서 졸업을 못한 건 아닙
니다. 지금이라도 학교에 다니면 그동안 못한 공부 열심히 하려
고 이렇게 찾아오는 겁니다."

나는 거의 울먹이며 말을 맺었다. 서무과 직원은 연민 어린
눈으로 나를 잠시 바라보다가 낮지만 단호하게 말했다.

"아무튼 졸업장이 뭐 하나라도 있어야지. 미안하다. 그냥 돌
아가라."

그럼에도 나는 며칠 후 또 갔다. 직원이 나를 피하는 것 같았

다. 며칠 후 또 갔다. 그 직원은 마지못해 나에게 다가오더니 말없이 백지와 연필을 내밀었다.

"너 학교에 꼭 다녀야겠니?"

"네."

"목적이 있겠지? 공부하려는 목적. 여기에 그걸 써 봐라. 지금."

내가 그 백지에 무엇을 썼는지, 어떻게 썼는지 전혀 기억나지 않는다. 분명한 것 한 가지는 글씨를 되게 못 썼다는 것을 기억한다. 국민학교에 조금 다니다 말았으니 글 솜씨는 뻔했다.

"야? 이걸 글씨라고 썼냐?"

그 직원은 너무 어이없어 입을 다물지 못하였다.

"여긴 고등학교야. 넌 입학해도 도무지 따라가지 못해. 그러니 집에서 혼자 공부하든가, 독학 말이다. 혼자 책 보고 공부하는 것. 너 같은 경우는 독학으로 실력을 키워서 학교에 입학해야 되니까 그렇게 해."

더는 학교에 갈 수 없게 된 것이다. 그러나 나도 나를 이해할 수 없는 한 가지 현상, 동북고등학교가 포기되지 않는 그것이니 어쩌나. 그래서 얼마 후 다시 그 서무과 직원을 찾아갔다. 그는 너무나 어처구니가 없었는지 아예 입을 열지 않고 앞에 앉아 있는 나를 한참 동안이나 빤히 바라보았다. 다시는 오지 말라고 단호하게 말할 것은 뻔했다. 이제는 네가 아무리 찾아와도 절대로 만나주지 않겠다고 말할 것이다. 나는 묵묵히 앉아 있었다.

그의 얼굴을 보는 것도 어려워 아예 내 발등만 바라보았다.

"너, 등록금 가지고 와."

나는 어리둥절했다. 입학을 허락한다는 뜻이기 때문이다. 내가 잘못 들었나 했다. 그러나 서무과 직원은 더는 할 말 없다는 듯 자리에서 일어나서 훌쩍 사무실에서 나갔다. 마치 급히 화장실에라도 가는 모습으로.

나는 고등학생이다. 삼촌이 입학금을 주었다. 교복과 교모를 썼다. 화장실 거울 앞의 나는 의젓한 고등학생이다. 내가 자랑스럽다. 고아가 아니라 서울의 동북고등학교 학생이 된 것이다. 나는 그때 이 세상이 내 소유라도 되는 듯 처음으로 마음이 뿌듯해졌다.

동북고등학교 학생인 나는 신당동 성당을 다녔다. 첫 고아원 성가보육원이 약현성당을 근거지로 천주교 신자가 세운 것이라서 원아들 모두 약현성당에 다닌 인연이 있어서다. 그 어려운 시기에 성당 미사에 참석하면 마음이 안정되어 편안했다. 신당동 성당을 다니면서 동북고등학교 윤용하 음악선생님을 만났다. 선생님은 신당동 가톨릭 합창단을 지휘하셨다. 박화목 시인이 작사한 〈보리밭〉을 가곡으로 작곡한 실력 있는 유명한 작곡가다. 윤용하 선생님은 동북고등학교 내 지하 동굴 같은 곳에서 거주하고 있었다. 합창단원들이 모여 함께 연습하는 그 시간이 나를 정서적으로 안정시키며 마음이 온유해지는 것을 느꼈다. 신앙은 또한 바른 생각으로 살아가게 한다는 믿음이 있어 참 좋았다.

삼촌이 양철지붕의 가건물에서 동북고등학교 옆으로 이사하였다. 드디어 집 같은 집이라 좋았다. 셋집이다. 마당에 우물이 있는데, 동북고등학교 축대 옆이다. 그러니까 학교와 가장 가깝게 사는 학생이 되었다.

보리밭 작곡자 윤용하 선생님

하루는 우리 집 마당에 있는 우물에 동네 아주머니가 물통 두 개를 들고 물을 길러 왔다. 그 부인이 그 두 개의 물통을 채워서 들고 가는 건 불가능해 보였다. 그렇다고 하나씩 운반하면 시간이 많이 걸리고, 그 하나 운반도 쉽지는 않겠다는 생각이 들었다.

가득 담은 물통 하나를 들고 몇 자국 놓고 와서는 또 다른 물통을 옮기곤 하는데 가냘프게 보이는 아주머니가 힘들어 보였다.

"제가 도와드리겠습니다."

반응이 어땠는지 기억나지 않지만 나는 물통 두 개를 양손에 들고 부인을 따라갔다. '어? 부인이 학교로 들어간다?' 의아한 생각을 하며 따라갔다. 학교는 절터가 있던 건물인데 그 아래 방공호 같은 굴로 내려가는 것이었다. 지하에는 방공호가 있고 그 옆으로 적당히 칸막이를 한 허름한 방이 있었다. 거기가 부인의 집이었다.

그 부인이 윤용하 선생님의 부인이었다. 3년의 전쟁이 휴전으로 끝난 후의 서울 생활은 폭격 등으로 파괴된 가옥이 많아 주거 문제가 매우 심각하였다. 반듯하게 제대로 된 집이 부족하여 아주 싼 값의 셋방살이가 많았다. 지금처럼 전세보증금 같은 것 없이 약간의 월세를 내거나, 임시 거처로 문간방 하나 공짜로 얻어 사는 사람들도 있었다.

학교 당국이 기거를 제공한 것이다. 그 후에도 물통을 가끔 들어다 드렸으나 집에서 윤용하 선생님을 한 번도 만난 적이 없다.

하루는 길을 가는데 대폿집(막걸리 집) 앞에서 그 주인이 나를 불렀다. 들어가 보니 윤용하 선생님이 김치 안주 하나에 노란 주전자에 막걸리를 들고 계셨다. 앉으라고 하여 앉았다. 교복 차림의 학생이 술집에 들어가는 것은 어려운 일이다. 당시 담배 피우고 술 마시는 학생들이 꽤 있었지만 그들은 불량 학생들이다. 나는 그렇지 않았다. 선생님은 아무 말이 없었다. 술 마시면서 선생님이 왜 나를 부르셨는지 모르지만 제자에 대한 우정의 표현을 그런 식으로 하셨던 것 같다.

명동성당에서 노래 부르다

합창단에 목소리 좋은 고등학교 같은 반 짝꿍 조명웅趙明雄이 있었는데 그 친구와는 참 좋은 인연이었다.

그 친구는 공부도 잘했다. 한번은 명동성당에서 윤용하 선생님 44주기 기념 음악회(피아니스트 노영심 사회) 때 나와 함께 윤용하 작곡 광복절 노래 〈흙 다시 만져보자 바닷물도 춤을 춘다)를 듀엣으로 불렀다. 수천 명이 모인 성당에서 제대를 등지고 청중을 바라보고 서서 노래 불러보기는 처음이다. 제대 쪽에는 합창단원들과 그 옆에는 악단이 앉아 있었다. 조명웅 친구는 고등학교 때 같은 기율부원이었고 지금은 우리 집 신갈에서 가까운 보정동에 살고 있다. 마을음악 경연대회에서 노래(테너)를 잘 해 큰 상을 받기도 했다.

노래를 부른 후 여러 사람이 격려해 주고 신문기자가 인터뷰도 했다. 어떤 여인의 요청으로 사진도 함께 찍었는데 나중에 알고 보니 황인자 국회의원이었다.

5.

당당한 학생으로

깡패 집단 마라푼다 클럽과 어울리다

학교는 야간부에 다니면서 낮에는 중부경찰서의 사환을 하며 약간의 돈을 벌었다. 경찰서에서 일하다 보니 경찰관 무술교육 시간에 뒤쪽에서 구경하다가 유도 연습을 따라 하는 정도의 소극적인 운동을 하였다.

어느 날 경찰관 아저씨와 장난삼아 대결을 하였다. 그런데 막상 대결에 들어가니 장난이 아니다. 온몸에 힘이 들어가고 경직되면서 힘 대결로 변질되는 것이었다. 대결은 장난이 아니라 실전이다. 유단자인 상대자가 힘을 주어 나를 쓰러뜨리려 하니 나도 그렇게 힘을 주어 도전하게 되었다. 결과는 놀랍게도 나의 승리였다. 내가 경찰 유단자를 쓰러뜨린 것이다.

고아원 시절에는 원장님한테서 권투를 조금 배운 적이 있었다. 그때도 내 펀치가 나이에 비해 강하다는 소리를 들었었다. 나보다 큰 아이도 내 펀치를 맞고 나가떨어진 적도 있다. 달리 체력을 위해 운동을 하지 않았고 그럴 여유도 내겐 허락되지 않았다. 그런 나에게 심각한 위기가 왔다.

주일 저녁 성당에 가는 길이었다. 골목길 저만치에 네댓 명의 고등학생들이 둘러서 있었다. 지나가다 보니 그 가운데 고등학생 하나가 주눅 든 모습으로 쪼그려 앉아 있었다. 동북고등학교 2학년 선배였다. 나이가 나와 같아서 선후배와 무관하게 터놓고 지내는 사이였다.

"용철아, 너 왜 그러고 있어? 일어나 가자."

"어, 이 새끼 봐라."

깡패들이다. 마침 전봇대의 외등 하나가 켜졌다. 나는 외등 밑에 서서 담대하게 말했다.

"너희들 뭐야? 깡패야? 한 놈씩 덤벼."

너무도 당당한 나에게 그들은 주눅이 들었는지 슬그머니 물러섰다. 그러나 다음 순간 겁 없이 나섰던 나에게 내가 놀랐다. 그들이 한꺼번에 덤벼들면 어찌 될까. 다행스럽게도 그날은 싸우지 않고 용철이와 함께 그 자리를 떴다.

그 며칠 후 성당에서 집으로 가는데 7,8명이 길을 다 차지하고 걸어가고 있는 그들의 뒷모습을 봤는데 그들은 나를 못 보았다. 순간 도망칠까 하다가 왜 내가 도망을 쳐 잘못한 것도 없는데, 또 도망치다가 들키면 겁쟁이로 보일 텐데, 라고 생각하면서 태연히 그들 사이로 좀 빠른 걸음으로 걸어갔다. 그들 중 일부가 며칠 전 용철이를 괴롭히던 자들이었다. 일부러 작당하고 나를 폭행하려는 복수 차원의 깡패들이다. 그러나 나는 그들을 무시하고 태연히 걸었다.

"저 새끼다. 잡아!"

뒤쪽에 신경이 곤두섰다. 도망? 그러나 아무 잘못 없는 내가 도망칠 이유가 없다는 생각이 들었다. 그래서 당당한 발걸음으로 나를 좌우편과 뒤에서 바짝 따라붙는 그들을 무시하고 모른 체 걸었다.

저 앞쪽에서 오던 한 놈이 앞을 막아서며 "너 왜 우리 애들 방해했지?" 하고 시비조로 나왔다. 대동상고 학생도, 경복고등학교, 이름 모를 교복을 입은 학생도 있고 양정고등학교 2학년도 있었다. 그 당시에는 고등학생 깡패가 많았다. 존댓말로 응대하다 반말로 상대하기에 나도 반말로 대꾸하였다.

"그럼 너는 네 친구가 길바닥에 쪼그리고 앉아 깡패들한테 협박당하는 걸 봐도 그냥 못 본 체 지나치냐? 그렇다면 참 비겁한 거다."

그들은 이미 나를 빙 둘러쌌다. 주먹이 날아왔다. 앞에서 옆에서 뒤에서 동시다발 공격이 시작되었다. 나도 몇 놈 때렸지만 혼자서 그 많은 상대를 방어하며 공격하는 데는 한계가 있다. 어른들이 지나다녔으나 그 누구도 개입하지 않는 방관자들이었다. 한 놈이 장돌(벽돌)을 집어 나에게 던졌다. 귓가를 스쳐갔다. 정말 간신히 피했다. 화가 머리끝까지 났다.

"비겁하게! 야, 너희들 몇 놈인데 치사하게 돌까지? 1대 1로 덤벼 새끼들아. 당당하게 싸우자!"

피하지도 굴하지도 않고 오히려 당당해지는 내게 그들이 조금 꺾이는 듯하였다. 나는 더 크게 비겁하다 1:1이다, 라고 소리쳤다. 그러자 내 앞을 막아섰던 그 자가 동료들을 손으로 제지하면서 나에게 말했다.

"그만하고. 우리 인사하고 지내자."

나는 그 제안을 믿지 않았다. 나를 안심시켜놓고 기습공격을 하려는 계략으로 생각하였다. 그래서 만약을 위해 주택 벽을 등지고 독기를 품고 대비하였다.

"화해하자. 친구로 지내자."

사나이로서 약속한다. 그가 손바닥을 펴서 내밀었다. 진심 같았다. 모두들 공격 자세를 풀었다. 그리하여 우리는 악수로 화해하고 친구가 되었다. 그들이 마라푼다 클럽이었다. 당시 고등학교 재학생, 중퇴 학생들이 주축인 깡패집단인데, 길 가는 학생들 상대로 협박하고 구타하며 돈을 갈취하고, 모이면 담배 피우고, 술 마시고, 패싸움도 많이 해서 그들 또래에서는 겁나는 존재로 유명하였다. 마라푼다는 아프리카의 식인 개미떼를 말하는데, 붉은 그 개미떼는 사람이고 짐승이고 닥치는 대로 뼈만 남기고 먹어치운다고 한다. 미국 영화 마라푼다가 국내에서 상영된 후 깡패집단의 명칭으로 사용되었는데, 마라푼다라고 하면 모두 두려워하는 깡패집단이었다.

그들은 주로 장충단공원에 모였다. 거기엔 수평대 등 운동기구들도 있어 놀기에 괜찮았다. 그들의 초대를 받아 갔더니 여러 학생들을 소개해 주었다. 이미 그들에게 나는 독종으로 알려져 있었다. 마라푼다로서는 내가 딱이었던 모양이다. 모여드는 아이들에게 나를 소개했다. 우리는 일일이 악수로 인사하였다.

드디어 대장이 나타났다. 연세대학 학생인 그는 당시 유명한 유현목 영화감독의 아들이다. 왕초의 별명은 똥개로, 내가 의도하지 않은 유명한 깡패집단 마라푼다 클럽의 일원이 된 것은 좋은 일이기도 하였다. 나의 친구들이 깡패들을 만나면 '나 마라푼다 최용학 친구'라는 한 마디면 누구도 건드리지 않아서 좋았다.

그러나 한편에서는 얌전하고 괜찮은 좋은 학생으로 알았는데 깡패들과 어울리는 불량배가 되었다고 하였다.

지인을 통해 서울언론인클럽 강승훈姜勝勳 회장을 알게 되었다. 강회장은 나보다 3살 위인데 조선일보 공채 실력 있는 언론인이다. 한양대학 설립 당시 큰 힘이 되어 준 김연준 총장과는 각별한 사이다. 그 인연으로 지금도 서울 덕수궁 옆에 있는 대한일보사 빌딩 9층에 있는 사무실을 쓰고 있다. 신문사는 없어졌으나 건물은 그대로 있다. 그 건물 1층 현관에 대한일보의 역사를 소개한 조감도가 있는데 강회장의 작품이다.

강회장은 태권도 고단자인데 이천 깡패 출신과 붙어 쓰러뜨렸다는 일화를 들려주었다. 그런 그가 우연히 마라푼다 조직과 인연이 되었고 왕초 똥개와 인사했다는 소리를 듣고 무릎을 치면서 "똥개, 똥개" 하면서 지금 살아 있다는 것이다. 제주에 있는데 투병중이란다. 강씨 문중에 수원 남창도장을 운영하는 강신철姜信喆 사범이 있는데 강사범은 대한민국 태권도 최고수이며 이란에 태권도를 전수하여 이란 올림픽 금메달을 따는 데 공헌을 하여 이란에서는 대단한 영웅대접을 하고 있다.

규율부장의 정의定義

고등학교 학생 규율부장은 동급생을 제외한 모든 하급생들이 심히 두려워하는 사실상의 학생 대장이었다. 우리 학교 교실은 마룻바닥이었다. 신발을 신은 채 들어가면 혼쭐이 났다. 기압도 주고 구타도 했다. 등교 시 복장 상태 불량으로 지적받으면 기압을 받았다. 규율부장의 관리 감독하에 폭력적으로 이루어지는 일상이었다. 그러므로 규율부장 완장을 찼다는 그 하나만으로도 그는 권력자였다.

어느 날 우리 반 학생이 신발을 신은 채 교실에 들어갔다가 규율부장에게 걸렸다. 그들은 즉시 복도로 불려나와 기압을 받고 구타도 당하였다. 그런데 내가 목격한 사실로는 3학년 학생들은 신발을 신고 교실을 들락거려도 묵인하는 것이었다. 그래서 나는 곧 그 무서운 선배 규율부장에게 가서 항의하였다.

"형, 공평해야죠. 3학년은 신발 신고 교실에 들어가도 괜찮고 하급생은 안 됩니까?"

"이 새끼가 건방지게, 이 새끼 나 따라와."

나를 빈 교실로 데리고 갔다.

"야 이 새끼야. 왜 교실에 신발 신고 들어가? 그거 규칙위반 맞아 안 맞아?"

"위반이죠."

"그러니까 내가 못 본 체할 수 없지. 그래 안 그래?"

"그래요."

"그런데 왜 나서? 너 아주 건방지구나."

내 뺨을 힘껏 때렸다. 나도 반사적으로 그의 뺨을 주먹으로 갈겼다. 난리가 났다. 교실 밖에서 긴장하여 구경하던 2학년 우리 반 아이들이 놀라며 겁을 먹었다. 규율부장과 상급생들이 교실로 몰려들어와 우리 반 아이들은 교실 밖에서 발을 동동 굴렀다. 규율부장 역시 워낙 의외의 반응에 놀랐는지, 더구나 2학년들의 목격으로 창피해서인지 잠시 주춤하고 있었다. 마침 우리 반 담임 선생님이 나타났다. 즉시 교무실로 불려갔다.

"야, 최용학, 너 임마 상급생, 더구나 규율부장 뺨을 때려?"

나는 무척 화가 나 있었으므로 반항하듯 큰 소리로 말했다.

"선생님, 전 잘못 없습니다. 선생님 아니면 그 새끼 죽여버리려 했습니다. 규율부장이 불공평하게 애들을 때리고 기압을 주니까……."

"최용학, 너 교감 선생님이 계신데 큰 소리야?"

"그건 제가 잘못했습니다."

"잘못했으니 맞아야지. 종아리 걷어."

무척 화난 듯 큰 소리였다. 나는 지체 없이 종아리를 걷었다.

그러나 선생님은 몇 번 때리는 시늉만 하였으므로 아프지 않았다. 벌은 그것으로 끝났다.

놀랄만한 사건이었다. 소문은 순식간에 교내에 번졌다. 뒤숭숭한 분위기였다. 최용학이가 학생들 보는 앞에서 규율부장 뺨을 주먹으로 때린 사건은 그야말로 충격적인 사건이었다.

"규율부장이 보재. 저 뒤쪽으로 오래."

내게 말을 전하는 학생이 잔뜩 겁먹은 얼굴이다. 정말 큰 사건이 터질 예감으로 뒤숭숭한 분위기였다. 나는 움츠러들지 않고 건물 뒤편으로 갔다. 규율부장은 뜻밖에도 싸울 표정이나 자세가 아니었다. 그래도 나는 잔뜩 긴장하고 있었다. 한 판 붙을 각오였다.

"최용학, 내가 사과한다. 네 말이 옳았다. 내가 잘못한 거다."

아이들에게 소문으로 들은 마라푼다를 의식해서이거나, 나의 전례가 없는 즉각 반응에 겁을 먹었거나, 아마 그럴 것이다.

사실 나야말로 겁을 먹고 있었다. 규율부장의 뺨을, 그것도 우리 반 아이들이 지켜보는 앞에서 때린 것은 문제가 될 수 있다. 규율부장도 소문난 아이지만 규율부 지도교사는 더더욱 무서운 선생님이었다. 전투경험을 한 육군 대위 출신으로 긴 칼을 들고 다니는 호랑이 선생님으로 유명하다. 잘못하는 아이들을 발견하면 즉석에서 뺨도 때리고 주먹질도 하는 그런 난폭한 선생님이다.

그 사건은 일단락되었고, 나는 덕분에 유명해졌다.

2학기가 되자 학생부장인 호랑이 선생님(별명이 여우보지다. 입이 그렇게 생겼단다.)이 나를 불렀다.

조그만 창고 같은 공간으로 데리고 들어가서(특별지도할 때 쓰는 선생님만의 공간이 있었던 것 같다) 문을 닫았다.

"최용학, 너 규율부장 해라."

거두절미하고 단도직입적이다.

"네에? 전······."

"야 임마, 내가 하라면 해. 너도 우리 학교엔 깡패도 많고, 학교 앞에 술집도 있고······. 우리 학생들을 학교에서 바로잡아 줘야 한다. 사회엔 여러 규범이 있다. 학생시절에 학칙을 지키면 사회생활에서도 사회규범을 지키게 되는 거야. 학교는 지식만 가르치는 데가 아냐. 양심, 정직, 상식, 준법질서 등 인생 전반에 적용되는 한 인간으로서 바르게 살아가도록 인격을 함양하는 곳이다. 넌 정의감이 있고 지도력도 있어. 넌 잘할 거다."

처음 들은 칭찬이다. 인정받으니 기뻤다.

규율부장 최용학.

왼쪽 팔에 붉은 줄이 있는 규율부장 완장을 차고 등교시간에 정문에 섰다. 지금까지는 등교 시 복장상태나 규정 위반의 긴 머리 내지 지각생들에게 교문 안에서 즉석 벌을 주는 게 전통이었다. 규율부장이 그 상태에 따라 때리기도 하고 토끼뜀이나 엎드려 있게 하는 벌을 주었다.

그러나 나는 일체의 체벌을 없앴다. 말로 단단히 주의를 주고

규칙을 잘 지키겠다는 약속을 받았다. 만약 나와의 약속을 이행하지 않는다면 단단히 혼내겠다고 다짐하였다. 나와의 그런 약속은 제대로 지켜졌다.

복장불량 등 학생답지 못한 위반행위가 현저히 감소하더니 곧 단속대상이 없어졌을 정도였다. 전쟁 직후의 야간고등학교 학생들이 주간 학생들보다 대체적으로 환경이 열악하였다. 변변치 않은 직장에 다니는 학생도 있고, 얼음통을 어깨에 메고 거리를 누비면서 아이스케이크 행상을 하거나, 구두닦이를 하는 그런 학생들도 있었다. 그런데도 야간 학생들이 학교 규정을 잘 지키는 것이었다. 현장체벌 없앤 것만으로도 분위기가 달라졌다. 마음이 뿌듯하였다.

나는 등교시간 전이나 하교 후에도 학교 앞 중국집 등 주변의 학생들이 많이 출입하는 업소들을 순찰하였다. 우리 학생들이 그런 곳에서 약간의 음식을 먹고 담배도 피우고 술도 마시는 행태를 익히 알고 있었기 때문이다. 나는 교내에서만 규율부장이 아니라 학교 밖 주변에서의 학생 지도도 필요하다고 생각해 왔다. 교내에서는 정상이지만 일단 교문을 벗어나면 일탈하는 경우가 허다하다는 사실을 야간 학생인 내가 모를 리 없다. 알고도 내 책임 아니라고 외면하기 싫었다. 우리 학생이라면 안팎에서 내가 할 수 있는 최선을 다하여 생활지도를 해 나갔다. 학생부 부장선생님은 그런 지시를 하지 않았지만.

그러던 어느 날 하교시간에 중국집으로 초대하는 1학년 학생들이 있었다.

"우리 반 친구들이 선배님 모시고 짜장면 파티 한 번 하려고
합니다."

"그래? 고맙다."

일단 초대에 응하였다. 그런 일이 한 번도 없었기 때문이다.
특히 이번 신입생 중에 깡다구 세다고 소문난, 교문에서 보아도
눈에 띄는 학생이 있었다. 일단 위반사항이 없었으므로 말 한마
디 건네 본 적 없지만 내심 저 녀석이 깡패라는 건 인지하고 있
었다.

내가 들어가자 열 명쯤의 후배들이 자리에서 일어나 인사를
했다. 중앙에 그 녀석이 있었다. 내 자리는 그 녀석 정면 앞자리
였다. 깡패는 깡패를 알아보고, 싸움 잘하는 아이는 싸움 잘하
는 아이를 느낌으로 안다. 그들이 나와 눈도장을 확실하게 찍으
려는 자리다.

"형님, 드시고 싶은 것 뭐든지 시키십시오."

"선배라고 불러라."

동네에서 좀 논다는 녀석들이 모인 자리라는 사실을 대번에
파악한 나는 초장에 이 녀석들 기를 꺾기로 마음먹었다.

"형님, 여긴 학교 밖이라서요."

"누구든지 학교 안팎 어디서든 선배라고 부른다."

내가 단호하게 말하니까 모두들 '네'를 합창하였다.

짜장면도 나오고, 그 당시 학생들이 최고의 음식으로 꼽는 탕

수육도 나왔다.

  전반적으로 학생들의 형편이 탕수육을 사 먹기가 어렵던 시절이다. 그 비싼 탕수육은 우리에게 특별식이다.

  "이거 무슨 돈으로 사는 거냐? 누가 부잣집 아들이냐?"

  "형님, 아니 선배님."

  "실수로라도 형님이라 부르지 마라."

  "예, 알겠습니다, 선배님. 선배님을 모시는데 짜장면만이면 그건 너무 결례라서요."

  그때 독주 배갈이 세 병이나 술잔들과 함께 나왔다. 내가 단호히 말했다.

  "술, 안 된다. 너희들 동네나 집에서도 안 된다. 학생신분이니까 학생답게 살자. 내 말이 맞다고 너희들 다 동의할 거다. 그러면 그렇게 살아야지. 나도 마라푼다야. 그러나 애들 때리고 돈 뺏고 싸움이나 하러 다니지 않는다. 졸업할 때까지 난 학생답게 산다."

  그들 중에 두엇은 벌레 씹은 얼굴이다. 힘 좀 쓸 것 같은 불량한, 그래서 훈육선생 같은 내게 지극히 못마땅한 마음인 걸 나는 느꼈다. 그래서 술 없이 식사가 끝난 후 잘 먹었다고, 후배들에게 짜장면, 탕수육 대접 받은 건 처음이라고, 너희들 선배를 선배로 알아 줘서 고맙다고 제대로 인사를 한 후 불쑥 제안하였다. 애들을 초장에 완전 제압하는 게 좋겠다는 생각이었다.

  "우리 팔씨름하자. 한 명씩 도전해라. 어때?"

"네!"

곰처럼 큰 덩치가 하나 있었는데 그 녀석이 자신감이 넘치는 듯 냉큼 대답하였다. 저 거인은 이기기 어렵다는 생각이 들었다. 그러나 일단 시작하였다. 9:1의 팔씨름이었다. 졌다.

그러나 맹물처럼 진 것은 아니다. 그 녀석도 힘 좀 써서 겨우 나를 이겼다. 그래서 다음 도전자로 이어갔다. 결과는 8승 1패였다. 순식간에 학교에 소문이 번졌다. 한두 달 지났을 때는 중국집에서든 인근 어디에서든 우리 학생이 담배를 피우거나 술을 마시는 일은 생기지 않았다.

패기만만했던 학생 시절

실력 없는 대학지망생의 불가피한 선택

　고교시절은 야간으로 다니면서 낮에는 중부경찰서 사환을 하였다. 그것이 전부가 아니다. 진흙으로 만든 풍로만 생산될 때인데 대화풍로가 유명했다. 수명이 길도록 시멘트로 풍로를 만드는 공장에도 다녔다. 문제는 진흙 풍로가 아는 사람들이 시멘트제품을 사지 않는 것이었다. 직공들은 열심히 풍로를 만들지만 상품이 팔려야만 일한 대가를 지불할 수 있는 열악한 형편이어서 고생은 많았으나 돈은 벌지 못하였다.

　고등학교를 졸업하고 대학에 들어가야 하는데 초등학교도 다니는 둥 마는 둥한 데다가 중학교를 건너뛰고 떼를 쓰다시피 하여 간신히 야간고등학교를 졸업한 나는 기초학력 자체가 현저히 부족하였다. 대학진학을 위한 시험은 나로서는 여간 난감한 게 아니었다. 그래도 여기서 포기하면 과연 내가 이 험한 세상을 나 혼자의 힘으로 살아내기가 녹록치 않을 것이라 생각하니 포기할 수 없었다.

　당시에는 수능시험이 없고 개체 대학에서 출제하여 입학시험을 보았다. 그래서 이 대학에서 떨어지면 다른 대학에 응시할 수 있었다. 시험 일자도 대학마다 달라서 복수지원이 가능하였다. 나는 두 대학에 응시하였으나 예상대로 낙방하였다. 이제 한 번 더 떨어지면 시간적으로 기회가 없는 상황이었다. 나는 마지막으로 시험 볼 대학을 찾다가 한국외국어대학에 지원서를 냈다. 러시아어학과를 선택하였다.

불가피한 선택이었다. 이유는 한 가지, 공산국가들의 종주국인 러시아는 우리나라에서 관심 밖이었다. 사용할 기회가 거의 없는 언어가 러시아어였다. 그러니까 목적이 있다거나 계획이 있어서가 아니라 합격권에 들기 위한 미달학과 선택일 뿐이었다.

합격자 발표의 날, 워낙 실력이 모자라 불합격을 예상하고 학교에 확인 차 갔다. 이번에 불합격이면 올해는 진학 기회가 없다는 사실 때문에 마음속으로 기도하며 갔다. 간혹 합격자 미달로 추가모집하는 대학이 있을 수 있겠으나 나로서는 내 실력을 잘 아는 터여서 자신이 없었다.

대학 게시판에 합격자 명단이 붙어 있었다. 합격한 학생들이 방방 뛰며 춤추듯 좋아했다. 나는 긴장하며 응시자들 뒤편에서 어깨너머로 내 이름 석 자를 찾아보았다.

내 이름은 합격자 명단에 없었다.

한숨을 토했다. 그러고는 그 자리에 잠시 멍하니 서 있는데 어떤 응시자가 친구에게 '너 예비합격자다. 희망 있다.' 하는 것이었다. 예비합격자? 다음 순간 앞쪽으로 나가서 게시판을 다시 보았다. 합격자 명단 외에 예비합격자 명단이 붙어 있었다. 나는 그 명단에서 내 이름 석 자, 최용학을 발견하였다. 일단 가능성을 배제할 수 없다는 사실에 희망이 솟았다. 합격자 중에서 미등록자가 생길 경우의 보충대기자다. 그런데도 나는 춤을 추고 싶을 만큼 기뻤다. 내 실력으로 예비합격자 명단에 오른 게 어딘가!

1958년 러시아가 세계 최초로 로켓(스프트니크 1호)을 쏘아 올려 세계가 발칵 뒤집혔다. 특히 미국에 비상이 걸렸다. 이런 시기에 러시아어과에 입학했으니 내 속 모르는 사람들은 선견지명이 있다고 했다. 그 후 한국과 러시아가 수교를 맺게 되자 러시아어 전공학과 입학이 힘들어졌다. 커트라인이 높아진 것이다.

드디어 나는, 정규교육을 받지 못한 나는 한국외국어대학 러시아어과에 합격하였다는 통지서를 받았다. 대학생이 되었다. 기쁜 마음의 한편에는 천근의 무게가 짓눌러 왔다. 이제부터 학비도 많이 들고, 성인이 된 나로서는 지금껏 신세진 삼촌에게 더 큰 부담을 안기지 않고 어떻게든 자립해야 되었기 때문이다. 좋아만 할 때가 아니라서 나는 서둘러 이리저리 일자리를 찾아보았다. 열심히 모집 광고를 찾아보았고, 이력서를 들고 찾아갔다.

학우들 사이에 오가는 정보도 활용하는 등 취업하기 위해 맹렬히 서둘렀다. 중앙정보부에도, 외무부에도, 육군 군속 모집에도 이력서를 내고 시험을 치렀다. 모두 낙방이었다. 하루하루 날짜 가는 게 마음을 조여 왔다. 온갖 노력이 허사로 돌아간 후 마지막으로 찾아간 곳이 5촌 아저씨가 되는 최거덕 목사였다.

해방 직후 서울 한복판 정동에 덕수교회를 개척한 5촌 아저씨는 선친의 이름을 말하자 나를 보는 시선이 달라졌다.

"네가, 그러니까 상해임시정부에서 활동 중 비명에 간 최태현 지사의 유일한 아들이란 말이지? 네 아버지는 정말 대단한 분이셨다. 조선왕조의 마지막 특무대 장교로 힘도 세고 애국심도 대단한 분이셨다. 서슬 퍼런 칼 찬 일본군 장교를 거리에서 때려눕힌 분이지. 그건 아주 유명한 얘기란다. 그래, 넌 그동안 어떻게 지냈니? 귀국 후 네 어머니가 돌아가셨다는 이야기도 나중에 들었단다. 너 고생이 많았겠구나."

최은숙(사촌 여동생)
삼촌의 신세를 지면서 만났던 여동생(MBC가요제입선 음악가)인하대학교 사범대학 부속초등학교 재학 시절 사진

최거덕 목사님, 그 아저씨는 그분이 들은 이런저런 소식들을 들려주었다.

"네 할아버지가 큰 부자셨는데……."

나는 그동안 미군부대와 고아원을 거쳐 야간고등학교를 졸업하고 대학생이 된 과정을 간략하게 설명한 다음 본론으로 들어갔다.

"그동안 최창득 삼촌께 신세 지면서 고등학교를 졸업했습니다. 그 삼촌도 넉넉지 못하시고 저도 대학생이니 저 스스로 저를 책임져야 된다는 생각입니다. 대학 졸업 후 열 군데쯤 이력서를 넣었는데 안 되었습니다. 아저씨가 도와주시면 감사하겠습니다."

아저씨가 대안을 내놓았다.

"학교에서 일하겠니? 바로 이 근처다."

아저씨가 이사장인 피어선 학교다. 전수학교와 중학교 과정인 고등공민학교와 바이블스쿨이 함께 있는, 1912년 왜정 치하에서 미국 선교사 피어선(Auther T. Pierson)이 세운 학교다. 현재의 평택대학교 전신이다. 고등공민학교는 1948년에 설립된 중학과정이다. 지금은 중학교의 보편화와 의무화로 거의 존재하지 않는다.

1966년 9월 6일 종로구 신문로에 있는 피어선 학교에서 아저씨의 안내로 조기홍 덕수교회 전도사(당시 학교 교장서리를 했다.)를 만나 며칠 후 취직하게 되었다.

　지금에 이르러 시간 순에 의한 이야기 전개의 구성상 역행이
지만, 나는 평택대학교에서 나의 일생을 보내고, 동 대학 교육
대학원장으로 정년퇴직하였다. 피어선 고등공민학교 영어 강사
에서 평택대학까지, 생각하면 감개무량하며, 나를 인도하시며
도우신 하느님의 사려 깊으신 손길이 느껴진다.

　최거덕 목사님을 의식해서라도, 나의 인생을 위해서라도, 나
는 내 일에 최선을 다하였다. 학교를 월급 주는 일터로 생각하
지 않고 이 학교가 곧 나의 인생이다, 내가 주인이라는 의식이
있었다. 학교가 내 집이었다. 잠 잘 곳도 없었던 시절, 쫄쫄 굶
어 허기져 살던 시절을 생각하면 학교는 내게 낙원이었다.

　세월이 흐르면서 나는 학교 업무에도 밝아졌고, 내 일처럼 근
무한 결과가 나타나기 시작하였다. 고등공민학교와 전수학교,
두 학교의 서무과 일을 총괄하는 서무과장으로 승진하였다.

6.
평택대학교와 나

땅속의 노다지

어느 날 오후, 김용한 체육선생이 남학생 몇을 데리고 운동
장 한편 구석에서 땅 파는 작업을 하였다. 쓰레기를 묻기 위해
서였다. 달리 쓰레기를 처분할 수 없는 환경이었다.

그 땅속에서 노다지가 나왔다. 온갖 식기류가 그것이다. 모두
은銀 제품이었다. 신선로, 쟁반, 접시, 밥그릇, 국그릇, 수저 등
등 모두 은제품이다. 손수레로 3-4대 정도의 많은 분량이다. 그
릇들과 함께 일어판 신문이 나왔다. 패망한 일본인들이 서둘러
귀국길에 오르기 전에 처치 곤란한 그 많은 은제품을 땅에 묻은
것이다. 신문의 날짜가 그렇게 증언하였다.

학교는 이 물건을 어떻게 처리해야 좋을지 논의하였으나 서무
과장인 나는 습득물 처리의 법규대로 해야 된다고 주장하였다.
법은 습득물을 경찰에 신고하도록 되어 있다. 경찰은 1년간 보
관할 의무가 있으며, 그동안 주인이 나타나지 않으면 습득자의
소유가 된다.

법대로 하였다. 경찰은 우리가 입회한 가운데 은제품을 저울
에 달았고, 학교 앞으로 무게를 명시한 보관증을 발급해주었다.

도망가다시피 귀국한 일본인이 그 물건 찾으러 한국에 온다는 것은 그 시대의 사회상이나 국민정서상 거의 불가능하였다. 그것은 예상대로 되었다. 1년 만에 그 많은 은제품을 학교가 돌려받았다. 그러나 풀어보니 기막히게도 돌멩이와 쇳덩이도 자루 안에 들어 있었다. 은제품과 바꿔치기한 것이다. 그러나 항의하지 않았다.

"최 과장, 이 물건을 어떻게 처리하는 게 최선일까?"

최거덕 목사님이 책임자 신분으로 내게 물었다.

"제 생각은, 직원 전부, 미화원이나 사환도 포함하여 고르게 분배하는 게 좋다고 생각합니다."

"그거 괜찮은 생각이야."

"제 생각으로는 1년 전, 즉 이 물품이 발견될 당시까지 근무하고 퇴직한 직원들에게도 똑같이 나눠주면 좋겠습니다."

내 의견대로 집행되었다. 해당자는 그 당시 연락이 안 될 경우 서무과 창고에 보관해 두었다가 챙겨주었다. 그들은 퇴직자인데도 학교가 잊지 않고 의외의 선물을 보내준 데 대해 두고두고 고맙다는 인사를 보내왔다.

학사 최용학, 그러나 멈추지 말라

대학을 무사히 졸업한 것이 참으로 감격적이었다. 살아 있는 동안은 끝없이 앞으로 발전해 나가야 되는 게 인생인 듯하였다.

대학원에 진학하라는 권유를 받고 결단하였다. 학교의 행정직에 만족하여 인생을 정지시킬 게 아니라 고생고생하며 살아온 날들보다 살아가야 할 날들이 훨씬 많다는 사실을 생각하니 힘들더라도 공부를 계속해야겠다고 결단하였다. 연세대학교 교육대학원에 턱걸이로 합격하였다. 선택한 전공은 도덕 및 종교 교육이었다.

2년의 석사과정은 그다지 힘들지 않았다. 그러나 막판에 태산이 가로막았다. 석사논문이 그것이다. 논문 때문에 끙끙 중병을 앓아도 하지 않으면 안 되는, 쓰지 않으면 안 되는 논문이야말로 자신감이 없어 난감하였다. 그렇다고 포기할 수는 없었다.

논문지도교수가 확정되었다. 미국 명문 버클리 대학에서 박사학위를 받고 귀국한 지 얼마 안 되는 박영식 교수였다.

〈고교생 성 도덕관관 남녀학생 비교연구〉

논문 주제를 정하였다. 그때는 내가 국민윤리를 가르치고 있어서 가장 무난하리라 생각하였다.

"교육현장에 있는 윤리교사니까 필요한 연구이기도 하고. 그런데 통계를 낼 줄 알아야 하는데……."

"통계요? 저는 인문학 계열이라서 숫자로 하는 건 좀 어렵습니다."

"이 연구에는 통계자료와 통계가 중요한데……."

지도교수는 연세대 사회학과의 김홍숙 조교를 소개해 주었다. 내가 할 수 없는 것을 할 수 있는 조력자였다. 그리하여 본격적으로 자료를 수집하고 나는 학생, 서울시내 남녀 고등학교 몇 군데의 협조를 받아 설문조사를 하였다. 청소년 성과 관련된 내용이라서 '체험한 그대로 설문에 응해 달라'고 요청하였다. 물론 무기명이고 논문 자료 외에 절대 사용하지 않고 폐기한다는 약속을 하였다.

어느 정도 자료가 모아지자 정리할 일이 남았다. 문제는 함께 작업할 공간이 마땅치 않았다. 궁리 끝에 여관방에라도 가자고 하였다. 그렇게 시작된 자료정리와 통계작성 공간은 몇 차례 여관방에서 할 수밖에 없었다. 서로가 조금은 불편하였다. 남자와 여자가 청소년 성문제 연구로 여관방에서 작업한다는 것은 꺼림칙하였으나, 김홍숙 조교가 협력적이어서 다행이었다.

논문작업은 쉽지 않은 과정이었다. 그러나 기간 내에 석사논문은 완성되었고, 다행히도 단번에 통과되었다. 그리하여 석사학위와 2급 교사자격증을 획득하였다. 학과목은 국민윤리였다.

박사학위를 위해 마닐라로

40대로 접어들며 내게 변화가 왔다. 종로구 신문로의 피어선 고등공민학교와 전수학교의 부지를 팔고 평택으로 이전하게 되었다. 오늘의 평택대학교의 탄생이다. 2천여 평의 학교부지 중 절반을 매각하여 평택의 부지 매입과 새 교사 신축비용에 쓰고, 1,000평은 신문로의 학교 터 위에 빌딩과 상가 등 건물을 신축하여 학교의 재정수입원으로 삼게 되었다. 학교법인 재단을 설립한 것이다.

법인재단은 빌딩신축과 아케이드를 건축하였는데 그 안에 양편으로 상가가 들어서게 설계하여 분양하였다. 교직원 몇이 아케이드 상가를 분양받았다. 나도 상가 하나를 분양받아 선물가게 〈캔디〉를 아내 정원정에게 운영하도록 하였다.

평택에서 4년제 정규대학으로 바뀌면 석사 신분으로는 교수로서 부족하였다. 박사가 되어야만 한다. 이제부터 또 박사공부를 해야 된다고 생각하니 하늘이 노랗게 보였다. 이미 중년인데 이제부터 또 박사공부라니.

일단 시도하였다. S대 박사과정에 도전하였다. 그러나 점수

미달로 번번이 낙방이었다. 그렇게 여러 번 대학원에 출입하다
보니 교학과의 담당 직원과 아는 체하는 사이가 되었다. 40대를
바라보는 나이에 박사학위 받겠다고 포기를 모르고 애쓰는 모습
에 약간의 연민을 느꼈던 모양이다. 마침 교학과 직원들끼리 이
야기하는 가운데 흘려들은 그 직원의 아들이 곧 돌이라는 정보
를 귀담았다가 돌 반지 하나를 선물하였다. 번번이 낙방한 이유
를 정확히 알아내기 위한 것이다.

"영어가 문제군요. 커트라인 40점인데, 조금 부족합니다. 영
어만 좀 하면 다른 문제는 없겠습니다."

출제문제가 토플 문제에서 주로 나온다는 것도 알게 되었다.

즉시 영어학원 새벽반에 등록하였다. 출근 전에 코피 터지게
영어공부를 하였다. 학교에서도 틈나는 대로 영어에 매달렸다.
그렇게 6개월을 공부하고 응시하였더니 합격하였다. 1차 필기
시험은 통과하였으나 2차 면접시험이 만만치 않다는 정보가 응
시생들 사이에 돌았다. 면접에서 떨어진 경험자의 입에서 나온
말이다. 교학과 그 직원에게 또 찾아가서 면접교수를 알려달라
고 하였다. 나로서는 공부하기에 지칠 만하였고, 심리적 마지노
선에 도달해 있었다. 이젠 몸부림이라도 쳐야만 하였다.

"박영식(연세대 나의 석사학위 논문 지도교수) 교수님에게 문
의해보시지요. 우리 학교 교수 중에서는 박 교수님이 하시고 외
부 인터뷰 교수님들에 대해서는 저도 알지 못합니다."

가자. 해 보자. 부딪쳐 보자. 더 이상 물러설 수 없는 한계를

느낀 나는 이것저것 가리지 않고 내가 할 수 있는 모든 노력을 다하는 게 최선이었다. 지성이면 감천이라 하지 않는가.

성과는 얻었다. 박영식 교수님이 두 분의 인터뷰 교수를 알려 주었다. 한 분은 서울대 교수였다. 학교 연구실로 찾아갔다. 3인의 인터뷰 교수를 모두 찾아가서 인사하였다. 내 형편과 나이와 한계를, 필기시험 4회 낙방에도 포기할 수 없는 사연을 말씀드렸다. 3인의 교수 모두 그 표정이나 의례적 말투에서 나는 긍정적 반응을 알아챘다. 이제 드디어 박사학위가 보이는구나! 기대감이 컸다.

드디어 운명의 면접 날이 왔다. 그런데 낯선 의외의 여교수가 거기 있는 것이었다. 3인인데 왜 4인인가. 불안하였다. 내색하지 않고 4인의 인터뷰 교수 앞에 앉았다.

돌반지 주었던 대학원 직원에게 물어 보니 여교수가 교육철학 교수인데 어제 뉴욕에서 귀국한, 예정에 없던 심사위원이란다. 3인의 교수는 한 번 방문 인사를 한 사이여서 낯이 익어 편안하였다. 그런데 낯선 여교수가 전혀 예상 못한 질문을 던지는 것이었다.

"러시아어 전공하셨군요. 그런데 왜 박사과정 전공을 바꾸셨나요?"

얼른 대답이 나오지 않았다. 순간 당황해지면서 어물거렸다. 명쾌한 답이 떠오르지 않았다. 낭패감이 내 마음을 사로잡고 있었다.

맥이 빠졌다. 또 실패다. 내 주제에 박사학위를 바라보는 게 과분하다는, 일말의 자괴감이 들어 실의에 빠졌다. 석사학위를 위해서도 얼마나 고생하였으며, 박사학위를 위해서도 그 많은 필사적 노력을 기울였는데 물거품이 되다니.

이종태 교수(작고)가 마닐라에 유학하시면 어떻겠냐고 물었다. 이종태 박사(필리핀에서 박사학위 취득, 경복대학에서 평택대학으로 온 교수)가 필리핀의 명문대학이라며 안내해 주었다. 데라살 아라네타(GAUF) 대학이다.

"한국에 있으면서 어떻게 마닐라 대학에서 공부합니까?"

"찾아보면 방법이 있습니다. 우리와 학기가 좀 다르니까 방학 기간을 활용하고, 학기말 시험 등은 날짜를 조금만 앞당겨서 성적처리까지 미리 하면 시간을 벌고, 안식년(연구년)도 활용하고……. 하려는 의지만 있으면 큰 무리 없이 가능합니다."

많은 정보를 주었다. 듣고 보니 고생은 되겠지만 불가능하지 않다는 판단이 섰다. 가자, 마닐라에 가서 박사학위를 받아 오자.

그러나 결단만으로 되는 것은 아니었다. 장애는 내가 가는 모든 길목에서 나를 기다렸다.

김보관 박사(사단법인 행정관리협회 회장)의 자상한 안내를 받게 되었다. 김박사는 나이로는 한참 아래지만 박사 취득은 몇 년 선배가 된다. 두뇌가 아주 명석한 인재이다.

일단 입학서류를 보냈다. 그랬더니 건강진단서를 요청하였다.

대학병원 등 종합병원이 발행한 진단서여야 된다는 단서가 붙었다. 원하는 대로 대학병원에 가서 종합진단을 받았다. 혈압이 높다는 것 한 가지가 문제였다. 전혀 예상 못한 진단이었다.

혈압은 단번에 낮출 수 없다. 의사의 처방에 의해 약을 복용하고, 식단을 철저하게 조절하였다. 한 학기가 그렇게 흘렀다. 다음 학기에 다시 검진을 받았는데 하등 문제가 없는 것으로 나왔다.

2단계 테스트를 받으라고 하였다. 어학테스트였다. 마닐라 대학의 인터뷰 일정을 받았다. 영어학원(정철학원 새벽반 수강 6개월을 했다.

유학을 앞두고 철저하게 시간표를 짜서 우리 대학의 수업도, 마닐라 학업수행도 원만하게 이루어지도록 최선을 다하였다.

마닐라의 첫 학기는 1991년에 시작되었다. 지금도 잊히지 않는 것은 교양필수과목의 아귈라 교수다. 별명이 드라큐라다. 그 험악한 용모에서 일단 겁을 먹을 만하였다. 첫 과제부터 모두들 이거 큰일이구나, 하고 낙심되었다.

〈농지개혁에 대한 자료조사〉

한숨을 내쉬며 나는 일단 은행으로 가서 100불을 환전했다. 마닐라는 대중교통이 불편한 도시였다. 필리핀의 대중교통 수단인 지프니에 승객이 우르르 몰려들어 탔다. 안정감이 없고 불편하다. 내 옆자리에 바짝 붙어 앉은 남자와 그 일행이 먼저 내렸다. 그러자 나를 마주보고 앉았던 선글라스 쓴 멋져 보이는 여인이 주머니를 보라고 했다. 100불을 도난당하였다. 하차하여 보니 바지를 칼로 찢고 방금 환전한 100불을 몽땅 빼갔다. 필리핀의 오락적 도박으로 유명한 닭싸움(콕핏)에서 닭의 공격용 무기로 발에 묶는 그 예리한 칼이 사용된 것이다. 바지가 찢어져 속살이 노출되어 난감하였다.

"제가 도와드릴까요?"

찢어진 바지로 다닐 수는 없어서 친절한 그녀의 도움을 받기로 하였다. 우리는 수선집을 찾기 위해 일단 택시를 탔다. 이리저리 골목길을 뒤져 허름한 수선집을 찾았다. 바지를 수선하는 동안 칸막이 안쪽에 민망하게도 팬티 차림으로 기다려야 했다. 택시비도 수선비도 그 여자가 지불하였다.

"오늘 저를 위해 쓰신 돈을 꼭 갚겠습니다. 어떻게 연락하면 됩니까?"

"안 갚아도 됩니다. 필리핀 사람의 마음으로 받으세요."

"이렇게 많이 도와주셨는데 한국사람 마음도 받으시죠. 식사라도 한 번 대접하겠습니다."

잠시 옥신각신하였다. 그러다 결국은 약속을 잡았다. 며칠 후 카페테리아에서 만났다.

계산은 음식 담는 대로 하게 되어 있었다. 그런데 그 여인은 음식을 조금, 그것도 값이 싼 것만 담았다.

"왜 음식을 그렇게 조금만 담으시나요? 많이 드세요."

"객지에서 또한 필리핀에 오시자마자 도난을 당하셨으니 비용을 아껴 쓰셔야죠."

"배려의 마음이 깊으시군요. 그렇지만 택시비와 수선비는 제가 빌린 돈이니까 받으세요."

식당에 앉아 식사 중에 봉투(페소를 빌린 것 이상 넣었다.)를 내미니 이게 뭐냐기에 빌린 돈이라고 했다. 그랬더니 '우리 국민(필리핀)의 마음'이라며 받지 않았다.

200페소 가량 썼으므로 300페소를 주었는데 극구 사양하였다. 나는 한국에서 가져간 인삼차를 선물하였다. 세계 최고의 건강장수 차라고 좀 과장된 설명을 덧붙여 주었더니. 건축 설계사인 그 여인은 그것은 받겠다고 했다.

이 사소한 에피소드는 아귈라 교수의 첫 리포트 발표시간에 우호적인 효과를 냈다. 15명 정도의 수강생 중엔 한국인 교수를 비롯, 태국, 일본, 방글라데시 등등 여러 나라 국적이었다. 나의 발표순서가 되었다.

"존경하는 아귈라 교수님, 리포트 발표에 앞서 제가 마닐라에 와서 경험한 감동적인 이야기를 먼저 나누고 싶습니다. 허락해 주시겠습니까?"

"감동적인 경험? 오, 그거 들어봅시다."

나는 준비해간 인삼 캔을 꺼내 들었다.

"이건 한국의 사탕인데, 보시다시피 인삼과 산신령이 그려져 있습니다. 이건 한국에서만 생산되는 세계적 건강장수식품입니다. 하나씩 나누어 드리고 싶습니다."

먼저 아귈라 교수에게 사탕을 주었다. 기분 좋은 표정으로 받았다. 학생들에게도 나누었다. 사탕을 입안에서 우물거리는 모두의 얼굴이 밝았다. 그래 놓고 100불을 도난당한 이야기와 나를 도운 건축 설계사 여인의 호의적인 친절을 이야기했다. 모두들 즐거운 표정으로 폭소를 터뜨리기도 했다. 그래 놓고 리포트를 발표하려니 시간이 많이 가서 간략하게 요점만 언급하였다. 그렇게 시작된 마닐라 유학 6학기의 첫 관문을 통과하고 3년간 방학 때마다 다녔다. 주거는 아타네타 빌리지에 있는 2층집을 1년 전세로 얻어 몇 사람의 다른 대학 교수들과 밥하고 세탁하는 현지 아주머니를 고용하여 함께 지냈다. 1년마다 재계약을 하였다. 그리하여 1994년 마닐라 컨벤션센터에서 거창하게 학위 수여식을 하였다. 학위 수여는 집사람도 함께 참석하여 축하해 주었다. 원광대학 설성진 교수, 고인이 된 경복대 이재구 교수, 신흥대학 이교수도 함께 받았다. 용인대학 엄주정 교수는 2학기 먼저 학위를 받았다.

'최용학 박사!'

드디어 박사가 되었다.

관리 모르는 관리처장의 관리지침 1호

나는 평택대학교에서 다른 교수들과 마찬가지로 여러 보직을 거쳤다. 도서관장, 기획처장, 사무처장 등등 모두 일이 많고 중요한 보직이었다. 무탈하게 모든 보직을 수행할 수 있었다. 그러다가 관리처장 보직을 받았다.

관리처장?

여간 난감한 게 아니었다. 많은 건물 등 시설물들과 비품과 소모품 등에 대한 책임을 떠안으니 정말 막막하였다. 내가 할 수 있는 보직이 아니라는 생각만 들었다. 그렇다고 못한다고 할 수도 없고 안 할 수도 없고 관리업무의 초보지식도 없으니 어디서 무엇부터 손을 써야 할지 막막하였다.

일단 관리처 직원들을 출근시간 30분 일찍 본관 현관 앞에 필기도구를 들고 모이게 하였다. 유리 한 장 깨진 것도 기록하게 하였다. 일단 학교 시설을 꼼꼼히 돌아보기로 하였다. 전혀 관심 없었던 시설물이다. 허술한 데는 없는지, 위험시설은 없는지, 보수할 곳, 더러운 곳, 불필요한 것이 존재하지는 않는지 꼼꼼히 확인하였다. 그러다가 본관 옥상의 대형 물탱크를 보는 순간 긴장되었다. 보이지 않는 저 거대한 물탱크 속이 어떨까? 우리가 먹고 사용하는 저 물탱크 속의 물은 과연 먹어도 될 만큼 깨끗할까? 나는 학교에 있는 동안 한 번도 물탱크 청소 이야기를 듣지 못하였다. 저 물탱크는 몇 십 년 계속 사용해도 물이 맑을까? 물탱크 안쪽이 정말 괜찮을까? 한 번 의아한 생각이 떠오르니 여러 개의 의문부호가 꼬리를 물었다.

그동안 어떻게 관리해 왔는지 알아보았다. 놀랍게도 관리 기록조차 없었다. 아예 매뉴얼조차 없었다. 기가 막혔다.

언제 물탱크 청소를 하였는지, 청소 주기는 어떠한지, 저 물이 식용수로 과연 적합한지? 전혀 확인된 바 없이 그냥 그 자리에 방치된 물탱크다.

"올라가서 물탱크 뚜껑을 확인해 보세요."

직원이 설치된 사다리를 타고 올라가 뚜껑을 열었다. 잠겨 있지도 않았다. 나는 깜짝 놀랐다.

교직원과 학생 등 수천 명이 매일 사용하며 마시는 저 대형 물탱크가 자물쇠로 잠겨 있지도 않다면?

그런 일은 아직 없었으나 누군가가 악의를 품고 저 물탱크에 무슨 짓을 한다면? 총장님도 매일 마시는 물인데…….

아직은 물로 인한 어떤 사고도 발생하지는 않았으나 물탱크 내부를 한 번도 청소하지 않고 계속 사용만 하였다면 과연 식용수로서의 품질에 문제가 없을까?

의문부호가 몇 개씩 이어졌다. 이건 아니다.

"건물마다 옥상 물탱크를 청소하고 자물쇠로 단단히 채워야
해."

관리처장 보직을 받고 한 첫 조치였다. 당장 물탱크를 조사하
여 국내에서 가장 안전한 물탱크 청소제를 알아보도록 하여 그
청소제를 사용하여 말끔하게 청소하였고, 뚜껑을 큰 자물통으로
잠그고, 평소 사용하지 않는 옥상이므로 아예 옥상 출입문도 잠
갔다. 나는 관리처장의 1차적 사명은 안전제일이라고 선포하였
다. 그러므로 관리처의 안전제일주의 관리 지침에 모든 교직원
과 교수들이 적극 협력할 것을 당부하였다.

합리적 관리는 학교 재정의 낭비를 줄이는 효과가 있는가 하
면 납품업체와 직원간의 부정을 예방하는 효과가 있다는 것은
상식이다. 나는 이런 기본 상식에 충실한 관리자로 학교에 이바
지할 의무와 책임을 관리직원들에게 강조하였다. 그 시범사례로
겨울철 난방용 벙커C유의 거래관계를 투명하게 집행하도록 조
치하였다.

조사에 의하면 난방용 벙커C유 거래업체의 탱크로리가 들어
와 기름 탱크에 주입한다. 그러나 지금까지는 과연 주문양이 주
입되었는지 확인된 바 없다는 것이다. 여러 건물의 연료탱크에
기름을 넣을 때 입회한 직원이 없었고, 물론 계약된 만큼의 연
료가 연료탱크에 주입되었는지 그 여부는 전혀 미확인이었다.
그러면서도 연료비는 그들의 청구대로 지불되어 왔다. 이렇게
학교 재정에 무관심한 상태를, 원칙이 무시된 근무태도를 나로

서는 용납할 수 없었다.

"이제부터 계약 내용대로 연료가 주입되었는지 주입된 후 연료탱크로리를 확인하고 담당 직원이 이를 확인한 서류를 근거로 기름 값을 지불하도록 하세요. 연료탱크마다 확인해야 됩니다. 아예 일지를 만들어 내 결재까지 받고 문서는 보관합니다."

정밀계산까지는 해 보지 않아서 정확한 수치는 모르지만 어느 정도 예산은 절감된 것 같다.

개교 90주년기념관 신축

서울 종로 신문로의 피어선학교 개교로부터 평택시절까지 90
주년을 앞두고 대학은 〈개교90주년기념관〉 신축을 준비하였다.
거액의 예산이 집행되는 건축이다. 설계에서 디자인과 건축 전
반에 걸친 계약은 법인 사무국 소관업무다. 그러나 관리 책임은
대학에 있고, 책임부서는 관리처. 내가 관리처장으로 이 업무
를 관장해야 한다. 건축할 때 천장에 올리는 철골을 보는 순간
저 무거운 쇳덩어리가 떨어지면 어떻게 될까. 아찔한 생각이 들
었다. 인사사고라도 나면 누가 책임을 질 것인가. 물론 공사업
체에 직접 책임이 있겠지만 관리처장 책임도 있겠다는 생각이
들었다. 단순한 업무가 아니다.

나는 관리처 직원들에게 원칙을 제시하였다.

1. 사용자재의 재질, 치수, 용량 등 제조와 시공상의 방법과
   정도, 성능, 공법 등의 지정, 완성 후의 기술적 및 외관상
   의 요구, 일반총칙사항이 표시된 설계 및 도면의 중요 부
   분을 철저히 확인한다.
2. 자재를 실은 트럭이 들어올 때 물품내역서와 대조 확인한

다. 특히 중요자재 철근 등은 규격과 중량의 정확성을 확인한다. 시멘트도 이에 포함된다.

3. 자재 차량이 들어올 때 확인하고 일지에 또박또박 기록한다.

이렇게 지시하자 관리처 직원들이 모여 앉으면 내 험담을 심심찮게 한다는 사실도 알았다.

"관리처장 최용학, 마치 자기 집 짓는 거 같지 않아?"

"글쎄 말이야. 저런 처장 처음이야. 우릴 들들 볶네. 아, 피곤……."

그러나 한두 명은 최 처장이 책임 있게 일한다는 긍정평가도 한다고 들었다. 이렇든 저렇든 나는 내가 옳다는 소신대로 나의 직무를 성실히 수행하였다. 거액의 예산이 집행되는 기념관 신축의 철저한 관리야말로 재정의 누수를 예방하는 동시에 견고한 건물을 남긴다는 이중적 효과가 있으므로 나로서는 철저하지 않을 수 없었다.

일상적 사소한 절약의 공식 요청

나는 관리라는 개념조차 생각해 본 적이 없지만 막상 책임을 맡으니 정직한 자세와 학교를 위하는 입장에서 원칙을 세우고 집행해 나갔다. 비난도 받았지만 그런 게 나의 관심을 끌지는 못하였다.

이런저런 생각을 많이 하였다. 내가 왜 욕먹으며 일해야 하나. 나는 왜 불의에 저항하나. 나는 왜 무서운 게 없나. 고등학생 시절 골목길에서 만난 7,8명의 깡패들에 맞서 한 명씩 덤비라고 버틴 그 무모한 용기의 정체는 무엇인가. 전교생이 무서워하는 교내 호랑이 같은 규율부장의 뺨을 그의 하급생인 우리 반 아이들 앞에서 때린 그 어리석은 무모함은? 그리고 2-3년이면 바뀌는 보직교수로서 행정직 관리처 직원들을 원칙이라는 미명하에 괴롭히는 이것은 바른 자세인가? 법인 사무국장이 나를 향해 으르렁거려도 굽히지 않는 소신으로 밀고 나가는 이 만용은?

문득 아버지가 떠올랐다. 최태현. 조선왕조의 조선특무대 마지막 장교. 긴 칼을 찬 일본 장교와 정면으로 마주쳤으나 인사 안 한 기개. 그가 인사를 안 했다고 화를 내자 그 자리에서 때려

높힌 그 무모한 용기와 힘, 그 용기가, 그 패기가, 그 굽힐 줄
모르는 도도한 정신, 세 살 때 상해에서 사별한 그 아버지의 그
DNA가 내 몸에 배어 있는 것일까? 사육신 가운데 한 분인 하
위지, 그분은 나의 친할머니 하㶊씨(이름 없음)의 윗대다. 그 기
질을 이어받았나?

　"아버지! 최태현, 나의 아버지!"

　내가 있는 그 자리에서, 내가 하는 그 일에서, 나는 최태현 그
리운 나의 아버지처럼 당당하게, 올바르게, 성실하게 살아갈 것
이다.

　나는 자주 학교의 시설과 비품 등의 관리 상태를 점검하느라
순찰하였다. 어느 날 문득 강의실이 빈 상태에서 전등이 모두
켜져 있는 것을 발견하였다. 전기에 관심이 가자 모든 시설의
전기를 점검하였다. 강당의 전기는 적정한 밝기인가, 문이 잠긴
교수연구실은 왜 소등하지 않았는가. 어떤 교수의 연구실엔 교
수 옆자리에 소형 전기난로가 켜진 그대로 문이 잠겨 있는 게
창문으로 보였다. 문은 잠겼는데 컴퓨터는 그대로 켜져 있는 연
구실도 있다.

　전력낭비가 심하다. 나는 우선 강당의 전기가 몇 룩스인지,
책임감 강한 김애자 관리과장에게 기기로 확인시켰더니 기준보
다 밝았다. 정부시책에 맞는지 등을 확인하여 개선하였다. 그리
고 전체 교수회의에 참석하여 전기관리지침을 공개 발표하였다.

　"강의실도 강의 끝나면 반드시 전기를 꺼주십시오. 교수님들

연구실의 전등과 컴퓨터도 퇴실 시 반드시 꺼주셔야 합니다. 개인적으로 준비한 난방 기구는 사용할 수 없습니다. 퇴근 후에도 켜진 그대로 있는 경우가 더러 있는데, 전기 낭비의 문제를 넘어 과열에 의한 화재 위험이 있습니다. 사고 예방과 전기료 절약 차원입니다. 퇴근 시에는 아예 전기코드를 뽑아주십시오. 가장 안전한 조치입니다. 관리처 직원들이 마스터키를 가지고 수시로, 그리고 교수님들 퇴근 후에도 순찰을 돌면서 전기 상태를 확인하겠습니다. 앞으로는 마스터키로 열고 들어가서 전기스토브가 있으면 회수하겠습니다. 화재예방과 절전지침에 적극 협조해주시기 바랍니다."

절전 전등을 신청하면 정부가 30%를 지원하는 제도도 있고, 전기료 절약도 예상보다 많다는 것을 알게 되었다.

업자들로부터 견적을 받았다. 그랬더니 신축공사와 관련해서부터 내게 불만이 많던 법인 사무국장한테서 이상한 반응이 나왔다.

"어째서 법인 동의도 구하지 않고 관리처장 마음대로 이런 공사를 합니까?"

그렇게 시작된 공격인데 어처구니없게도 가톨릭 신자라서 가톨릭인 업자에게 공사를 주려는 것이 아니냐고 의문을 제기했다.

"내가 관리처장이 된 후 일관성 있게 추진해 오는 것은 오직 절약하기 위한 목적입니다. 사무국에서 하겠다면 하세요. 전기

절약이 목적이니까 누가 해도 그건 무관한 입장입니다. 그리고
같은 종교인 업자를 언급한 것은 실수입니다. 견적서 낸 업자들
의 종교를 조사해 보시면 압니다."

난방용 보일러 충돌

"교수님들이 춥다고 불만입니다."

직원의 보고다. 원인이 무엇인지 조사하도록 하였다. 보일러
는 정상 가동되는데 춥다는 건 좀 이상했다.

"보일러 자체에 문제가 있는 것 같습니다."

"그럼 보일러 업자를 불러서 알아봐야지."

"보일러 업자가 법인 사무국장 형이라……."

사무국장과 또 불미스러운 일이 벌어질 수 있지만 그렇다고
모른 체 눈감고 넘어간다는 건 관리처장으로서 직무유기가 된다
는 생각에 욕을 먹거나 미움을 받더라도 원칙대로 처리해야 된
다는 확고한 나의 소신대로 직원에게 말했다.

"그 업자 들어오라고 연락하세요."

직원들이 눈치를 본다. 다시 말했다.

"그 업자 오라고 연락하세요, 지금."

보일러 설비업체 박홍식 사장이 연락을 받고 왔다. 나는 사무
적으로 할 말만 하였다.

"보일러는 정상 가동중입니다. 그런데 난방이 잘 안됩니다.

교수들과 직원들이 춥다고 항의를 합니다."

"작년에도 그 전에도 춥다는 얘기가 없었는데 올해 갑자기 왜 그렇습니까?"

"내 판단은 이렇습니다. 교수들이 연구실에 개인 전기난로를 사용해 왔습니다. 그런데 올해부터 절전과 화재예방 차원에서 개인 난로 사용을 금하였습니다. 그러니까 작년에도 그 전에도 보일러는 정상 가동되었으나 추웠던 거죠. 보일러가 제 기능을 해서 개인 난로 없이도 난방이 정상화되도록 조치해 주십시오."

"거참 이상하네요. 왜 난방이 잘 안 될까?"

사장의 독백이었다.

"사장님, 대학의 요구는 보일러 기능이 정상이 되는 것을 원할 뿐입니다. 물론 하실 수 있으시겠죠? 전문 업체니까요."

"……?"

"안 됩니까, 됩니까?"

"예, 직원 데리고 와서 보일러를 점검한 후에 자세한 말씀드리겠습니다."

그날, 법인 사무국장의 불만스런 반응이 직원을 통해 내게 전달되었다.

"최용학 관리처장이 도대체 왜 저러는 거야? 어디까지 갈 거야?"

내가 반응하였다.

"보일러는 사무국장 것도 관리처장 것도 아닙니다. 평택대학교의 난방을 위한 것입니다. 보일러가 제 기능을 못한다면 제 기능을 하도록 대책을 세우는 건 당연합니다."

그리고 단호히 말했다.

"이 문제는 보일러 업자가 책임지고 해결해야 합니다."

관리를 모르니까 상식의 A,B,C,D로 접근할 뿐이었다.

통학버스 충돌

교통사고 이야기가 아니다. 학교 통학버스 운영과 관련된 이 해관계의 충돌이다. 전에는 통학버스가 서울 강남에서 평택대학 교까지 운행되었다. 일정액의 차비를 학생들에게 받는다. 그런 데 학교버스의 수입금이 학교로 입금되지 않는 것을 알게 되었 다. 나로서는 상식적으로 이해할 수 없는 일이었다. 그 돈은 모 두 어디로 가는지를 조사할 수밖에 없었다. 그랬더니 어이없게 도 이사장의 동생에게 그 돈이 들어가고 있었다. 도무지 이해불 가의 사안이라 즉시 이사장 동생을 만났다. 당시 이사장 동생이 관리처장이라 버스 운행 관리를 했다.

"학교버스 수입은 전액 학교로 입금되는 게 맞습니다. 그런 데……."

"아 그거. 내 마음대로 하면 왜 안 되나요? 그 돈에서 지출도 많은데. 내가 그 돈에서 버스운영에 드는 비용을 다 쓰는데 왜? 내가 다 수습해 왔어요. 그거 신경 끄셔도 되는데요, 최 처장 님."(그 당시 나는 사무처장이었다.)

이건 완전 폭력배 스타일이다. 한때 씨름선수였던 그는 덩치도 크고 힘도 세게 생겼고 말투도 그랬다. 이사장 형님을 배경으로 둔 오만이며, 나를 만만하게 보는 태도다.

"통학버스는 내 사업이나 마찬가지니까 더 말하지 맙시다."

결론까지 내리는 것이었다. 어이없어 잠시 침묵하였다.

"학교버스 수입금은 학교로 입금되는 게 맞습니다. 버스운영상 비용이 발생할 때는 학교에서 타다가 써야 됩니다. 학교의 재정관리 원칙입니다."

"최 처장, 당신이 영원히 사무처장할 거야? 아니지? 학생 지도하느라 쓰는데 안 들은 거로 할 테니 그만합시다."

이 사람과는 말이 안 통한다 싶어 돌아섰다. 이사장의 동생이라는 신분을 이용하여 불의한 이득을 취함으로써 학교가 그만큼의 재정적 손실을 입는 것은 부당하다. 그것은 명백한 범죄이며, 알면서도 모르는 척 넘어가 주면 그의 공범이 되는 것이다. 나는 서둘러 서울로 올라가 이사장을 방문하여 조리 있게 학교버스 운행의 원칙과 현재까지의 불법에 대해 조사한 내역서를 제시하고 시정되어야 한다고 직설로 보고하였다.

"최 교수 말이 맞군요. 그렇게 해야지요."

그때부터 통학버스 수입은 학교 수입으로 정상 입금되었다.

쓰레기 충돌

교수들도 전기절약이니 난방기구 수거니 하는 문제들로 더러 나를 비난하였다. 과잉충성이라는 비난이다. 법인 사무국장과도 충돌하고, 이사장 동생과도 충돌하는 등 나에게는 적이 늘어갔다. 그러나 나의 개인적 감정이 개입되지 않았으므로 나는 당당하였고, 학교는 실질적으로 수입증액과 재정절약의 효과를 거두었다. 대학 구성원의 한 사람으로 주인의식을 가지니 학교에 유익이 발생하였을 것이다.

그러던 차에 쓰레기문제가 대두되었다. 물론 누구의 제안이나 고발에 의한 것이 아니었다. 어느 날 순찰 중에 강의가 끝난 빈 강의실을 열어보고 바닥에 지천으로 흩어진 쓰레기를 보고 놀랐다. 과자 포장용기와 과자부스러기를 비롯, 이런저런 잡다한 쓰레기가 너저분하였다. 마침 강의실 청소를 하려고 들어온 미화원이 불평을 터뜨렸다.

"교수님들 참 딱하셔요. 학생들에게 뭘 가르치시는지 원. 지식만 가르치면 뭐 해요? 이게 대학 강의실입니까? 쓰레기장이지요. 교수님들이 학생들과 다를 게 없어요. 다른 대학들도 이런지 모르겠지만……."

　교내순찰을 하면서 강의실 쓰레기로 눈살 찌푸린 적이 많지만 곧 미화원들에 의해 말끔하게 치워진다는 사실을 아는 터여서, 그것은 당연한 것이어서 말할 필요를 느끼지 못하였던 것이다. 쓰레기가 발생하니 미화원이 존재하는 것 아닌가. 쓰레기와 미화원의 상관관계를 의식했던 것이다. 쓰레기 없는 학교는 미화원이 불필요하다.

　그러나 그 미화원 아주머니의 말을 듣고 나니 생각이 바뀌었다. 청결은 위생적 측면과 시각적 측면과 환경적 측면과 정서적 측면에서, 나아가 학교의 교육 기능적 측면에서 달리 생각해야 된다는 판단이 섰다.

　강당에서 교수 교직원 전체가 모이는 기회가 왔을 때 마지막으로 그들 앞에 나섰다.

　"관리처에서 당부드릴 말씀이 있습니다. 강의가 끝난 후 강의실에 쓰레기가 많다는 사실을 교수님들은 다 아실 겁니다. 저도 여태껏 자연스러운 현상으로 보았고, 그래서 미화원도 고용한 것이라고 생각해 왔습니다. 그런데 우리가 생각을 바꾸어야 되겠습니다. 그 지저분한 강의실 청소하러 들어온 미화원이 잘난 교수님들이 학생들에게 생활교육은 전혀 안 시키시는가 보다고, 이게 뭐냐고 하더군요. 강의실 쓰레기를 보면 교수님도 학생도 다르지 않다는 생각이 든답니다. 가정에서 자녀들이 강의실 바닥처럼 쓰레기를 아무렇게나 버리면 부모 입장에서 모른 체하실 분이 없을 것입니다. 학교에서 학생들도 우리 가정의 자녀라는 애정의 시각으로 보면 시정되도록 하는 게 맞다고 봅니다. 스승인 우리가 우리 학생들의 생활교육도 하는 게 맞다고 생각합니다."

반응은 예상 밖이었다. 모두들 그런 잔소리까지 교수들이 들어야 하느냐는 불쾌한 반응이었다. 투덜거리는 소리도 들려왔다.

"교수님들, 여러분은 고학력자로서 공채로 들어온 실력자들이십니다. 그런데 저학력자인 미화원들이 박사 교수님들이 뭐 이러냐고 합니다. 교수님들 모였던 자리도 강의실과 똑같다고, 학생들에게 실망하는 게 아니라 교수님들에게 실망한다고 그러더군요. 전 그 소릴 들으며 창피했습니다. 돌이켜보니, 전국대학 사무처장회의를 마친 자리에서 기념촬영까지 마치고 나올 때 보니 바닥에 담배꽁초 등 쓰레기가 너저분한 걸 저도 봤습니다. 제가 거기 참석했었으니까요. 그런데 저 자신도 사람 많이 모였던 자리에는 쓰레기가 있는 게 당연하다고 생각하였습니다. 그러나 며칠 전에 우리 학교 미화원 아주머니 말을 듣고 나니 이래서는 안 된다는 생각이 아주 깊이 들었습니다. 문득 그때 처장회의 뒷자리를 신문기자들이 사진 찍어서 대학의 보직교수들 모였던 자리라고 캡션 달아 보도하였다면 사회의 반응이 어떠하였겠는가 생각하게 되더군요. 우리가 좀 긴장해야 된다고 생각합니다. 우리가 모범을 보이고, 학생들에게 한마디씩만 생활교

육을 하면 되는 쉬운 일이니까 교수님들, 우리가 미화원에게 비
난받는 거, 나는 교수로서의 자존심에 상처가 생겼습니다."

　교수들이 동료교수에게 이런 시시한 잔소리 듣는 게 매우 못
마땅한 얼굴도 있었으나 반대로 '옳습니다'라는, 긍정반응도 있
었다. 정봉서(토론토 대 박사) 부총장은 나도 미안하다고, 차를
마시고 찻잔을 그냥 놓고 나간 적이 있다면서, 내가 솔선해야
되겠다고 하였다. 나는 할 말을 했고, 결론적 반응은 효과적이
었다.

7.
가 연

아름다운 인연

한국외국어대학교 러시아어학과를 졸업한 후였다. 직장도 없고 수입도 없던, 그래서 경제적으로 어려운 시절이었다. 진명여중 영어선생인 길홍재의 알선으로 진명여중 학생 칠팔 명의 영어 과외교사를 하였다. 누나의 집 큰방에 교자상을 펴고 빙 둘러앉은 집단수업이었다. 수업이 끝난 후에 보면 교자상 밑에 봉투가 놓여 있었다. 수업 때마다 강사료를 그런 식으로 건네주었다. 그 돈으로 근근이 버티던 시절이다.

길홍재와의 인연은 깊다. 우리가 함께 상해에서 어린 시절을 보내면서 북사천로北四川路교회에 다닌 것을 알게 되었다. 그때 성탄절 성극에 어린이 3왕 가운데 한 왕으로 출연했다. 그들 가족은 해방이 되자 홍콩을 거쳐 귀국하였다.

명동성당에서 길홍재의 결혼식이 있었는데 내가 접수를 보았다. 예식이 끝난 후 하객으로 왔던 신부의 친구들과 함께 덕수궁을 거닐었다. 그들 가운데 한 여자가 내 마음에 쏘옥 들어왔다. 이름도 예쁜 정원정이다. 곱고 가지런한 반달눈썹도 예쁘고, 순박한 언행의 여성스러움, 정숙하고 예의바름 등 첫눈에 가까

워지고 싶었다. 길홍재의 친구인 이재권이 데리고 온 약혼녀(신
승희)는 정원정에 대하여 가정도 좋고 효심도 많고 성실 근면하
다는 등 칭찬까지 들려주었다.

내 마음을 꿰뚫어보고 나 들으라는 소리인지 그것은 잘 모르
겠으나 내가 보는 것과 들은 이야기에 거짓이 없다는 느낌이었
다. 이화여대 신문방송학과를 졸업한 여자. 나중에 알게 된 사
실이지만 재학시절에도 학교가 끝나면 어머니가 경영하는 포목
가게에 들러 적극적으로 일손을 도와주고, 집에 돌아가면 집안
일을 말끔히 하였다.

그녀가 살던 약수동 언덕의 그 동네는 고지대여서 수돗물이
나오지 않았다. 서울의 산등성 고지대는 거의 다 그랬던 시절이
다. 이화여대생인 그녀는 물통지게를 지고 아랫동네로 내려가서
그 무거운 물통 두 개를 가득 채워 어깨에 걸쳐 메고 끙끙거리
며 비탈길을 올랐다. 그런 점에서 그녀는 외모와 달리 강하다는
걸 알았다.

나는 고생 경험은 넘치도록 많지만 연애 경험은 없었다. 한마
디로 숙맥이라 적극적인 행동을 취하지 못하였다. 서툴게 접근
하였다가 아주 만나주지 않으면 어쩌나 하는 불안감 때문에 조
심하고 또 조심하였다. 지극히 소심해서 제대로 접근조차 못하
였다.

그러다가 기회가 왔다. 그녀의 친구들끼리 계모임이 있는데,
장소가 인천이라는 것이다.

"나도 그날 인천에 약속이 있어 갑니다."

물론 거짓말이다. 어떻게든 그녀와 만날 기회를 만들기 위한 나름대로의 전략이었다. 약속이 이루어졌다. 인천까지 함께 기차를 타고 가게 된 것이다. 가슴이 두근거렸다. 이 기회를 진정 친해지는 기회로 만들어야 되겠다고 작심하였다. 잠을 못 이룰 지경으로 나는 들떠 있었다. 인천에 가는 날, 서울역에서 만나기로 약속이 이루어졌다.

그날, 기다리던 그날의 데이트를 머리에 그리며 서울역으로 갔다. 약속된 시간과 장소를 향해 역사로 가다가 광장에서 그녀를 만났다.

"최 선생님, 혹시 못 만나면 어쩌나 했어요."

못 만나면 어쩌나? 그럼 그녀도 나와 만나는 걸 기대하였다는 것인가! 이심전심?

"제가 사정이 생겨 못 가게 되었어요. 저 대신 이 돈 좀 전해 주실 수 있는지요?"

"아, 그러세요? 아, 예. 제가 전해드리겠습니다."

"우리 모임이 열한 시인데, 볼일 보러 가시는데 그 시간 맞추실 수 있으세요?"

"아, 그럼요. 조금도 걱정 마세요."

"어디서 볼 일이 있으신지……?"

"걱정 마시고, 모이는 장소만 알려주세요."

기대했던 데이트 계획이 무너져 한순간 마음도 무너져 내렸지만 그녀를 도와줄 수 있다는 기쁨과 그리하여 한 걸음 그녀와 가까워질 수 있다는 생각이 들었다. 모이는 식당과 전화번호를 받고 헤어질 때 그녀가 말했다.

"제 친구들과 점심 같이 드세요. 최 선생님이 아는 얼굴들도 있으니까요. 결혼식에 왔었던……."

정원정의 대리 참석은 그 친구들의 깊은 관심을 끌었다. 인천까지 곗돈을 대신 내주러 온 남자라는 사실만으로 그녀와 나는 보통 사이가 아니라고 보는 눈치들이었다. 나는 그게 기분 좋았다. 자연스럽게 정원정이 화제에 올랐다. 친한 친구들이라서 서로의 가정사를 어느 정도 알고 있는 그들이었다.

그날 들은 정보에 의하면 그녀는 충청도의 유교 전통을 지닌 보수적 가문의 딸이며, 아버지는 서예가로 알려졌고, 작은아버지는 충청남도 교육청 장학관과 교육감을 지냈다고 했다. 오빠는 고려대학교 법대를 졸업한 육군 장교 출신이다. 그뿐인가. 나처럼 인기 없는 러시아어과가 아니라 이화여대의 경쟁률 높은 신문방송학과 출신이다. 한국일보 창업주 장기영 회장의 딸 장일희가 대학 동기동창이고 1년 선배 장명수가 논설위원이다. 그녀는 1955년에 창업하여 잘 나가는 출판사 부민문화사富民文化社의 편집실 직원이고 나는 백수다.

고아로 자랐고 현재 내 집 한 칸도 없다. 그녀에 대해 알면 알수록 나는 자꾸만 왜소해지는 것이었다. 올라가지 못할 나무는 쳐다보지도 말라는 우리 속담이 떠올랐다.

그런데도 그녀를 포기할 수 없었다. 포기는커녕 그녀를 향한 애정은 깊어만 갔다. 우리는 가끔 만났다. 지극히 다행스러운 것은 그녀가 나를 싫어하는 눈치가 아니었다. 내 나름의 판단이지만.

"최 선생님."

어느 날 그녀가 조심스럽게 입을 열었다.

"네, 원정 씨."

"최 선생님도 직장을 가지셔야죠."

"그럼요. 취직해야죠."

"우리 집에서는 직장 없는 남자 만나는 건 안 된다는 분위기거든요."

당연하다. 나도 안다. 나도 직장에 다니고 싶은 마음이 굴뚝같다. 그러나 1960년대 중반의 그 시기는 취직하기가 정말 하늘의 별 따기나 다름없었다. GNP가 100불 남짓이었으니 극빈국가였다.

1차 산업에 의존해서 살아가는 시대였다. 그러니 생산이나 유통이나 소비가 지극히 저조하였으며 전반적으로 먹고사는 일에 매우 고달픈 시대였다. 월급은커녕 나 한 몸뚱이 의식주만 해결되어도 시키는 일이 무엇이든 다 하겠다고 발 벗고 나서지만, 그래도 취직자리가 없었다.

내 가슴을 설레게 하는 여자를 만난 것은 그때의 나로서는 행운이 아니었다. 가난한 백수총각으로 감히 넘볼 수 없는 어엿한 가정의 아름다운 딸이어서 접근하는 데 주저할 수밖에 없었다.

그러나 나는 정원정을 잃을 수 없고 잊을 수 없어서 어떻게든 취직하기로 결심하였다. 그래서 동분서주하며 일자리를 알아보았다. 그러나 늘 실망하지 않을 수 없었다. 그러던 어느 날 문득 5촌 아저씨가 떠올랐다.

만난 적도 없는 5촌 아저씨 목사님, 사촌 등 친척들로부터 언젠가 들은 적 있는 희미한 기억이 어렴풋이 떠올랐다. 5촌 아저씨? 덕수교회 최거덕 목사님?

교회로 찾아갔다. 종로 한복판의 덕수교회에 들어서는 데는 용기와 결단이 필요했다. 목사님은 내 이야기를 경청하시더니 여러 번 고개를 끄떡이셨다. 나의 살아온 이야기의 일부지만 최거덕 목사님은 나의 부친에 대해 나보다 소상히 알고 있었다.

그날, 나는 광화문 근처의 피어선 학교에 취직이 되었다. 5촌 목사님이 이사장이어서 사실상 학교 운영을 맡고 있는 조기홍 전도사에게 나를 보냈고, 1966년 9월 6일, 첫 인터뷰를 하고 취업이 되었다.

내가 학교와 인연을 맺은 동기는 내가 사랑하는 정원정 때문이며, 한평생 피어선 사람으로 교육자의 인생을 살아온 것 역시 그 동기는 정원정이다. 내 일생이 그녀와의 인연으로 전개되었음을 나는 감사한다.

한 번은 그녀와 만나기로 전화로 약속하였는데 아무리 기다려도 나타나지 않았다. 기다리고 기다리다가 무슨 일인지 너무 궁

금하고 걱정되어서 약수동 산36번지, 그 비탈진 언덕 위의 그녀 집을 찾아갔다. 부친이 통장이어서 찾기는 어렵지 않았다. 문을 두드리자 톤 높은 여자 목소리가 났다. 여동생 정현복(처제, 고등학교 수학교사를 역임하였고 남편은 삼성그룹 이건희 회장과 서울사대부고 동기동창, 삼성전자 주식회사 사장을 역임하였다)의 목소리였다. 덩치 큰 까까머리 학생이 나왔다. 고등학교에 다니는 정충목다.

"누구세요?"

"정원정 씨 계신가요? 오늘 만나기로 약속되어 있었는데 만나지 못해서 걱정되어 왔습니다."

"아, 그러세요? 누나가 오늘 회사 직원들과 함께 영화 보러 간다고 했는데요."

"그랬군요. 깜빡한 모양이지요?"

다음날 통화를 하였다. 회사 직원들과의 영화관람 약속을 깜박 잊고 나와 약속을 했었노라고 미안해하였다.

"오빠가 최 선생님 만나보고 싶다는데, 괜찮죠?"

"오빠가 만나자면 당연히 만나야죠."

학교에 취직을 하였더니 좋은 조짐이 보이는 듯하였다.

장교 출신의 그녀 오빠는 민병주라고 하였다. 어머니의 재혼으로 성이 다르다고 하였다.

오빠와 나는 덕수궁 산책을 하면서 많은 이야기를 나누었다. 이야기가 길어지자 벤치에 앉아 한동안 내가 살아온 이야기를

하였다. 오빠가 듣기를 원하였다. 아버지에 대해 특히 많은 이
야기를 하였다. 상해시절에 대하여, 그리고 고생하고 고생한 이
야기들일 수밖에 다른 이야깃거리가 내게 없었다. 그래도 그런
역경 가운데서도 대학을 졸업하고 학교를 직장으로 다니게 된
것을 이야기했더니 고개를 끄떡이며 긍정적으로 평가하는 것 같
았다.

고생 이야기는 나의 잘못에 의한 것이 아니며, 그럼에도 대학
을 졸업한 것을 내심 대견히 여기는 반응이었다.

며칠 후 만난 정원정은 밝은 표정이었다.

"오빠가요, 최 선생님을 참 잘 봤어요."

"그래요? 뭐라고 하던가요?"

"고생을 많이 했더구나. 아직은 어렵게 지내지만 사람 됨됨이
가 신뢰감이 가고, 괜찮은 친구다, 그랬어요."

"그럼 우리 결혼하게 되나요?"

"아마도……."

그날이 왔다. 포근한 나의 가정을 이루는 그날이 내 앞에 왔
다. 꿈같은, 나로서는 정말 꿈같은, 사랑하는 정원정과 최용학
의 결혼식 날이 왔다. 내 인생에서 사랑하는 좋은 여자 만나 가
정을 이루게 된 그 날은, 적어도 내 인생에서 기적의 날이다.

피어선에 근무한 지 2년이 조금 지나서였다. 덕수교회 5촌 아
저씨 최거덕 목사님의 부탁으로 대한기독교서회의 총무이신 조
선출 목사님의 주례로 덕수교회에서 결혼식을 올렸다.

신혼생활은 서대문 주변의 평동 단칸방에서 시작되었다. 너무 비좁아 장롱 하나 있는 방에 둘이 누우면 몸이 붙을 정도였다. 살림살이도 별게 없었고 불편하였다. 그러나 나는 어머니가 세상을 떠나신 소년시절부터 내 방을 가져본 적이 없었으므로 신부까지 있는 그 작은 공간은 나의 천국이었다.

우리는 절약하고 저축하여 연탄으로 난방과 취사를 하는 서부이촌동의 12평 한강아파트로 이사하는 날이 왔고, 몇 년 후에 동부이촌동의 15평 공무원아파트로 이사함으로써 형편이 나아지고 있었다. 그 당시 서부이촌동은 빈촌이었고, 동부이촌동은 생활수준이 조금 높았다. 네 번째 이사는 같은 단지의 17평이었는데, 그것은 곧 신분상승이라는 자존감을 느끼게 하였다.(연탄난방 아파트 탈출)

강남 부촌이라는 대치동 은마아파트의 분양공고를 보고 신청했더니 인기 없는 아파트라 분양 경쟁 없이 계약되었다. 입주하기까지 마지막 6개월은 동부이촌동 17평 아파트를 팔아 입주금을 불입하느라 부득불 약수동 처갓집 신세를 져야만 하였다.

자그마치 17평의 갑절이나 되는 31평짜리, 그것도 서울 강남의 은마아파트의 주인이 되었다. 고아 출신의 신분이 상승되는 그 기분은 형언할 수 없을 만큼 뿌듯했다. 김보기 장모님은 평양 분이신데 따뜻하게 잘 대해 주셨다.

310 - 上海에서 서울까지

아내의 헌신

　나는 늘 건강 하나는 자부심을 지니고 살았다. 아버지의 DNA를 이어받아 남달리 체력이 좋은 편이다. 깡패들을 만나도 두렵지 않은 이유가 그것이다. 팔씨름을 하면 지는 경우가 거의 없었다. 그랬는데 어느 날 덕수궁 산책을 하다가 기침을 하였는데, 울컥하며 각혈을 하였다.

　내 입에서 피가 나오다니! 나는 너무 놀라 한동안 그 자리에서 움직이지도 못하였다. 얼마나 놀랐는지 모른다.

　다음 날 병원에 갔다. 검사 결과는 폐결핵이었다. 청천벽력이다. 나는 힘도 세고, 건강 하나만은 자신 있었는데, 폐결핵이라니! 건강체질인 내가 폐결핵이라니? 당혹스럽고, 절망적이고, 두려웠다. 폐결핵은 치료가 어려운데, 아주 오래오래 앓다가 사망에 이를 수 있는, 사실은 이렇다 할 치료약이 없는 심각한 병이라는데……

　피어선 시절이다, 어린 자녀가 둘이다. 나는 너무나 충격이 커서 어찌할 바를 몰랐다. 어느 정도 안정적으로 자리 잡혀 살아갈 미래만 보였는데, 분명 그 엄청난 고생을 극복하고 행복하게 살고 있고, 더 행복하게 살아갈 날이 창창한데, 그야말로 하늘이 노랗게 보이는 청천벽력이었다.

폐결핵은 완치가 어려운 병이라 하였다. 환자들은 사회와 격리될 뿐만 아니라 거의 치료의 희망을 포기한다는 것이다. 내가 그 무서운 폐결핵 환자가 되었다는 판정이다. 나는 기적처럼 고아시절의 고난을 이겨내고 여기까지 왔는데 느닷없이 생명과 직결되는 무서운 환자로 돌변하였고, 그리하여 내 마음과 정신이 흑암의 깊은 터널로 추락하는 두려움에 휩싸였다. 성모병원에 내과의사로 있는 조진희 친구를 찾아가서 상담하였다.

"건강한 내가 왜 하필 폐결핵이지? 그것도 전혀 예상 못했고 낌새도 없었는데 왜 갑자기 폐결핵 환자가 된 거야? 난 지금껏 아픈 데라고는 없었어."

"모든 환자가 환자되기 전까지는 환자가 아니야. 건강한 사람이야. 통계상 우리 국민 5%가 결핵환잔데, 결핵환자 되고 싶어 환자 된 사람은 없어. 그러니까 마음 약해지면 안 돼. 이제부터 치료에 전념해야지. 첫째 쉬어야 해. 한 6개월쯤 쉬면서 성실하게 약을 복용해. 그게 최선이야. 달리 방법이 없어."

내 마음에 흡족한 처방이 아니었다. 확실히 완치되는 확고한 처방을 받고 싶었다. 그래서 이번엔 서울대병원의 전문의 이경식 박사의 진단을 받기 위해 찾아갔다.

"일단 처방한 약을 성실히 복용하고요. 정기적으로 와서 검진 받아야 됩니다."

내가 기대하는 일루의 희망, 가장 효과적인 치료약이나 치료 방법은 그의 입에서도 나오지 않았다. 특별한 치료약 내지 치료법이 없다는 생각이 들자 내 마음은 더욱 약해졌고, 시간이 가면서 더욱 우울해져 갔다. 그러다가 정신 바짝 차리고 아내와 어린 자식들을 위해서라도 나는 적극적으로 이 무서운 병마와 싸워 이겨야 되겠다는 의지를 스스로 다짐하기도 하였다.

내가 이대로 죽으면 나의 어린 자식들이 내가 경험한 그런 고생을 물려받을지도, 내 아내가 남편인 나의 죽음으로 세 남매를 데리고 고생 고생하다가 허망하게 사망에 이르게 되는, 내 아버지가 일찍이 사망하셔서 내가 겪은 그런 비극을 절대로 아내와 자식들에게 물려주어서는 안 된다고 다짐하기도 여러 번 하였다.

그러나 약을 먹어도 차도는 없고 늘 비슷한 상태를 유지하는가 하면 때로는 심한 각혈로 자신감도 의욕도 잃을 때가 허다하였다.

그러나 나를 포기하는 것은 나의 가족을 포기하는 것이며, 그 결과는 내가 겪은 인생고를 내 사랑하는 가족에게 물려주는 것이라는 생각에 적극적으로 치료방법을 찾기도 하였다.

중환자들이 이 병원 저 병원 찾아다니는 심리를 알 만하였다. 어느 병원에 가 봐라, 어느 의사를 찾아가 봐라 등등 환자들 간에 일루의 희망을 찾는 여러 정보들이 오갔다. 이런저런 민간요법도 동류의 환자들 귀를 솔깃하게 하였다. 믿거나 말거나의 다양한 정보는 그러나 무시할 수 없었다. 그래서 이런 정보 저런 정보를 들을 때마다 이리 끌리고 저리 끌리면서 물에 빠진 사람이 지푸라기라도 잡는다는 말을 실감하였다.

"폐결핵, 그건 병원 약 아무리 먹어 봐야 별 효과 없어요. 생사탕生蛇湯을 꾸준히 드시는 게 가장 효과적입니다."

그들에게서 들은 새로운 치료법이다. 귀가 솔깃해졌다. 나는 반드시 완치되어야만 한다. 반드시. 반드시! 내가 처음 들어간 고아원 〈성가보육원〉이 중림동에 있었고 거기서 초등학교를 다녔으므로 아현동 일대는 어느 정도 알고 있었다. 특히 기찻길 밑의 굴레방다리에는 뱀탕집 몇이 있었다. 살아 있는 뱀으로 탕을 끓여 파는, 이른바 생사탕집이다. 그런 가게 앞을 지나다닐 때마다 저 징그러운 뱀탕(살모사, 독사, 잡뱀을 푹 곤 국물)을 어떤 사람들이 사 먹느냐고 매우 의아해하던 나였다. 그런 내가 내 병이 치료될 수 있다는 정보에 따라 난생 처음 뱀탕을 먹으러 갔다.

닭고기 삶은 물처럼 노리끼리한 국물에 기름이 떠 있다.

"눈 딱 감고 드시오. 맛은 괜찮아요. 먹을 만하지."

그래, 먹자, 뱀탕국물 못 먹을 게 뭔가. 독하게 마음 다져먹고 기름 뜬 뱀탕을 마셨다. 한두 모금 마셔 보니 처음에는 맛이 이상했으나 영락없는 닭고기 삶은 국물 맛 그대로다. 냄새도 똑같다. 이 정도면 얼마든지 먹을 수 있겠기에 자주 뱀탕을 먹으러 다녔다. 한 달쯤 매일이다시피 뱀탕을 먹으니 몸에 생기가 돌면서 기운이 났다. 이젠 많이, 어쩌면 다 나았을지도 모른다는 생각이 들어 이경식 박사를 찾아갔다.

"몸에 생기가 돕니다. 많이 좋아진 것 같습니다. 기분에는 다 낳은 것 같기도 하고요."

그런 나를 빤히 바라보는 이경식 박사의 눈빛이 별로 좋게 느껴지지 않았다.

"한 달 동안 무슨 약을 드셨소?"

"결핵에는 뱀탕이 좋다고 해서요……."

"그건 보양제일 뿐이지 치료제가 아닌데……. 다시 사진을 찍어 봅시다."

X레이를 찍었다. 하얗다, 악화된 것이다. 뱀탕을 열심히 먹고 몸은 기운을 얻었지만 전혀 치료는 되지 않았음이 시각적으로 확인되니 온 몸의 기운이 한꺼번에 쑥 빠져나갔다.

"결핵에는 특별히 좋은 음식이 없습니다. 정상적인 식단으로 골고루 드시면서 결핵약을 꾸준히 드시는 게 최선입니다. 개소주도 금합니다. 술은 안 되고요. 간에 부담되는 것은 모두 삼가야 합니다. 규칙적 식사와 규칙적으로 약을 복용하는 것이 최선입니다. 반드시 내 처방대로 하세요. 그리고 스트렙트마이신 주사를 한 주간에 서너 번씩 맞아야 되겠습니다."

병원에 주사 맞으러 매일 오다시피 하는 건 어려울 테니 집에서 맞을 수 있도록 하라면서 주사약과 주사기 등을 주면서 꼼꼼하게 방법을 알려 주었다. 주사기는 반드시 끓는 물로 철저히 소독하는 것이 관건이었다.

아내의 치료가 시작되었다. 냄비에 담은 물에 끓여 소독한 주사기로 내 몸에 주사액을 넣어 주었다. 학교는 병가를 내고 쉬면서 아내의 정성스러운 간호를 받았다. 병원의 약은 한 번 먹는 양이 한 주먹이나 되었다. 매주 한 번은 병원에 가야 하고, 매일이다시피 주사를 맞고, 매일 그 많은 약을 먹었다. 얼마 안 가서 위장 장애가 생기고 식욕이 떨어지는 것이었다. 기운이 점점 빠져나갔다. 시간이 흐를수록 몸이 약해져서 급기야 아내의 부축을 받아야 병원에 갈 수 있었다. 검은 먹구름이 내 인생을 뒤덮는 느낌이었다. 육체뿐만 아니라 심리적으로도 나는 점점 쇠약해지고 있었다.

그 무렵 나약한 심신이 죽음의 그림자로 느껴지는 검은 악마를 목격하였다. 꿈인지 생시인지, 비몽사몽간이었다. 분명한 것은 그것이 이른바 저승사자일 터이다. 나의 느낌, 나의 판단이 그랬다. 극도의 공포와 절망, 죽음의 그림자가 내 곁에 어른거렸다.

나는 곧 무덤으로 가리라. 입맛도 사라져서 기운 빠진 몸을 침상에 누인 채 죽음을 실감하며 무겁게 침잠되어 갔다.

"오늘은 주일이에요. 성당 갑시다. 일어나야 해요."

아내가 기운 없는 나를 깨웠다. 주일이면 아내와 함께 빠짐없이 성당에 가서 미사를 드렸는데, 그날은 일어날 기력이 없어 나는 눈을 감은 채 옴짝달싹 못하였다.

"주일이니까 성당에 가요. 일어나세요."

"죽을 지경인데……. 못 가!"

내가 목청껏 소리쳤지만 그 소리는 기운 빠진 소리여서 아내가 듣지 못하였는지 아내는 더 큰 소리로 내게 명령하듯 소리쳤다.

"성당 가요. 성당. 성당에 가야지! 죽으면 어디 갈 거야?"

그 소리가 어찌나 큰지 내가 놀라 눈을 번쩍 떴다. 그 순간 내 눈 앞에서 별 같은 것이 반짝 스쳤다. 손짓으로 아내를 가까이 오라 해서 그 귀에 대고 '성당에 가야지.' 했다. 아내의 부축을 받아 택시를 타고 성당으로 갔다.

나는 미사에 들어가기 전에 고백성사를 하고 싶었다. 고해소에 들어서자 눈물이 펑펑 쏟아졌다. 어떤 내용의 통회였는지 지금은 생각나지 않지만 그날 나는 무릎 꿇어 통곡하며 죄를 고백하고 탄원하였다. 내 죄가 자꾸만 떠오르면서 확대 생산되듯 심히 많아지고 커져서 내가 이토록 엄청난 죄인이라는 데 스스로 놀라서 떨면서 고백하며 통곡하였다.

얼마나 시간이 흘렀을까. 고백실 바닥에 많은 눈물을, 태어나서 처음으로 많은 눈물을 쏟았다. 그런데 참으로 이상한 현상이 나타났다. 고백이 끝나고 일어설 때 부축 없이도 일어날 힘이 있어 홀로 일어섰다. 반드시 아내의 부축을 받아야만 되는데. 미사가 끝나고 영성체를 했다. 나의 죄를 위하여 십자가에서 흘리신 피와 찢기신 살을 의미하는 영성체가 내게 더욱 힘을 주었

다. 성당에서 나올 때는 아내의 부축을 사양하였다. 너무나 감
동적인 은혜의 기적이었다.

그날 이후 나는 심리적으로는 몸이 많이 좋아졌다. 그러나 심
리적일 뿐이었다. 육체의 병은 하등 다를 게 없었다. 아내는 매
일이다시피 정성스레 주사를 놓았고, 많은 양의 약을 계속 복용
하였다.

그 무렵 환자들 간의 정보로 새로운 내과의원 개원을 알게 되
었다. 미국에서 귀국한 실력 있는 의사가 명동 유네스코 회관 근
처에 개인 병원을 개원하였다는 소식이다. 결핵환자들이 입으로
나누는 결핵치료 정보는 그다지 신뢰할 수는 없으나 그렇다고 외
면할 수도 없었다. 환자 입장에서는 솔깃해지기 마련이다. 나도
그 병원(명동 이재규 내과)을 찾아갔다. 그 젊은 의사는 진료 방
법이 조금 달랐다.

환자의 가래를 며칠 동안 배양 분석한 후 처방하였다. 진료를
받고 나와서 집으로 가려다가 명동성당으로 발걸음을 옮겼다.
거리가 가까워 혼자서 천천히 걸었다. 그러나 얼마 가지 않아서
성당까지 갈 수 없을 만큼 힘겨워졌다. 멈출 수도 없어 아내와
동행하지 않은 무모함을 후회하며 엉금엉금 기다시피 성당으로
갔다. 입구에서 성당까지의 오르막길은 너무 힘들어 거의 기다
시피 하였다.

그리스도의 골고다 언덕을 오르는 코스를 형상화한 십자가의
길을 겨우겨우 걸으며 주님의 그 십자가 고통을 간접적으로나마

체험할 수 있었다. 그 코스에서의 기도가 간절해졌다.

새로 만난 의사는 음식도 잘 먹고 약도 잘 먹으면 치료가 빠를 수 있다면서 영양가 있는 음식을 권했다. 맛있어야 많이 먹는다고 하였다. 시키는 대로 하였다. 명동의 우촌각 철판구이를 먹고, 주사는 아내의 손으로 늘 맞았고, 의사가 주는 대로 약을 먹었다. 의사의 처방이 아닌 것 한 가지를 더하였는데, 그것은 명동 병원의 진료를 받고 나오면 곧장 명동성당으로 가서 기도하는 일이었다.

"살려 주십시오. 살려 주십시오. 살려만 주시면……."

그렇게 시간이 흐르면서 나는 내 몸의 치유가 느껴지기 시작하였다. 치유가 진행된다는 느낌은 내게 희망이었다. 약과 주사와 음식과 무엇보다도 많이 힘든데도 끊임없이 명동성당에 가서 그리스도의 십자가의 길을 따라 통곡을 하면서, 어찌 그리 십자가의 길을 걸으면서 마음 찢어질 듯이 아프게 기도를 했는지. 기도는 큰 도움이 되었다고 확신한다. 믿음의 기도는 병든 자를 낫게 하고 혹 죄를 범하였을지라도 용서함을 받으리라 한 야고보서의 말씀이 떠올랐다.

거의 2년 가까이 투병생활을 하였다. 조심스럽게 학교에도 출근하였다. 서무과장이라는 직책이 학교살림을 비롯한 중심 행정을 총괄하는 신분이라 병가 중에도 서무과 직원이 찾아와 보고도 하고 결재도 하고, 내가 지시하는 대로 집행하는 정도로 손을 떼지 못하였으므로 몸이 어느 정도 회복되자 상근은 어렵지만 가급적 학교에 나가는 날을 늘려나갔다.

치료 2년여 만에 드디어 의사로부터 폐결핵 완치 판정을 받았다. 나는 안다. 의학적 치료에도 나는 최선을 다하였지만 아픈 몸을 이끌고 아내의 강권을 따라 성당에 갔던 날의 철저한 그 회개, 그때부터 심리적 치료가 이루어졌고, 명동의 병원에 가는 날마다 집으로 가지 않고 천천히 힘을 다해 걸어서 명동성당으로 향했던 발걸음, 절실한 기도, 그 믿음에 치유의 은혜를 내게 주셨다고 나는 믿는다.

아내의 2년 동안의 정성이 없었다면, 힘이 없어 부축 받아야만 움직일 수 있는 나를 강권하여 주일 미사에 가도록 한 동기가 없었다면, 나는 이 놀라운 은혜를 입지 못하였을 것이다. 사랑스런 아내 정원정, 그대는 내 생명의 은인이오.

8.
정의의 길

불의를 거부한 사직서

서무과장으로 승진한 그 후의 일이다. 서무과장은 학교의 행정 전반을 책임지는 자리다. 어깨가 한결 무거워지자 나는 책임을 다하기 위하여 서무과의 행정 전반에 걸쳐 꼼꼼히 검토하였다.

그 무렵 의심스러운 단서를 포착하였다. 최거덕 이사장님이 양평군 양수리 안쪽 강변마을 문오리에 피어선실업전수학교의 실습지로 쓸 땅을 매입하였다. 넓은 평수의 밭과 포도원이다. 문오리에 거주하는 임 장로라는 사람을 토지 관리인으로 두었는데 그분이 학교에 오가며 실습지의 모든 책임을 맡아 일하고 있었다. 관리에 소요되는 모든 비용은 물론 관리인의 인건비도 교비에서 지출되고 있었다. 아무래도 이상하다는 느낌이 들었다.

"많이 아프셨다지요? 이렇게 출근한 모습을 보니 기쁩니다."

"일할 정도는 됩니다."

"그렇군요. 다행입니다. 그런데 과장님, 좀 이상한 일이 생긴 것 같은데, 잘 처리하셔야 될 것 같아서요."

"이상한 일이라뇨?"

"문오리 실습농장, 그건 좀⋯⋯. 잘 알아보세요."

뭔가 냄새를 맡은 게 분명하였다. 정보원의 눈과 코와 귀는 예민하다. 평소에 학교에 드나드는 그와 대화하면서 그렇게 느낀 바 있다.

나름대로 회계장부를 검토하여 문오리와 관련된 자료들을 뽑아보았다. 뭔가 불의한 냄새가 느껴졌다. 결정적인 것은 그 땅이 학교 이름으로 등기되지 않고 최거덕 개인 소유로 등기된 것이었다. 넓은 토지 면적이 등기상 소유주는 최거덕 개인인데 그 토지의 관리비와 관리인 인건비는 학교 회계에서 교비로 처리된 것을 발견하였다. 심각하게 의문이 드는 이중장부 처리였다.

'이건 아닌데⋯⋯. 이건 바로잡아야 해. 안 그러면 문제가 심각해지겠어⋯⋯.'

내 입장에서는 여간 난감한 게 아니었다. 최거덕 이사장님이 나의 5촌 아저씨인 데다가 내가 이 학교에 취업한 것도 최거덕 이사장님 덕이 아닌가. 그런데 내가 교비 회계상 비리라지만 대놓고 최거덕 이사장님께 문제를 제기하기는 쉽지 않았다. 몇 날을 혼자 끙끙거리며 고민하다가 이건 개인의 문제가 아니라 학교라는 공공 교육기관의 부정사례이므로 바로잡지 않으면 큰 화를 당할 수 있다는 판단이 서서 마음 굳게 먹고 최거덕 목사님을 찾아 교회로 갔다.

"몸이 다 나았다니 감사하구나. 서무과장은 책임 있는 자리이니 잘 해야 된다."

"이사장님."

나는 늘 아저씨라고 불렀었다. 그러나 그날은 업무차 방문이었고, 용건이 유쾌하지 않았다.

"그래, 무슨 일이냐? 건강 늘 잘 챙기고 무리하지는 말아라."

"예, 명심하겠습니다."

내 표정이 평소와 달리 긴장되어 있었을 것이다. 나모 모르게 나는 사무적인 태도였다.

"왜? 뭐 문제라도 있느냐?"

"네, 이사장님."

"말해 보거라."

"예, 문오리의 학교 실습농장을 학교 명의로 등기를 바꾸지 않으면 매우 곤혹스러운 일이 생길 것입니다."

"곤혹스러운 일?"

"예, 그렇습니다. 학교 교비에서 땅값이 지불되었고 현장 관리인의 인건비 등 모든 비용이 교비에서 지출되었습니다. 그런데 등기상에는 학교 소유가 아니라 이사장님 개인 소유로 되어 있습니다. 이거 언제고 큰 문제 됩니다."

"……?"

아저씨는 얼른 대답을 못하였으나 불쾌감이 역력히 표정에 나타났다.

"너, 한동안 출근을 못하더니 출근하자마자 그런 거 조사했니?"

"아닙니다. 조사한 게 아닙니다. 정보부 직원이 어떻게 알고 찾아와서 얘기해 주어 알게 되었습니다. 그래서 자료를 찾아보게 되었는데요, 이거 문제 됩니다. 학교에도 이사장님께도. 바로잡아야 합니다."

이사장님은 이에 대하여 이런저런 설명을 하였으나 합리적인 변명에 다름 아니었다. 나는 이미 문제를 바로잡지 않으면 안 된다는 결론을 갖고 간 터이므로 한 치의 양보나 타협은 있을 수 없었다.

"제 건의대로 하셔야 됩니다. 학교 명의로 등기 변경을……."

"그만 가거라. 손님이 올 시간이다. 다음에 이야기하자."

"미루실 문제가 아닙니다."

"너 너무 서두른다. 그리 단순히 처리할 사안이 아니니……."

"물론 그럴 만한 이유가 있으시겠지만 제 의견대로 반드시 그리고 속히 처리하지 않으면 안 된다는 사실만은 분명하게 전달하였습니다."

학교로 돌아왔으나 마음이 개운할 리 없었다. 어떤 사정이나 이유가 있는지 모르지만 법적으로 문제가 되는 것은 명백하므로 학교 행정 전반과 재정의 출납을 관장하는 책임자의 자리에 있는 나로서는 내가 한 일이 아니므로 나는 면책될 수 있겠으나 학교도 아저씨도 절대로 명예로울 수 없는 후회할 일이 온다고 생각하였으므로 그대로 유야무야 넘어갈 수 없었다. 그래서 아예 사직서를 들고 다시 찾아갔다.

학교생활은 즐거움이었다. 나는 성실하게 책임을 다하였다. 이사장인 5촌 아저씨 최거덕 목사님의 신뢰와 배려에 대한 깊은 감사가 늘 내 마음에 있었다.

나에게 얼마나 소중한 피어선학교인가. 나에게 최초의 안정적인 그리고 명예로운 직장이며, 그 직장이 있어 사랑하는 여인과 결혼하여 가정을 이루었고, 연세대학에서 석사학위도 받을 수 있었다. 그 사랑하는 나의 일터 피어선을 이렇게 껄끄럽게 떠나는 것이 나는 정말 견디기 어려울 만큼 마음 아팠다.

연애중일 때의 아내의 말이 생각났다. 어느 날 느닷없이 꿈 얘기를 하였다.

"꿈에 상자 안에 노란 병아리 수십 마리가 바글바글한데, 너무 귀여운데, 이 많은 병아리를 어떻게 키우나 걱정했어요. 그런데 꿈에서 깨고 나서 문득 최 선생님 꿈을 꾼 거 같다는 생각이 들었거든요. 최 선생님 걱정하는 꿈으로 느껴졌어요. 상자는 학교, 병아리는 학생들……. 내 해석이 맞을까?"

꿈속에서의 아내의 걱정이 나의 걱정으로 현실이 되었다. 그렇다고 내가 일방적으로 어떻게 처리할 수 있는 방법은 없다. 강요로도 안 되고 강요할 수도 없다. 당사자인 최거덕 이사장님이 직접 나서서 처리하지 않으면 안 되는 상황이다.

그 후 피어선 빌딩 건축 계획은 학교 이전 준비 관계로 전수학교와 고등공민학교는 폐교되었다.

보험회사 연수실 대리

학교를 사직한 후의 나의 새 직장은 동방해상화재보험회사였다. 그 무렵에 다니던 한강성당에서 만난 사목위원회의 회장이 장성 출신의 한무협 장군이었다. 한무협 회장은 사목위원회 회장이었고 나는 총무였다. 그분이 동방해상보험회사 사장으로 부임하였다. 이력서를 들고 회사로 찾아가 취직을 부탁하였다.

"교육자로 오래 지내왔으니 연수실에 근무하도록 하겠습니다."

"열심히 하겠습니다."

"대리까지의 인사권은 나에게 있으니 최 선생을 연수실 대리로 발령하지. 열심히 해보시오."

보험 모집인을 모집하면 보험교육이 우선이다. 본사와 전국의 영업소를 순회하며 신입사원 교육은 기존 사원을 지속적으로 교육하는 연수실의 강사는 보험의 개요에서부터 보험 상품의 지식은 물론 신입사원에게는 강한 정신력과 자신감과 영업능력을 가르쳐야 한다. 신입 보험설계사원에게는 고객에게 접근(approach) 단계에서부터 진행(try)-마감(closing)까지의 실무과정 전체를 비롯, 긍정적 마인드와 강한 정신력을 심어주어야 한다. 기존의 보험설계사에게는 새 상품의 소개와 긍정적 마인드를 재충전시켜 영업능력을 북돋는 역할이다.

　나름대로 책을 통해 보험지식을 습득하면서 내 임무를 성실하게 수행하였다. 그러나 쉬운 일은 아니었다. 경험이 전혀 없는 분야라 학교 교실에서 학생들을 가르치는 것과는 같을 수 없었다. 따라서 연수실 직원 중 교육을 담당하는 사원들은 보험과 영업에 관한 상당 수준의 지식과 경험이 필요하다. 풍부한 현장 경험 없이 실감나고 설득력 있게 강의하기는 어렵다. 따라서 연수실은 가르칠 뿐만 아니라 늘 심도 있게 배우지 않으면 안 된다. 배우고 나면 시험을 치른다. 숙지 여부를 확인해야 하기 때문이다.

　직장이라고는 학교가 전부였던 나는 보험협회 강의실에서 열심히 경청하며 공부하였다. 나이 40대에 대리로 특채된 형편이니 제대로 공부해서 한무협 사장님 체면도 세워 드려야겠고, 나 역시 새 일을 잘 하고 싶었다. 나는 한 가정의 가장으로서의 책임을 다하기 위해서라도 열심히 연수실 대리로서의 충분한 강사 자격을 갖추기 위하여 노력하였다.

　교육이 끝나자 바로 시험을 치렀다. 나는 창피하게도 낙제 점수였다. 그래서 더 노력해야겠다고 스스로 다짐하였다. 그러나 그것은 내 생각일 뿐이었다.

　"교육 담당부서 연수실 대리가 이런 성적으로……"

기가 막힌 모양이다.

"부장님께 보고해야 되니까 조치를 기다려 보세요."

내 성적은 부장을 통하여 사장실에 보고되었다. 연수실 대리가 이런 실력으로 기존 사원과 신입사원 교육을 담당하는 건 불가능하다는 결론이 났다. 그리하여 연수실 대리 1년을 채우지 못하고 사퇴할 수밖에 없었다.

극동제관

보험회사에서 부끄럽게 조용히 퇴사한 나는 김대환이라는 좋은 친구를 찾아갔다. 생각만 해도 기분이 좋아지는 사람이다. 삼화페인트회사 창업주의 아들이다. 극동제관주식회사의 사장인 그가 나를 입사시켜 주었다. 영업이사이다.

나는 결심하고 각오하고 일을 시작하였다. 나는 다시는 가난해질 수 없었다. 그 고통스러운 기나긴 빈곤은 나 하나의 경험으로 마감하고 사랑하는 나의 가정 나의 가족을 책임 있게 보호하고 지켜나갈 각오는 충분히 되어 있었다. 그러나 첫 직장이었던 학교를 떠난 후의 직장이었던 보험회사에서의 허망한 퇴사를 더 나은 직장을 찾겠다는 변명으로 아내에게 말했지만, 극동제관은 그 업계에서는 깡통회사로 불렸다. 페인트회사에 페인트통을 만들어 납품하는 깡통제조회사이므로 깡통회사가 맞다.

도움을 받기 위해 삼성전자 이해민 사업본부장을 찾아갔다. 전자제품 회사인 금성사의 과장으로 재직 시 삼성그룹 이건희 회장이 스카우트하여 사장 자리까지 올라 있는 손아래 동서다. 매우 탁월하고 유능한 인재다. 삼성전자 수원사업본부장실을 찾

아가는데 회사 출입문에서부터 절도 있는 안내를 받았다. 본부
장실에 들어가니 삼성전자 제복을 입은 동서가 반갑게 맞이해
주었다. 나의 용건을 듣고는 인터폰으로 담당 과장을 불러 거래
페인트 회사에 대해 묻고는 그 자리에서 즉시 지시하였다.

"형님에겐 학교가 딱 맞는다고 생각했습니다. 그런데 깡통회
사라니요?"

나는 가정사 이야기 등 이런저런 대화를 하고 방문용건을 꺼
냈다.

"깡통회사 영업이사로 취직했는데 동서가 좀 도와주어야겠어.
납품처 소개 좀 해줄 수 있는지 알아보려고 왔지."

"지금 우리나라는 건설 붐이 한창이라서 페인트 소비량이 엄
청납니다. 시의적절한 괜찮은 일입니다. 형님, 보시다시피 대한
민국 전 국토에 대변화가 일어나고 있습니다. 아파트, 빌딩, 공
장, 교량, 도로포장……. 페인트 수요가 엄청납니다. 따라서 페
인트를 담는 용기의 수요도 비례해서 많구요. 현재로서는 그 업
종 전망이 매우 좋습니다."

정말 그럴 때였다. 페인트 소비가 많으니 깡통수요가 엄청나
다. 거기까지는 깡통회사에 들어가면서 대충 알고 있었지만 동
서의 말을 들으니 할 만한 일이라는 확신이 섰다. 동서는 몇 군
데 기업을 소개해주기까지 하여 고마웠다.

한국을 대표하는 대기업 삼성의 사업본부장이 소개해서 찾아
간 회사에서는 깡통회사의 일개 영업이사가 왔는데도 본사 전무

이사가 직접 응대해주는 파격이었다. 삼성의 본부장이 정말 대단한 자리라고 실감되었다. 아무튼 나는 동서 덕분에 직접 고객 회사 실권자를 만나게 되어 납품처가 생겼다. 건설화학주식회사가 첫 거래처인 나의 실적이 괜찮았다.

한번은 회사에서 납품한 깡통을 건설화학 현장 부장이 하자를 걸어 반품하라는 통보를 받았다. 알고 보니 반품 처리할 정도의 큰 하자가 있는 것이 아니었다. 칼자루 쥔 쪽에서 가끔 그렇게 갑질 행세를 한다는 사실을 우리 회사 영업과장에게서 들었다.

삼성전자에 있는 동서에게 전화를 걸어 그 사실을 말했더니 "고얀 놈들, 알겠습니다." 하였다. 삼성전자 담당 과장이 조치를 취한 모양이었다. 삼성 과장이 거래 회사 사장과 직접 업무 처리한다. 그리하여 별 탈 없이 납품되었다.

학교를 떠난 지 2년쯤 되었을 무렵 최거덕 5촌 아저씨가 사람을 내게 보냈다. 문오리 일은 다 처리하였으며, 평택으로 이전하여 정규 4년제 대학으로 새 출발하려는 중요한 시점이니 네가 꼭 다시 와서 학교 일을 도와주기 바란다는, 나로서는 고향의 좋은 소식이나 다름없고, 문제도 다 해결되었다니 학교를 일시적으로 떠나 있기는 하였으나 보람을 느꼈다.

학교를 떠나 근 2년여, 제관회사에서 2년여가 지났어도 피어선을 잊은 적이 없었다. 나에게는 제대로 된 첫 직장이며, 아내와의 결혼을 이루게 한 직장이며, 5촌 아저씨가 이사장이며, 더 공부하고 노력해서 지식과 인격을 한 단계 높인 지성과 품격 높은 조직사회의 구성원이었다는, 보람과 가치를 지닌 일터였기 때문이다. 학교는 마치 사회 속의 고향같이 정이 든 곳이다. 뿐만 아니라 평택대학교로 도약할 비전이 피어선에 있음이 자랑스럽게 느껴지기도 하였다. 나는 피어선을 사랑하였다. 떠나 있어도 그 마음이 변하지 않았다. 최거덕 목사님의 은혜도 많이 입었다. 제관회사 영업이사인 나는 학교보다 수입도 좋았다.

그러나 나는 피어선을 잊을 수 없고, 피어선을 사랑하고, 피어선의 발전을 내 일처럼 원했다. 그래서 이 기회에 다시 학교로 돌아가기로 하였다. 아내도 적극 동의하였다. 수입보다 중요한 가치가 교육에 있고, 내가 사랑하는 학교이기 때문이다.

9.
교단으로 돌아와

평택대학교 37년을 마감하며

피어선(Auther T. Pierson 한국명 皮漁善) 박사가 1912년
에 서울 종로구 신문로에 설립한 피어선신학교(Pierson bible
school)를 주축으로 고등공민학교와 전수학교를 폐교하고
1981년 평택으로 이전하며 평택대학교로 도약하는 중요한 시기
인 1966년부터 2003년까지의 37년은 내 인생 여정에서도 대단
히 중요한 시기였다.

나는 희망이라는 단어에서 매우 먼 거리에 오랫동안 머물러
있었다.

일제치하의 상해 임시정부 시절에 독립운동을 하시던 부친이
내 나이 겨우 세 살에 일본 경찰에게 살해되고(1940년), 여섯
살과 일곱 살의 두 누나 등 어린 3남매를 데리고 과부가 된 어
머니가 귀국한 이후 연약한 4인 가족인 우리는 가뜩이나 극빈시
대였던 그 시기에 생존의 방법도 가능성도 없는 절망의 어둠에
매몰되어 있었다.

이에 더하여 유일한 어른인 우리 어린 3남매의 보호자인 어머
니가 6.25전쟁이 일어나기 조금 전에 이 세상을 하직하셨으니,

고작 열두 살인 나는, 열다섯과 열여섯의 두 누나는, 미성년인 우리 세 남매에게는, 이 세상은 빛이 없는 암흑이었다. 더구나 그 해에 전쟁이 났고, 한반도에서는 지겹게도 3년이나 총성이 떠나지 않았다. 가뜩이나 빈곤국가인 우리나라는 그 열악한 생산시설과 도로와 교량과 건물들이 파괴되어 도시가 폐허로 변하였다.

내게는 일용할 양식이 없었고, 어둠이 내려앉아도 그 한 밤 어린 내 몸 뉘일 공간이 없었던, 되돌아보는 것조차 힘든 고난의 긴 세월이었다.

나는 생존을 위한 피눈물을 흘렸다. 그랬는데 피어선을 만났고, 포기하지 않고 인내하며 전진하여 학문을 닦아 박사학위를 받았다.

그리고 나를 품어준 평택대학교에서 37년을 교수로 재직하면서 후진을 양성하는 가치 있는 일을 수행하며, 거의 모든 부서의 보직을 실수 없이 타협 없이 책임 있게 수행하였고, 교육대학원장을 마지막 보직으로 섬기다가, 인생의 면류관인 백발이 듬성듬성 검은 머리보다 많아지는 65세에 그야말로 무탈하게 정년퇴직으로 학교를 떠난 것은, 나약하고 미숙한 나를 이토록 보호하시고 인도하신 하느님의 은혜임을 믿는다.

그래서 늘 감사의 마음이 내 안에 채워져 있다. 65세까지의 피어선 시절과 평택대학교 시절은 특별한 은혜의 세월이었다.

인성교육의 감동

교수로서 대학에서의 가장 감동적인 내 강의는 인성향상人性向上을 위한 인간관계人間關係였다.

학교에서 교양과목으로 인간관계 강의를 요청해 왔을 때 나는 좀 난감하였다. 나의 관심 분야이기는 하였으나 강의할 만한 준비가 없었기 때문이다. 그래서 서점(교보문고, 종로서적 등)들을 뒤져 자료를 찾는 게 1차적 작업이었다. 인성교육협회의 양승봉 이사장의 저서 〈인간관계〉를 찾은 것은 큰 소득이었다.

내용이 마음에 쏘옥 들었다. 책을 읽은 후 인성교육협회로 전화해서 저자와 통화하였다. 일방적으로 내용을 알리는 식의 직선적 강의로는 인성교육의 효과를 거둘 수 없으며, 수강생이 직접 강의에 참여하는, 개입하는 교육, 즉 일방통행이 아닌 쌍방통행식으로 교수와 학생이 직접 교류함으로써 마음과 마음이 연결될 만큼 소통되는 밀착관계를 연출해야 된다는 것이다. 인간관계는 소통을 중심에 두는 것임을 강조하는 것이었다.

"책 한 권 읽은 것과 몇 마디 대화로 인간관계학을 정의한다는 건 뜬구름 잡기에 다름 아니니 직접 강의에 참여해 보는 게 효과적일 것입니다. 시간이 허락하시면……."

인성교육협회 양승봉 이사장의 제안이다.

경기도 양평에서 3박 4일간 대우그룹 직원을 상대로 인성교육 집중강의가 있다면서 때와 장소를 안내해 주었다. 시의적절한 좋은 기회여서 기꺼이 참여하였다. 아주 좋은 경험이었다. 인성함양을 위한 인간관계가 주제였는데, 주입식 강의가 아니라 소그룹 조직으로 주제를 놓고 토론하고 각자 발표하는 수업으로 매우 효과적이었다.

강사 중심이 아니라 철저히 참여자들이 중심이 되는 성격이어서 그들이 적극적으로 각자 자기중심적인 자세를 보였다. 교육효과가 성공적일 수밖에 없었다. 책과 현장 실습교육을 통해서 체득한 내용에 내가 헤쳐 온 기나긴 어둠의 질곡 같은 인생여정의 경험들, 그리고 몇몇 좋은 이론서들을 열심히 탐독하여 쌓은 지식을 바탕으로 정말 중요한 강의, 효과가 극대화되는 강의가 되도록 준비에 열중하였다.

교양과목으로 신설된 인성향상을 위한 인간관계(人性 向上을 위한 人間關係)의 수강신청을 받았다. 학과명의 경직성으로 수강생이 몇이나 될까 조금은 걱정스러웠다. 그런데 놀랍게도 첫 강의에 400여 명이 수강신청을 하는, 나도 놀라고 학교 당국도 놀라는 기현상이 생겼다. 신설 교양과목에 400명의 수강신청이라니!

나는 긴장되었다. 한동안 난감하였다. 그래서 한결 정성을 다

한 강의 준비로 학생들 앞에 서야 되겠다는 자세가 확립되었다. 나의 한 평생의 교수생활의 노하우와 노력과 정성을 다 쏟는 강의로 400여 명 수강생이 그들이 살아갈 수십 년의 미래세계가 윤기 흐르는 아름다운 인간관계로 흐르는 인생이 된다면 이보다 더 아름답고 가치 있으며 소중한 일이 또 무엇이겠는가를 생각하였다.

400여 명의 수강생은 1학년부터 4학년까지 망라되었으므로 그들의 선후배 관계에서 불편과 거리낌 없이 하나 된 관계를 형성하는 것부터가 과제라고 생각되었다. 고민하며 연구한 끝에 선후배를 가리지 않고 수강신청 번호를 기준으로 조를 편성하는 게 합리적이라는 결론에 도달하였다.

강의실은 대강당(음악당)이다. 첫 강의시간이 되자 400여 명의 남녀 선후배 학생들이 모여 서성거리며 웅성거렸다. 한 학기를, 한 과목을, 많은 400여 명의 학생을 이끌어가는 것도 어려운데 교육효과를 극대화시킨다는 게 나의 지나친 욕심이라는 생각도 들었다. 그러나 나는 크게 고무되기도 하였다. 한 학기 내내 내 강의를 들으려고 많은 학생이 내 앞으로 왔으니 고무될 만도 하였다.

"나는 이번 한 학기 동안 사랑하는 학생 여러분과 함께 인성 향상을 위한 인간관계를 강의할 최용학 교수입니다."

학생들을 향해 정중하게 허리 굽혀 인사하였다. 박수가 터져 나왔다.

"인간관계, 우리의 일상적 경험세계에서 외면되어서는 안 되는, 필수적이고 다반사로 반복되는 그것이 곧 사람과 사람의 관계임을 누구도 부정하지 못합니다. 이건 필연적 관계라서 그렇습니다. 인간관계를 논하려면 먼저 인간이 무엇인지를 아는 것으로 접근해 들어가야 됩니다."

사람 인(人)

큰 글자로 사람 인(人)을 칠판에 썼다.

"보세요. 사람 인자입니다. 한글 자음의 ㅅ과 똑같습니다. 사람, 혼자 살아갈 수 없는 특질을 지녔습니다. 3천5백여 년 전에 기록된 고전 중의 고전, 서양문화의 토양을 이룬 1,752페이지나 되는 성경의 장엄한 도입부에 등장하는 사람과 사람의 정의는 창조시대부터 문명시대인 현재에 이르기까지 일관되게 사람은 홀로일 수 없는 존재임을 정의합니다. 아담과 에와에게 둘이 합하여 한 몸을 이루라고 하였습니다. 사람 인자의 형상은, 그 구조만 보아도 홀로 설 수 없음을, 사람과 사람이 서로 기댄 모습, 서로 돕고 의지하는 형상입니다. 뜻글자 한자漢子가 담고 있는 사람과 사람의 관계의 절대성, 필연성, 아니 불가피성을 보여줍니다. 철학이나 의학이나 사회학 등 모든 학문 분야가 이의를 제기하지 않습니다. 요컨대 신설된 인간관계 강의 한 학기는 인간은 상황에 따른 일시적인 조건상 고립될 수도 있고 홀로일 수 있기는 하지만, 그런 불가피한 상황이 아닌 한, 서로 의지하고 서로 돕는 관계여야만 그게 정상입니다. 정상이라 함은 곧 행복임을 여러분 학생들이 대학생이 되어 이 자리에 앉기까지의 인생경험만으로도 넉넉히, 그야말로 충분히 증명되었을 것입니다. 인간관계가 좋으면 그것만으로도 행복한 성공인생입니다. 한 학기 수업을 통해서 여러분 인생이 아름다운 인간관계의 형성으로 앞으로 수십 년을 살아가야 할 인생에 그야말로 명실상부한 아름다운 열매를 풍성하게 맺게 될 것을 나는 기대하며 확신합니다."

서론은 이쯤으로 하고 그들이 한 번도 경험하지 못한 수업방법을 위한 조치를 취하였다.

"모두 자리에서 일어나 가까운 벽에 등을 대고 섭니다."

400여 명이 대강당 3면의 벽을 등지고 정렬되었다.

"자, 여러분, 수업효과의 극대화를 위하여 자리 이동을 하겠습니다. 접수번호순으로 자리를 배정합니다. 1번부터 강단 중심 우측 앞자리로 이동해주세요. 한 줄에 다섯 명씩 열 명이 한 팀으로 앉습니다. 우측 맨 앞자리에 1번부터 5번까지, 둘째 줄에 5번부터 10번까지 앉으세요. 그 다음 줄은 11번부터 15번, 셋째 줄은 16번부터 20번……."

웅성거리며 자리 이동하느라 한동안 어수선하였다. 자리 정리가 끝나고 보니 10명 한 팀에 1학년부터 4학년까지, 남녀 학생들이 뒤섞였다.

"모두 자기 자리에서 한 팀이 서로 마주보고 앉습니다."

앞자리 학생들은 뒤돌아서서 허리 굽히고, 같은 팀 뒷자리에 앉은 학생들은 공손한 자세로 상대방을 바라봅니다.

"팀원끼리 마주보고 인사합니다. 인사가 끝났으면 서로 자기 자랑을 합니다. 기왕이면 재미있게 자랑하세요. 한 학기를 10명 한 팀이 함께하니까 숨길 것도 없고 꺼릴 것도 없습니다. 10명 모두 서로 이해하고 서로 돕고 서로 협력하고 의지하는 시간을 함께하면 좋은 관계가 이루어집니다. 자, 각자 자기 자랑으로 자기소개 하세요. 한 학생의 소개가 끝날 때마다 팀원들이 크게 박수쳐주세요."

굉장한 시간이다. 400여 명의 웃음소리가 간단없이 터져 나오고 열광적인 박수소리가 강당을 떠나지 않았다. 10명 팀원들의 자기소개가 끝났을 때는 이미 그들 10명의 팀원들끼리는 선후배간의 경직성도, 낯선 타인에 대한 경계심이나 주저함이 없는, 아주 빠른 시간에 친구가 된 분위기였다. 모두의 얼굴에 환한 웃음이 가득하였다.

"자, 이번엔 팀별 팀장을 뽑습니다. 팀장은 한 학기 동안 조교의 역할로 지도 교수인 나를 돕습니다. 우리는 앞으로 팀별로 토론하고 발표하는 시간을 갖는데, 팀장은 그 내용을 요약 정리합니다. 자, 팀장을 뽑으세요. 뽑은 팀은 박수로 알려주세요."

잠시 후부터 여기저기서 박수가 터져 나오기 시작하였다. 마지막 박수소리가 끝나자 다음 순서로 들어갔다.

"팀장은 모두 팀 옆의 가운데 통로로 나오세요."

남녀 학생 40명이 통로에 섰다.

"팀원들이 통로 쪽 앞 첫 자리를 팀장에게 내주세요. 앞으로 강의시간마다 팀장의 자리는 통로 쪽 첫 좌석입니다."

40명의 팀장이 자리에 앉았다.

"교수님, 자리를 바꿔 주세요."

"왜?"

"저 친구가 고등학교 동창인데 함께 앉고 싶어요."

"그렇겠지? 그런데 그 친구 처음 만났을 때부터 친하진 않았지요? 인간관계는 누구나 처음에는 낯선 사람이 만나는 거지요. 그게 인간관계의 시작입니다."

그리고 다음을 진행했다.

"마이크를 1팀 팀장에게 넘기겠습니다. 간략하게 소감을 말해주면 됩니다. 소감 발표가 끝나면 팀과 관계없이 모두 박수쳐주세요."

나도 교수로서 인간관계 프로그램 강좌를 처음 시도하는 것이지만 학생들도 첫 경험이라서 화기애애한 분위기가 강의시간 내내 이어졌다. 횟수를 헤아릴 수 없는 박수의 연속이고 웃음소리가 터져 나오는 등 선후배가 처음 만난 자리지만 모두가 친구처럼 하나가 된 시간이다.

100분 수업이 잠깐 사이에 끝난 것 같다. 음악당인 대강당에서 선후배 400여 명의 학생이 만난 첫 강의에서 100분 동안 이토록 많은 박수소리와 웃음소리가 이어진 것은 처음이다.

지나가는 교수나 학생들이 많은 관심을 가졌다.

주 1회의 100분 수업은 언제나 10분에서 15분 정도의 짧은 이론강의를 하고, 각종 체험과 토론과 발표로 이어졌다. 학기말 마지막 강의 시간에는 죽음에 대한 주제를 다루었다. 〈죽음〉을 주제로 한 수업에서는 모두가 인지하고 공감하는 죽음이 개개인에게서는 전혀 자기와 무관하게 인식된다는 점에 초점을 두었다. 친구나 가족의 죽음도 그의 죽음이지 나의 죽음과 무관하다. 모든 생명에게 종말은 필연이다. 누구도 부정하지 않는다.

그러나 나의 죽음은 어떤 이유로든 죽음에 이르게 되었을 때만 실감되는 종말이다. 그래서 영원히 살 것처럼 천방지축이다.

생명의 종말에 대한 상식이나 지식이나 인식 수준에서는 종말이 실감되지 않는다. 어떤 방법으로든 죽음이 체험되는 경험이 있어야만 죽음이 실감되는 효과가 있다. 그래서 학생들이 한 번씩 관 속에 들어가는 프로그램을 진행하면 좋겠으나 관 준비 관리가 여의치 않았다. 강의실을 소등하고 교탁에 촛불만 밝힌 채 음악 레위엠(라틴 성가, 진혼곡)을 잔잔히 들려주며 묵상하게 하였다. 내가 만약 앞으로 살아 있는 시간이 24시간밖에 남아 있지 않다면 나는 무엇을 할 것인가? 눈 감고 시간대별로 구체적으로 생각하도록 했다.

강의실에는 은은한 조명만 켜고 유언장을 작성하도록 하였다. 유언장 작성중엔 여기저기서 흐느껴 우는 소리도 났다.

끔찍하게 느끼는 학생들이 많았다. 숙연해지는 학생도 많았다. 2000년대 초반의 우리나라 통계상의 장애인이 200만 이상이다. 장애인에 대한 부정적 시각이 일반적이다. 장애인은 장애를 원치 않았으나 장애인이 되었다. 그렇다면 장애는 원치 않는 모든 사람에게 찾아올 가능성이 있음을 배제할 수 없다. 장애인은 또한 사회 구성원으로 함께 살아가는 이웃이다.

원시시대의 장애 발생 잠재력에 비해 문명시대의 잠재력은 월등하다. 한 예로 누구나 한평생 교통수단을 이용한다. 교통사고에 의한 사망은 차치하고라도 장애인이 되는 사례는 우리나라의 경우만도 통계상으로 연간 30만 명 이상이다. 10년이면 300만, 100년이면 2100만이다. 평균수명이 길어져서 100년을 산다고 할 때 교통사고에 의한 부상자에 포함될 확률은 매우 높아진다.

현재 정상적인 신체조건을 지니고 있다 해도 장애인이 될 확률이 결코 낮지 않다는 점을 간과할 수 없다는 이 현실을 직시할 때 장애인에 대한 도움과 배려는 우리 사회 구성원으로서 간과할 수 없다는 철저한 인식이 요구된다.

강의에 이어 실습에 들어갔다.

중앙 통로에 2열로 긴 줄을 세웠다. 미리 준비시킨 안대, 마스크, 손수건 등을 사용해 언어장애인과 시각장애인 경험을 실습하는 시간이다. 좌측 학생들은 언어장애인을 경험하기 위해 마스크를 쓰고, 일체 말하지 않기로 하였다. 우측은 시각장애인 경험을 위해 안대를 하였다. 언어장애인과 시각장애인이 서로 손을 잡거나 부축하여 밖으로 나갔다. 캠퍼스의 이곳저곳을 그렇게 이동하였다. 비탈진 산길도 있고 계단도 있다. 잡은 손을 놓으면 2인 1팀 두 사람에게 동시에 문제가 발생할 수 있다. 조심스럽게 걷지만 그래도 웃음소리가 여기저기서 터진다. 상호 배려와 협력이 두 사람 모두를 보호한다. 인생은 서로 도움이 되는 배려와 협력으로 아름다워진다.

20분 동안을 그렇게 손잡고 움직이다가 강의실로 들어와 안대와 마스크를 벗으니 동시에 탄성이 터져 나왔다. 20분의 앞 못 보는 그 조심스럽고 불편하고 답답한 어둠의 세계에서 밝은 빛의 세계로 들어서니 세상이 새롭게 보이고 느껴진다. 마스크를 했던 200명은 그 20여 분 동안 말 한마디 못하고 걷다가 마스크를 벗는 순간 기쁨이 충만한 탄성과 웃음소리가 강의실을 덮었다. 빛이 얼마나 감사한가. 말할 수 있음은 얼마나 감사한가. 평소 전혀 감사의 대상이 아니었던 일상적으로 경험하는 조건들을 새삼스럽게 감사로 느낀다.

다음은 역할을 바꾸어 똑같이 20여 분을 밖에서 걸었다. 시각장애와 언어장애를 경험한 학생들은 다시 강의실로 돌아와 자기 자리에 앉아 침묵의 시간을 잠시 가졌다.

"40여 분 동안 힘든 경험하느라 수고가 많았습니다. 마스크와 안대를 벗으세요. 이재부터 오늘 경험한 두 종류 장애경험에 대한 느낌을 쓰세요."

서정적인 고운 선율의 클래식 음악을 은은하게 틀어놓았다. 모두들 숙연한 모습으로 조용히 두 종류 장애체험기를 썼다. 400여 명이 함께한 강의실이 이토록 조용하고 숙연한 건 내게도 감동이었다. 이건 강의실 분위기가 아니다.

체험기를 다 쓴 팀은 팀장이 손을 들어 내게 알렸다. 팀별로 앞 자리 학생들은 일어서서 허리 굽혀 뒷자리 학생을 바라보고 뒷자리 학생은 역시 몸을 앞으로 좀 숙여 서로 바라보면서 팀장을 중심으로 시계 방향으로 한 사람씩 자기의 체험기를 읽었다. 읽기가 끝나면 10명 중 가장 잘 쓴 체험기를 그들끼리 선정하고, 선정된 글을 쓴 학생이 앞으로 나와 발표하게 하였다.

발표 전에 칠판에 발표자의 학과, 학년, 이름을 쓰고 옷매무새부터 인사까지 바른 매너를 지키게 하였다. 발표가 끝날 때마다 모두 힘찬 박수를 보냈다. 발표된 소감문은 가슴이 찡 울리는 내용이 많았다. 깜깜한 세상을, 말 못하는 세상을 단지 20분씩 40분을 경험하였을 뿐인데도. 일생을 그렇게 살아가는 장애인들을 생각하니 장애인에 대한 인식의 전환과 함께 온전한 몸으로 살아간다는 사실에 대한 새삼스러운 감사를 확인할 수 있었다. 이게 정말 인성향상을 위한 인간관계 학습의 효과였다.

강의가 거듭될수록 학생들은 변하여 갔다. 인생에 대해 진지해지고, 이웃에 대한 이해와 배려가 깊어지고, 탐욕적 이기에서 한 걸음 비켜서서 타인을 바라보는 가슴이 넓어지고 깊어지는 경험이었을 것이다.

시간 시간마다 다양한 프로그램을 시도하였다. 한 학기의 종강을 앞둔 그날은 '마지막 날'을 주제로 선택하였다.

죽음을 생각해 보았나요? 아니지요. 관심 밖의 주제입니다.

그러나 여러분에게도, 나에게도, 죽음은 피해가지 않습니다. 나이도 신분도 능력도 지식으로도 개인의 종말을 거부하지 못합니다. 정해진 사실입니다. 인류의 기나긴 역사 속에서 확인된, 충분히 경험된 사실입니다. 그래서 오늘은 죽음, 곧 인생의 종말을 주제로, 아니 죽음이라는 종말을 유사체험類似體驗함으로써 일시적으로나마 개인의 종말을 근접하게 체험해 보는 것은 의미 있을 것입니다. 간단히 말해서 여러분은 오늘 죽습니다. 죽는 체험을 합니다."

모두들 긴장된 표정이다.

"자, 지금부터 24시간이 여러분이 살아 있는 마지막 하루입니다. 오늘이 여러분의 종말입니다. 직설적으로 여러분은 오늘 사망합니다. 오늘이 여러분 인생의 마지막 하루라면 무엇을 하시겠습니까? 누구를 만날 겁니까? 어디를 가겠습니까? 지금부터 여러분 인생의 마지막 하루를 어떻게 보낼 것인지 시간대별로 적고, 누굴 만나면 무엇을 할 것인가를 적습니다. 즉 죽음을 앞둔 최후의 24시간 계획서를 작성하십시오."

학생들은 자기의 마지막 24시간을 어떻게 사용할 것인가를 심각하게 생각하는 얼굴이다.

"더 있습니다. 죽음이 임박한 여러분은 지금 의식불명 상태로 가정합니다. 타인은 그렇게 봅니다. 그러나 내가 알기로는 의식불명상태에서도 사망하기 전까지는 귀가 열려 있다고 합니다. 말소리를 다 듣는다는 뜻입니다. 의식불명의 중태에서 회복된 사람들의 진술이 있다고 합니다. 그렇다면 죽어가는 자식인 여러분에게 어머니는 무슨 말을 하실까요? 아버지는요? 여러분의 남매들은? 아주 가까운 친구들은? 생각에 멈추지 말고 상상해서 기록하세요. 성직자들(신부님, 목사님, 스님)은 뭐라고 하실까요? 죽음이 임박한 환자에게 무슨 말을 할까요. 적어 보세요. 실제상황이라는 인식하에 적어 보세요."

모든 학생이 난생 처음 듣는 '너 오늘 죽는다'는 그 소리는 심각하게 개인의 종말을 생각해 보는 가벼운 시간이 아니었다.

"종말체험의 마지막 코스는 유언장 쓰기입니다. 지금 씁니다. 마지막으로 남기는 글입니다. 여러분의 사랑하는 부모님과 형제자매들에게 마지막 유언을 씁니다. 자, 지금 씁니다."

참으로 감사하고 감격스럽다.

교수인 나 자신도 이런 수업은 처음이고, 학생들도 처음이며, 이토록 진지하고 엄숙한 수업분위기 또한 처음 경험하였다. 유언장을 쓰는 학생들 중 여러 명이 정말 유언장을 쓰듯이 심각하고 우울하고 진지하여 훌쩍이는 소리도 간간이 들려왔다.

첫 한 학기의 종강시간이 교수인 나로 하여금 이토록 뿌듯한 보람을 느끼게 하다니, 확실히 하느님의 은혜다.

종강에 이어진 전교생의 전 과목에 대한 학기말의 학과목별 교수들에 대한 학생 평가가 공식 집계되었다. 그 많은 과목과 그 많은 교수들 중 최고평가는 단연 신설과목 '人性向上을 위한 人間關係' 최용학 교수의 강의였다. 초유의 기록으로 A⁺였다.

정년퇴직과 인성교육프로그램 참여

2003년 2월 28일, 평택대학교 교육대학원장을 마지막으로 65세 정년퇴직한 후에도 여러 곳으로부터 인성교육 특강 초청을 받아 강사로 활동하는 길이 열렸다. 나로서는 더할 나위 없이 감사하고 기쁜 일이 아닐 수 없다.

그러나 좀 더 깊은 연구로 강의효과를 극대화하기 위해 한국인성교육협회에 참여하여 다양한 프로그램을 연구하고 강의 방법 등을 계발하며 직접 강의에 적용하면서 명실상부한 인성교육 전문가가 되려는 노력을 하였다. 충분히 보람을 느낄 수 있어 행복하였다.

아울러 한국인성교육협회의 초빙교수가 되었으므로 사실상의 인성교육 전문가가 된 것은 큰 보람이다.

전문가의 입장에서 인성교육 강사를 양성할 필요를 느꼈다. 육군 교육사령관을 지낸 예비역 중장 김승관 협회부회장과 뜻이 맞아 퇴직공무원이나 현역 기관장들, 육군에서 영관장교 이상으로 전역한 예비역을 대상으로 인성교육 강사 교육을 실시하였다. 그들은 교육만 받으면 충분히 훌륭한 인성교육 강사가 될 자원이다.

국방일보에 모집광고를 냈더니 많은 응모자가 왔다. 160시간 짜리 교육프로그램을 만들었다. 그동안의 현장경험과 이론을 더한 강의로 잘 짜서 교육을 수료하면 현장에서 강사로 활동할 수 있게 하였다. 먼 거리의 수강생과 부득불 결강하게 되는 수강생의 경우를 배려하여 인터넷 수강도 가능케 하였다.

실습은 수강생들이 전역한 부대에 가서 부대 장병들을 대상으로 직접 강의하는 현장체험으로 하였다. 한국인성교육협회에서 훈련을 마친 수료생에게 '인성교육 강사 자격증'을 발급하였다.

인성교육 강사 자격증을 받은 수료생들의 1차적 교육대상은 전국 교도소의 재소자였다. 다양한 사회구성원 중에서도 교도소 재소자야말로 인간관계의 윤리 확립과 인성함양이 가장 절실하다는 판단이다.

사회와 격리된 조건에서의 직업교육이나 종교행사 등은 교정교화의 필요조건이긴 하지만 충분조건은 아니다. 인간의 본성을 자극하여 일깨워서 인간다움의 삶을 회복하는 데는 인성교육의 효과가 이론상으로나 경험상으로 적절하다는 신념이 있어 실천에 옮긴 것이다. 재소자 인성교육의 강사료는 법무부에서 지불하였다.

인성교육 현장 사례

포항교도소의 눈물

교도관들에 의해 30~40명의 재소자들이 두 줄로 강의실에 들어왔다. 국민의례가 끝난 후 나는 의자에 앉은 그들을 바라보았다.

수용자(죄수들이라고 부르지 않는다)들을 인솔해 온 교도관은 나가고 나와 수용자들만 남았다.

삭발의 푸른 죄수복, 우람한 체격, 팔뚝의 과시용 문신 등등 조폭 두목 같은 모습이 주눅 들기 안성맞춤이다.

"여러분, 자리에서 일어서주세요. 의자를 벽으로 옮기고 모두 원형으로 서주시면 고맙겠습니다. 저는 무엇을 가르치려고 온 사람이 아니라 여러분에게 배우러 왔습니다."

그들은 배우러 왔다는 소리가 뜻밖인 듯 엉거주춤하며 한 줄로 원을 만들었다. 나는 그 한가운데로 들어가 정중하게 큰절을 올렸다.

"많은 걸 배우겠습니다."

그들도 자연히 따라 했다. 모두에게 돌아가며 여러 번 큰절을
하였다. 경직되었거나 귀찮아하거나 강사를 아예 무시하는, 아
니 무관심한 태도였던 그들의 표정과 자세가 조금씩 변화되는
것을 나는 역력히 보았다. 큰절을 마치자 한두 명이 소극적이지
만 박수를 쳤다. 그러자 박수소리가 점점 커지더니 그들 전원이
박수를 쳤다. 분위기가 달라졌다.

"여러분, 사랑합니다. 존경합니다. 감사합니다."

원을 따라가며 한 사람씩 포옹해 주면서 모두가 그렇게 따라
하도록 하였다. 이미 강의실에 들어올 때의 그들이 아니다. 우
리는 하나였다. 나의 낮아진 모습이 그들의 마음을 열었다. 마
음이 열리면 그때부터 우리는 하나다. 하나 됨의 첫 조건은 나
의 낮아짐의 진정성이 전달되어야만 한다. 인성교육의 효과는
강사와 수강자가 하나 됨에 의해 효과가 극대화된다.

전에는 사회적 저명인사(법조인, 변호사, 판사 출신 또는 퇴
직 고위 공무원)들이 정신교육 프로그램을 운영하였으나 별 교
육효과가 없었다. 출소 후 재범률이 줄지 않았다.

강의는 2박 3일, 또는 3박 4일을 계속하는 경우도 있다. 아무
튼 마지막 날, 또는 마지막 시간에는 편지 쓰기를 하였다. 상대
가 가족이든 누구든, 가장 마음에 둔 사람에게 진심을 담아 편
지를 쓴다. 모두들 숙연한 모습이다. 쓰면서 눈물을 훔치는 사
람도 있었다. 다 쓴 편지를 각자 읽는 순서에서는 흐느껴 우느
라 제대로 읽지 못하는 경우도 많았다. 살인범은 1초를 참지 못

해 저지른 끔찍한 죄를 후회한다는 자기가 쓴 편지를 읽으며 펑펑 울어댔다. 그 파장이 커서 재소자들의 마음이 숙연해지고 온유해지고, 인생을, 자기 자신을 겸허히 점검하는 인성회복의 기회가 되는가 싶었다.

자기만 알던 사람들이 변하여 관계의 중요성을 인식하고 새로워지는 긍정적 변화를 보는 감사와 기쁨은 그야말로 행복이다. 나는 인성교육에 푹 빠져 전국을 순회하는 경우가 많았다. 한 번 지방 강의에 가면 길게는 3박 4일이 되는 경우도 있다. 기업에서, 교도소에서, 군부대에서, 또는 학교에서 특강을 요청하면 마다하지 않고 응하였기 때문이다. 그렇게 바쁜 나날을 보내다 보니 어느 날 아내가,

사랑하는 아내, 나의 생명의 은인

"당신 인성교육은 좋은데, 집에서부터 하시오. 당신은 매일 인성교육 나가면 며칠씩 얼굴도 못 보기 일쑤고……, 학교 퇴직하면 같이 지내는 시간이 많아질 줄 알았는데……. 가족과 함께하는 시간도 많아져야 하는데 이게 뭐예요? 우리 가족은 인성교육 안 해요? 가장에게 외면당하는 이 느낌……."

아내는 목소리가 큰 편이다. 가족을 사랑하고, 특히 남편을 사랑하는 아내다. 내가 폐결핵을 앓던 시절 아내의 정성어린 치료가 없었다면 나는 지금까지 살아 있지도 못하였을 것이다. 내 가족과 함께하며 제대로 돌보아주며 사랑하는 것이야말로 가정의 인성교육 아니겠는가. 그래서 생활패턴을 가정 중심으로 바

꾸었다. 대학 은퇴 후 삼사 년을 인성교육에 매달려 밖으로 나
돎으로써 나의 가정에는 그만큼 소홀했던 것을 나는 생각하지
못했던 것이다.

　교육부 산하의 비영리 공익법인 한국인성교육협회는 건강사
회를 만들어가는 데 그 의의를 둔다. 그 목적을 이루기 위해 한
국인성교육연구소를 운영하며 인성교육 지도자를 양성하여 자
격증을 주며, 그들이 학교나 교도소와 군부대, 기업 등 여러 단
체나 조직에 가서 인성교육을 시행한다.

　인성교육이란 궁극적으로 인간됨의 재발견에 의한 인식의 전
환을 통하여 인생의 아름다운 변화를 도모하도록 인도하는 것에
다름 아니다. 환경이나 직업이나 신분이 무엇이든 인생은 다른
인생과 더불어 조화를 이루며 아름다워야 한다.

　여의도 소재 한국인성교육협회(후에는 국제인성교육협회로
됨) 양승봉 이사장의 인성교육 공헌이 크다. 이사장은 수십 년
간 그 일을 해왔다.

10.
뜻으로 세운 한민회

한민회韓民會를 섬기며

나는 2016년 1월부터 한민회(社團法人 韓民會)를 섬기는 이사장 직을 맡고 있다. 2003년 1월 29일에 창립된 한민회는 국가보훈 처 산하의 비영리 법인이다.

왜정치하에서 조국의 독립운동에 헌신한 애국선열들의 유가 족을 중심으로 그 고귀한 유지를 계승하며, 한민족 공동체의 일 원으로서 자긍심을 고취함과 아울러 조국의 발전과 민족정기 선 양을 위한 뿌리의식을 고무하고, 민족문화 계승 발전에 이바지 함을 목적으로 하는 단체다. 따라서 이에 부합하는 항일 독립운 동 관련 행사를 주관한다.

이를테면 해마다 2회에 걸쳐 상해 등의 항일투쟁 유적지 탐방 행사를 한다. 그 현장의 학교에서 우리 민족의 어린 후손(학생 들)을 대상으로 '항일독립운동 투사들에 대한 학생 글짓기' 행사 를 함으로써 민족의 정기를 이어가게 한다.

세계 도처에 흩어져 사는 유족들을 위한 계간지 『韓民』을 발 간하여 20여 개국에 보내는 사업도 한다. 2천 부가 제작되는 계 간지는 애국 독립운동의 선봉에 섰던 고귀한 분들의 후손들에

대한 조국의 관심과 애정, 유대관계의 지속성, 정보의 제공과
교환 등을 공유하는 기능을 한다.

　내가 한민회와 인연을 맺게 된 것은 내 나이 네 살 때 중국에서
김구 선생 등 애국지사들과 독립운동을 하다가 왜경에 의해 피살
된 아버지의 흔적을 찾기 위해 현지를 방문하면서 시작되었다.

　나는 광복 이전에 중국 상해上海로 가신 아버지 최태현과 서울
내자동이 고향인 모친 신수임 사이에서 두 누나에 이어 셋째로
태어난 유일한 아들이다.

　최인학崔仁鶴, 최의학義鶴, 최용학勇鶴, 우리 3남매는 1940년 4
월 21일, 작은아버지 최청용崔靑龍에 의해 부모님의 결혼신고와
우리들 출생신고를 한 날에 하였다. 아버지를 대신하여 우리의
출생신고를 한 뒤 불과 3개월 만인 그 해 7월에 아버지가 사망
하셨다. 하마터면 부모님의 결혼신고도, 우리 세 남매의 출생신
고도 못할 뻔하였다.

　우리 세 남매, 고고하고 우아한 세 마리 학鶴 - 인학, 의학, 용
학은 부모님의 결혼신고와 우리들의 출생신고가 된 바로 그 해
에 아버지가 왜경에게 피살당하였고, 어머니는 내가 12살 때인
6.25전쟁이 일어난 그 해 이른 봄에 어린 '학' 세 남매와의 빈곤
생활에 찌들고 병든 위에 심각한 영양실조가 겹쳐 숨을 거두셨
다. 그리하여 제대로 날아보지도 못한 세 마리 학은 극빈상태에
서 오갈 데 없는 고아 신세로 전락하여 하루하루를 살아가기 힘
든 고생길이 시작되었다.

나의 부친 최태현崔台鉉은 1940년 7월 20일, 49세의 나이로 중국에서 일본 경찰에게 살해당하셨다. 아버지가 서울 한복판에서 일본군 장교를 폭행하고 왜경의 지명수배를 받아 중국으로의 피신을 준비 중이던 때였다. 1919년이었다.

그 해에 원인 모르게 고종황제가 급서하였다. 그러자 그의 아들 의친왕이 아버지의 뜻을 따라 프랑스 파리의 강화회의에 하란사河蘭史 여사女史를 밀사로 보내게 되었다. 본명이 김란사인 여인은 의친왕의 미국 유학시절의 친분이 있는데다가 미국의 대학에서 학사 학위를 받은 최초의 한국 여성으로 영어에 능통하다는 점과 그 당시 우리나라에서는 여성의 외부활동이 없다시피 하여 왜경의 감시망에서 벗어나기 용이한 점, 의친왕과의 친분 등으로 신뢰도가 높다는 점 등이 밀사로서의 조건에 딱 맞았기 때문이었다.(하란사는 필자의 친할머니 하河(이름 없음)씨로 인천감리를 지낸 동행 하상기의 부인)

나의 아버지는 마침 중국으로 도피를 준비하는 중인 데다가, 강한 체력과 조선왕조 마지막 장교 출신의 애국심, 이에 더하여 밀사로 갈 하란사와는 친척관계(아버지 최태현의 외숙모, 나의 할머니)여서 밀사를 수행하는 비밀요원으로 파리에 함께 가도록 지명된 것이다.

두 사람의 밀사는 중국을 경유하여 파리로 가는 긴 여로에 올랐다. 그러나 중국 북경에서 하란사 여사가 왜경에게 피살되고 말았다. 나의 아버지는 급히 상해로 피신하였다. 상해는 독립투사들의 중앙무대였다. 아버지는 상해에서 김구金九, 이시영李始榮 선생 등과 합류하여 독립투쟁의 일선에 나섰다.

서울을 떠나기 전, 하란사 여사는 독립자금을 만들기 위해 서울의 종로 화신백화점 주변에서 운영하던 대형 포목상을 처분하여 거액의 현금을 아버지의 짐 속에 숨겨 가지고 갔다. 아버지는 그 돈과 밀서를 상해의 임시정부에 전달하였다.

그러나 1945년의 독립의 감격을 경험하지 못한 아버지는 그 5년 전, 내 나이 불과 4살 때인 1940년에 중국 땅에서 왜경에게 살해되어 그 생을 마감하였다.

나는 어린 나이였지만 상해 시절 나의 아버지와 어머니의 결혼을 이루게 하신 성제省齊 이시영李始榮 선생과 백범白凡 김구金九 선생을 비롯한 많은 애국지사들의 사랑을 받았다. 아버지의 희생으로 과부가 된 젊은 어머니와 슬하의 어린 세 남매에 대한 연민이 각별한 관심과 애정을 베풀게 하였을 것이다.

이시영 선생은 1948년 대한민국 정부수립 때 초대 이승만 대통령과 함께 부통령이 되셨고, 1945년 해방과 더불어 상해에서 귀국한 직후 홀로된 나의 어머니를 양녀로 삼으셨다. 부통령 관저로 어머니의 손을 잡고 인사차 갔을 때를 지금도 생생히 기억한다. 내 나이 11살이었다. 이시영 부통령께서는 나의 머리를 쓰다듬으시면서 "네 아비가 살아 있다면 얼마나 기쁘겠느냐" 하셨고, 나는 눈물이 핑 돌았다.

아버지의 흔적을 찾아간 상해, 어린 시절 철없이 뛰놀던 유일한 놀이터 홍구공원, 해방의 감격적 소식이 전해진 직후 김구 선생이 홍구공원에 오셔서 연설하고 만세삼창을 큰 소리로 외치던 그 현장에 서니 어린 시절의 정경이 시간을 초월하여 실재가 되는 경험을 하였다. 슬프지도 않고 울지도 않는데 눈물이 흥건해지더니 두 뺨에 뜨거운 물줄기로 흘러내렸다.

워낙 어린 시절의 아버지, 상해, 임시정부 최고 지도자들, 그들의 가족들, 독립만이 절절한 소망이던 그 시절엔 나이 어린 철부지도 애국심이 충전되어 있었다.

학교에서 정년퇴직을 하고 머리가 백발이 되면서 일찍이 왜경에 의해 살해된 아버지의 흔적을 찾고 싶은 간절함으로 이리저리 수소문하며 알아보다가 보훈처와 한민회韓民會를 만나게 된 인연으로 작은 힘으로나마 섬기게 된 것을 나는 감사한다.

지금까지는 저명인사들이 한민회를 대표해 왔었는데 부족한 사람이 이 귀한 직을 섬기게 된 것은 중국에서 독립운동하시다가 왜경에게 살해되신 아버지의 뜻을 그때 불과 4살이던 이 아들이 계승하는 것 같은 그런 마음이기도 하다.

'한민회韓民會'는 국가 보훈처 처장(홍성 지청장)과 국장을 역임한 항일독립운동 관계자료 전문 국내 1인자로 이선우李善雨 선생이 퇴직 후 운영하면서 국가보훈처 허가법인 사단법인 한민회를 이끌면서 계간지 『韓民』을 2,000부씩 발간하여 항일운동가 후손들에게 국내와 해외 20여 개국에 발송하면서 퇴직 후 20여 년 동안 계속 헌신하고 있다.

한민회 순국선열 추모 행사

독립관

한민회 이사진은 얼마 전 2017년 임원회의를 개최하고, 서울 인근의 여러 관련 행사에도 참석하였다.

한민회 임원들은 독립공원에 있는 독립관 및 순국선열 추념탑에서 순국선열을 추모하는 행사를 가진 후에 순국선열유족회의 도움으로, 그 사무실에서 이사회를 개최하였다.

독립관에는 나라와 민족을 위해서 독립운동을 하다가 목숨을 바친 순국선열(殉國先烈) 2,835위의 위패(位牌)가 모셔져 있는 곳이다. 일행은 이곳에서 정중하게 묵념을 올리고 선열들의 명복(冥福)을 기원하였다.

한민회 이사진은 얼마 전 2017년 임원회의를 개최하고, 서울 인근의 여러 관련 행사에도 참석하였다.

박물관 앞 기념사진(이사진)

순국선열 위패

기념사진(후원위원)

순국선열추념탑

이날 회의는 한민회의 업무보고와 2016년 예산 및 결산 보고, 그리고 감사보고… 등을 마친 후에 향후 발전방안 등에 대한 토의도 진행하였다.

회의가 끝난 후 일행은 안국역에 있는, 우리나라 교육의 변천사를 담아낸 [서울 교육박물관]을 답사하고, 이곳에서 독립유공자 하란사(河蘭史) 여사의 전시관도 관람하였다.

하란사(河蘭史) : 이 분은 평남 안주(安州) 출신으로 이화학당(梨花學堂)에서 교사로 재직하였다.

이후 일본으로 유학을 가서 동경(東京)의 경응의숙(慶應義塾)에서 1년간 수학한 뒤에, 1900년에는 남편 하상기(河相驥)와 함께 다시 미국으로 건너가 오하이오주 웨슬렌 대학에서 수학하고 귀국해서 다시 이화학당에서 교편을 잡았다.

그리고 이곳에서 유관순(柳寬順) 열사 등… 학생들에게 민족의식을 고양시키는데 앞장 선 분이다. 이렇게 민족교육운동을 전개하는 한편 성결학원을 설립해서, 기독교 정신의 보급과 아울러 민족의식을 고취시키는데 힘을 フ

우렸다.

그리고 제1차 세계대전 종결과 함께 국제사회에서 제국주의에 대한 반성으로 인도주의가 부상하는 때를 맞게 되자, 한국의 독립을 국제사회에 호소할 것을 계획하였다. 그래서 1919년에 의친왕(義親王)의 밀칙(密勅)을 받아 북경(北京)으로 건너갔으나, 이곳에서 일제 밀정의 추적으로 암살 순국하신 분이라고 한다.

그리고 이러한 하란사(河蘭史) 여사는 본명이 김란사(金蘭史)였는데, 그 당시의 습관에 따라 남편의 성을 그대로 사용하게 되었던 것이다.

일찍이 교육의 중요성을 깨닫고
여성도 배워야 한다고 주장했던 김하란사 여사.
그녀는 '조선의 등불'이 되어달라며
유관순 등의 독립운동을 지지한 이화학당의 교사입니다.

전시회 사진 일부

그런데 [한민회] 최용학(崔勇鶴) 회장은 상해에서 태어나 어렸을 때 상해의 인성학교를 다녔으며, 이곳에 있는 윤봉길 의사 의거 현장도 직접 찾아가 본 분이다.

윤봉길의사 의거현장 기념비

그리고 부친이신 최태현(崔台鉉 : 1891-1940) 선생은 대한제국 시절 마지막 군 특무장교 출신이었는데, 길을 가다가 일본 군인이 인사 안한다고 행패를 부리자 "왜 일본 놈한테 인사를 해야 하느냐?"고 하면서 그 자리에서 그를 때려눕힌 분이라고 한다. 이후 일본 헌병의 추적을 피하다가 군복을 벗었다고 한다. 그리고 1919년 초에 퇴직금으로 받은 얼마 안 되는 돈과, 외숙모 하란사 여사가 포목점(종로 화신백화점 근방)을 처분해서 마련한 독립운동 자금과 황제의 밀서를 간직하고, 1919년 초에 하란사 여사를 경호하기 위해서 북경(北京)까지 모시고 갔던 것이다. 그런데 하란사 여사가 적의 끈질긴 추적으로 이토 히로부미(伊藤博文)의 양녀로 입양되었던 왜적의 밀정 배정자(裵貞子)의 농간에 독살되고 말았다고 한다.

이후 홀로 상해로 건너 간 최태현 선생은 상해에서 한인들의 경제상황이 불안하고 대한민국임시정부의 운영도 어렵던 시기에, 안창호(安昌浩) 선생이 이를 타파하기 위해서 주관하던 공평사(公平社)에 가입했으며, 기부금을 지원하는 등… 많은 활동을 하던 분이다. 그리고 홍구공원 의거의 윤봉길(尹奉吉) 의사와 동조

11.

한강 대건회와 효임소식 기고문

漢江 大建會

1970년대 서울 동부 이촌동 한강 성당 다니던 시절에 한국 최초의 신부 김대건 신부님의 이름을 딴 장년층 모임 대건회大建會가 설립되었다. 국회의원들 중 가톨릭 신자들이 대건회를 만들었는데 그와는 다른 대건회다.

당시 회원들 이름은 김대환 요셉 부인 이정희(세실리아), 박태규(스테파노), 윤난나 작고, 문병학(바오로, 작고) 윤석열(방그리시아), 성시훈(가브리엘, 작고), 이은숙(세실리아), 이완교(아오스딩), 부인(윤석자 요셉피나, 별명 신사임당 작고), 주관철(마누엘), 부인 이계수(말찌나, 별명 여건회장), 호문룡(암브로시오), 홍경자(벨라베따), 대건회 회장은 나이순으로 돌아가면서 하고 있다.

김대환 회원은 늘 밝은 모습으로 유머가 풍부하고 만나는 사람마다 즐겁게 대하고 분위기를 고조시키며 선한 일을 많이 하여 봉사정신이 투철한 분으로 알려져 있다. 그의 부인 이정희 여사는 싹싹한 성격으로 만나는 사람마다 호감을 갖게 한다.

이완교 교수는 사진 예술가로 그의 작품 중 세계 최초로 기氣를 담은 것이 있으며 물방울 소리도 사진에 담았다. 예술의 전당에 보존 작품으로 채택되기도 하였다. 본인이 이완교 교수에게서 기증을 받은 대작품 기氣는 본인이 재직했던 평택대학교 예술관에 걸려 있다. 그의 부인 윤석자(요셉피나, 작고)는 말수가 적고 성품이 온화하여 별명이 신사임당이었다. 그의 아들 이선민은 가정의학과白世家庭醫學科 의사로서 환자들에게 자상하고 친절하여 훌륭한 의사로 알려져 있다.

소아과전문의 박태규 박사는 흑석성모병원 원장을 역임하였고 구수한 목소리로 친밀감을 갖게 하는 성품이다.

주관철 회원은 서울치대 졸업 후 서울반포동에서 40여 년간 의당치과를 운영하여 많은 환자들에게 도움을 주었다. 부인 이계수 씨는 쾌활한 성격으로 모임 때마다 입담으로 분위기를 잡아 인기가 높아서 여건女建 회장으로 통칭되었다.

이미 고인이 된 성시훈 회원은 서울청평화시장衣類製造會社 社長 사장을 지냈고 역시 고인이 된 문병학 회원은 무역업 大海企業株式會社를 운영하였다. 술을 무척 좋아한 한량이었다.

호문룡 회원은 서울사대출신으로 경기여고 수학교사로 있다가 수원대학교로 옮긴 후 동 대학 이공대학장으로 정년퇴직하였다. 그의 부인 홍경자 여사는 같은 서울대학 출신으로 경북 왜관 수도원 수사 신부이신 베다 신부님이 주관하신 보다나은세상만들기(MBW)에서 봉사 활동하였다.

한강대건회漢工大建會 모임은 지금도 50여 년간 이어지고 있다. 주로 서울 강남대치동 식당 '밀사랑'이 모임 장소인데 격월로 모였으나 코로나19 관계로 모임을 가진 지 한참 되었다.

효임소식 88호

기적

신앙 생활을 하면서 생생하게 피부로 체험하여 감동받은 그대로를 밝히려 노력했습니다. 주님 현존의 느낌과 감동이 마음에 와 닿는다면 같은 신앙인들끼리 공감하면서 내적 성장이 될 수 있다고 생각했기 때문입니다.

| 최용학 안드레아(교육학 박사) / 6지역 |

유럽 가톨릭의 기적

얼마 전 벨기에 남부 지역 보랭이라는 마을에 있는 성모 동굴에 다녀왔습니다. 필자에게 많은 도움을 주신 영세 대부님이 벨기에 분이라 그분이 작고하신 후 대부님 고향인 리예즈를 찾아보고 성모 발현지인 보랭에 들렀습니다.

1932년 보랭에서 다섯 아이들에게 흰 옷에 황금 왕관을 쓰신 성모님이 발현하신 후 신앙을 버리고 공산주의 사상에 빠져 냉담 상태에 있던 주민의 반 이상이 치유와 영적 치유(회개)가 되었기에 순례해 보고 싶은 마음이 일었기 때문입니다.

루르드나 파티마에서 수없이 일어난 놀라운 기적에 대해서 전해 듣거나 책을 통해서 알고는 있었지만 기적의 현장을 직접 방문하여 몸소 체험하기는 처음이었습니다. 들어서니 왕관을 쓰신 성모님상이 모셔져 있고 그 뒤 동굴 벽면에는 병자들이 사용하던 많은 물건들(휠체어, 지팡이, 들 것, 팔 다리에 했던 보형물 등)이 벽에 걸려 있거나 바닥에 놓여 있었는데, 그것들이

바로 기적의 증거물이었습니다. 어떤 것은 그을리거나 색이 바랜 것으로 보아 꽤 오래 된 것처럼 보였고 새로 가져다 놓은 것들도 있었습니다. 하나같이 성모님의 은총으로 완쾌되었다는 내용이 여러 나라 글로 적혀 있었는데 쾌유된 이들은 감사와 감동과 놀라움을 말로 표현하기 어려울 정도인 것 같았습니다. 당시가 1996년 8월이었으니 아마 지금쯤은 기적의 증거물이 더 늘어나지 않았을까요?

요한 복음에 나타난 예수님께서 행하신 기적을 이곳에서 오늘날에도 성모님을 통해서 보여 주고 계시다는 것을 알게 되었습니다.

그리고 언제나 제 청을 들어 주시는 것을 저는 잘 압니다. 그러나 이제 저는 여기 둘러선 사람들로 하여금 아버지께서 저를 보내 주셨다는 것을 믿게 하려고 이 말을 합니다. 말씀을 마치시고 "라자로야, 나오너라." 하고 큰소리로 외치자 죽었던 사람이 밖으로 나왔는데 손발은 베로 묶여 있었고 얼굴은 수건으로 감겨 있었다. 예수

께서 사람들에게 "그를 풀어주어 가게 하
여라." 하고 말씀하셨다(요한 11, 42-44).

한국 가톨릭의 기적

조선 교구 설정 200주년인 1984년 5월
3일 교황 요한 바오로 2세께서 방한하시어
여의도 광장에서 한국 성인 103위 시성식
을 직접 집례하셨고 수많은 신자들이 운집
하여 풍성한 은총을 받으며 감격의 시간을
보냈습니다. 당시 참례했던 사람으로서 지
금도 그 순간을 잊을 수가 없답니다.

불과 수주 전 다른 종교 연합 행사가 같
은 장소에서 있을 때에도 수많은 군중이
운집하여 대성황을 이루었는데, 행사 후
큰 문제가 생겼습니다. 운집했던 사람들이
버리고 간 오물들이 산더미처럼 쌓여 쓰레
기 처리에 미화원들이 많은 곤란을 겪었을
뿐 아니라 인적, 사회적, 경제적 손실도 컸
다고 합니다.

연합 행사 때 인력과 장비 부족으로 크
게 당황했던 영등포 구청에서는 서울시에
직접 요청하여 다른 구의 인력과 장비를
지원받아 행사 후에 생기는 엄청난 양의
쓰레기 수거에 만반의 대비를 했다는 보도
가 있었습니다.

그러나 행사 후 놀라운 일이 일어났습
니다. 미화원들이 도저히 이해할 수 없는
광경을 목격하게 된 것입니다. 많은 사람
들이 운집했던 장소에 쓰레기가 쌓이는 것
이 당연할 것으로 생각했는데, 청소할 쓰
레기가 없었던 것입니다. 행사 전보다 더
깨끗해진 현장을 보고 오히려 미화원들이
감탄을 했다고 합니다. 한국인들의 고질병
가운데 하나인 쓰레기 투기 습관을 깨끗이
치료한 사례가 생긴 것입니다. 이것은 신
자들이 합심하여 치료한 것입니다. 행사
후 가톨릭 신자들의 치료하는 실천 모습은
아름다움을 넘어 기적에 가까웠습니다. 그
뒤에는 훌륭한 정신적 지도자 - 고해 성사
후 공동 보속으로 '자기 주변을 깨끗이 청

소하시오.'를 주신 신부님 - 가 계셨기에
신자들이 모범을 보일 수 있었던 것입니다.

최근 또 한 차례의 기적이 일어났습니
다. 2009년 2월 16일 김수환 스테파노 추
기경님께서 선종하신 날 오후 5시경 필자
가 조문하러 갔을 때 명동 성당 입구에는
조문하려는 사람들이 남산 방향으로 끝이
보이지 않는 긴 줄을 이루었습니다. 작은
목소리로 서로 담소하는 사람들, 묵주 기도
하는 사람들, 묵묵히 땅을 내려다보며 묵상
에 잠겨 있는 사람들이 명동을 채우고 있었
습니다. 잠깐 동안의 조문을 위하여 몇 시
간씩 질서 정연하게 기다리는 모습에서 성
숙된 문화인의 모습을 볼 수 있었습니다.
조문객들 중에는 다른 종교인들이나 신자
가 아닌 사람들도 많았던 것으로 알고 있습
니다. 기본 질서조차 잘 지키지 못해 부끄
러움을 느끼게 하는 우리 사회의 일각에 신
선한 충격의 물결을 일으킨 것입니다.

또한 추기경님께서는 각막을 기증하시
어 시각 장애우의 눈을 뜨게 하셨고 "고맙
습니다."라는 말씀을 남기고 떠나셨습니
다. 그 후 수많은 사람들이 사후 각막 기증
과 장기 기증을 약속하여 신선한 충격의
파도가 지금도 일파만파로 계속 번져 나가
고 있습니다.

메마른 사회, 비인간적 사회, 물질 만능
주의가 팽배하고 기초 질서가 무너지고 기
본 예절이 지켜지지 않는 사회에 한국 가톨
릭은 이러한 비정상적인 것들을 바로 잡고
있습니다. 이것이 오늘날의 기적입니다.

가톨릭 신자인 나 자신이 먼저 다른 사
람을 배려하고 선한 일을 실천하면 신선한
충격의 파도는 계속 번져 나갈 것입니다.
기적은 계속 일어납니다. 홍보
소식

※ 지은이 최용학안드레아님은 평택대학교 교육대학
원장을 역임하시고 은퇴하여 지금은 글쓰기와 신앙
생활에 전념하고 계십니다.

효임소식 90호

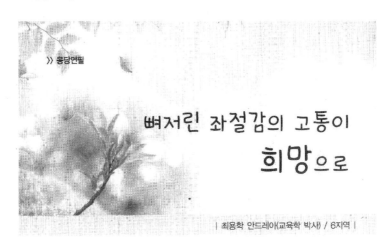

》 몽당연필

뼈저린 좌절감의 고통이
희망으로

| 최용학 안드레아(교육학 박사) / 6지역 |

<blockquote>
"
신앙 생활을 하면서
생생하게 피부로
체험하여 감동받은
그대로를 밝히려 노력했습니다.
주님 현존의 느낌과 감동이
마음에 와 닿는다면
같은 신앙인들끼리 공감하면서
내적 성장이 될 수 있다고
생각했기 때문입니다.
"
</blockquote>

*아픔의 고통*이 엄습해 왔습니다. 13살 때 왼쪽 다리에 심한 화상을 입어 서울 적십자 병원 무료 병동에 입원했습니다. 익은 살에서 김이 났습니다. 핀셋으로 머큐로크롬을 환부에 바르는 정도가 유일한 치료 수단이었는데 치료 후에 너무도 아픔이 심하여 신음이 저절로 났습니다. 그 치료라도 받지 않으면 환부가 점점 더 악화된다는 것입니다. 어느 날 딱한 사정을 안 간호사 누나가 어린 저를 등에 업고 간호실에 가서 부드러운 약을 정성껏 발라주니 아픔이 사라졌습니다.

*배고픔의 고통*이 엄습해 왔습니다. 아픔의 고통에 시달릴 때는 배고픔을 알지 못했는데 아픔이 사라지니 배가 고프기 시작했습니다. 당시 무료 병동의 식사는 하루 2식, 찢어진 조그만 양재기 그릇에 반 정도 되는 양의 꽁 밀밥과 소금국, 운 좋으면 콩나물 줄기 1~2개, 콩나물 대가리 부분 2~3개 정도가 국 속에 떠 있거나 가라앉아 있습니다. 어느 날 저녁 때, 밥 주는 아주머니가 침대에 다가와서 "배고프지, 먹어라." 라고 하면서 행

주치마 속에서 한 덩어리의 누룽지를 담요 밑에 슬며시 넣어주었습니다. 밤늦도록 누룽지를 먹고 나니 배가 불룩해졌습니다. 아침밥을 또 먹으니 포만감에 기분도 좋았고 아픔의 고통이 사라지고 배까지 부르니 행복한 느낌까지 들었습니다.

좌절감의 고통 처절한 좌절감의 고통이 엄습해 왔습니다. 아픔의 고통이 사라지니 배고픔의 고통이 심하게 다가왔고, 배고픔의 고통에서 벗어나니 이번에는 좌절감에서 절망감이 마음을 짓누르기 시작했습니다. 서대문 적십자 병원(지금도 그 자리에 있음) 2층 병실에서 가방 들고 교복 입은 학생들이 활기차게 학교에 가는 모습이 보였습니다. 학생들처럼 정상적으로 걸을 수 있을 것 같지 않았습니다. 당시 기역자로 구부러진 다리를 아침부터 저녁때까지 조금씩 움직여야 바로 펴지고, 펴진 다리를 다시 구부리려면 또 그만큼 시간이 걸렸습니다. 그때의 아픔은 말로 표현하기 어렵습니다. 이 운동을 계속 하지 않으면 꼬부랑 다리 혹은 뻗정다리가 될 수 있기 때문에 열심히 했습니다. 그 후 나무 지팡이에 의지하여 한쪽 다리로 절룩거리며 조금씩 다닐 수 있게 되었습니다. 다리가 정상적으로 회복될 가능성이 있게 된 것입니다. 불구는 안 될 것 같아서 안심하게 되었습니다.

그러나 완전히 회복되어도 무슨 소용이 있을지 살 길이 막막한 생각이 들어 좌절감에 빠져들었습니다. 화장실 깨진 거울에 비친 내 모습은 여러 날 동안 깎지 못한 머리 모양이며 몸에 걸친 커다란 군복, 다 떨어진 신발, 가지고 있는 것이라고는 나무 지팡이뿐, 갈 곳도 의지할 곳도 없어 앞으로 살아나갈 길이 막막하였습니다. 처절한 절망감에 빠져들었습니다.

*기쁨과 희망, 사랑의 품*으로, 어느 날 저녁 간호사 누나 (가톨릭 신자)의 안내로 예수님처럼 생긴 외국인이 병실로 찾아와 내가 의지할 곳이 없는 고아라는 것이 알려지자 나를 품에 안고 중림동 성가 보육원에 갔습니다. 그분은 벨기에에서 온 앙드레몽띠 빠리스 수사님이었습니다. 그곳에서 치료는 물론 따뜻한 사랑을 듬뿍 받으며 영세도 받고 오늘에 이르렀습니다.

고통과 슬픔 그리고 절망을 왜 많은 사람들에게 허락하셨는지 다 알 수 없지만 고통의 크기에 비례하여 삶에 보상도 크다는 것을 깨닫게 해 주셨습니다.

지금 많이 지치고 힘드신가요? 힘 내십시오! 주님의 보상이 기다리고 있습니다. 주님께서는 어떠한 상황에서도 보이지 않는 곳에서 항상 돌보아 주고 계십니다. 참으로 좋으신 주님, 죽어 있던 *마음을 부활*시켜 주셔서 감사합니다. 최병식

효임소식 92호

통회와 감동의
고해 성사

매일 아침 십자가의 길을 하면서 예수님께서는 우리를 위하여
모진 고통을 당하시고 창으로 옆구리에 찔리심을 묵상하니
눈물이 하염없이 흘렀습니다. 통곡하면서
"용서해 주십시오! 살려 주십시오! 열심히 살겠습니다. 주님!"
하고 애원하면서 매달리고 또 매달렸습니다.

| 최용학 안드레아(교육학 박사) / 6지역 |

합병증으로 사형 선고를 받고 죽을 날만 기다리고 있었습니다. 30대 중반 각혈하
여 의사의 진단을 받으니 폐결핵으로 6개월간 조신하면서 치료받으라는 소리를 듣고 충격
을 받았습니다. 한참 활동할 시기에 그 긴 기간을 어떻게 견디어 나갈지를 고심하던 중 민간
요법에 사탕[蛇湯, 여러 종류의 뱀을 함께 끓인 곰탕의 일종]을 먹으면 폐결핵에 즉효라는
희소식을 듣게 되었습니다. 사탕 집을 찾아다니며 일 주일에 2번 씩 먹으니 원기가 생기
고 병이 다 나은 것 같았습니다. 가벼운 기분으로 다시 의사의 진단을 받았습니다. 엑스레
이 판독을 하던 의사가 놀라면서 어떻게 된 일이냐고 물었습니다. 병세가 호전된 것이 아니
라 악화된 것입니다.

의사가 처방해 준 약은 안 먹고 조급한 마음에 빨리 나올 수 있다는 남의 말만 믿고 사탕을
먹었다는 말을 들은 의사는 야단을 치면서 그것은 고단백 영양제일 수는 있지만 치료약이 될
수 없다고 했습니다. 다시 처방을 받아 전보다 더 많은 양의 약을 매일 복용하고 집사람이 정
성껏 주사를 놔주면서 의사의 말을 철저히 잘 따랐습니다. 그러나 차도가 없었습니다.

때는 이미 늦었습니다. 위장 장애가 생겨 음식 섭취가 어렵고 합병증에 의해 얼굴이 노
랗게 황달 증세가 나타났습니다. 설상가상으로 심한 어지럼증에다 기력까지 쇠진해졌습니
다. 옆에서 부축해 주어야만 병원에도 겨우 갈 수 있었습니다.

주치의는 더 이상 치료가 불가능하다는 결론을 내렸습니다. 다른 의사도 같은 결론이었
습니다. 충격적인 사형 선고를 받은 것입니다.

혼미한 의식 속에 악령 같은 모습들이 덮쳤습니다. 기력 없이 멍하게 눈감고 누워서 내가 죽으면 젊은 아내와 아이들은 어떻게 살아나가야 할지 걱정이 되어 머릿속은 혼잡스러웠습니다. 의식이 서서히 흐려지면서 걱정과 근심이 연쇄적으로 이어졌다 끊어졌다 하는 가운데 방 천정에는 악령 같은 시커먼 형상이 기회만 나면 낚아채 갈 듯이 무섭게 나타났다 사라지곤 하였습니다.

죽어가는 사람한테 왜 귀찮게 성당에 가자고 그래! 어느 날 아침 집사람이 기력 없이 누워 있는 저의 옆구리를 손가락으로 쿡쿡 찌르면서 "여보, 일어나, 성당에 가야지! 성당에 안 가?" 아무 반응이 없자, 큰 소리로 "성당에 가야지!"라면서 손가락으로 또 찌르는 것이었습니다. 그나마 남아 있던 미미한 기력마저 뽑아가는 느낌이 들었습니다. 저는 화가 나서 있는 힘을 다해 큰 소리를 질렀습니다. "귀찮게 왜 그래, 죽어 가는데 무슨 성당이야!" 그러나 이미 기력이 쇠진하여 목소리는 개미소리만 했고, 기운이 없어 꼼짝하기도 싫었습니다. 집사람이 입을 저의 귀에다 대고 "뭐? 당신 지금 뭐라고 했어, 다시 말해 봐!"라고 소리 질렀습니다. "귀찮아! 죽으면 그만인데 무슨 성당이야!"라고 중얼거렸습니다.

그러자 집사람은 "당신 죽으면 어디로 가, 어디로 갈 거야!"라고 소리 질렀습니다. 그 소리를 듣는 순간 정신이 번쩍 들었습니다. 혼미한 상태에서도 칠흑 같은 어두움 속 별의 섬광처럼 순간적으로 의식이 살아났습니다. '내가 죽으면 어디로 가나, 왜 내가 지금까지 신앙 생활'을 해 왔는지에 대해 희미하게나마 생각이 떠오르게 되었습니다. 천국과 지옥의 갈림길을 선택하는 아주 중요한 순간이었습니다.

참회와 통곡의 고해 성사 집사람의 부축을 받으며 겨우 성당 고해소에 들어갔습니다. 들어서자마자 눈물을 펑펑 쏟으면서 주님을 불신했던 죄의 용서를 빌고 또 빌었습니다. 고해 성사를 하고 영성체 후 묵상을 하니 마음이 안정되면서 힘이 생겼습니다. 미사 후에는 놀랍게도 혼자 걸어 집에 갈 수 있었습니다.

보속으로 "십자가의 길"을 기도하는 중에 눈물이 계속 흘렀습니다. 매일 아침 십자가의 길을 하면서 예수님께서는 우리를 위하여 모진 고통을 당하시고 창으로 옆구리에 찔리심을 묵상하니 눈물이 하염없이 흘렀습니다. 통곡하면서 "용서해 주십시오! 살려 주십시오! 열심히 살겠습니다. 주님!" 하고 애원하면서 매달리고 또 매달렸습니다.

차차 기력이 회복되기 시작했고 엉금엉금 기어 다니던 사람이 다시 살아나기 시작했습니다. 그 후 다른 의사를 만나 완쾌되었습니다.

병으로 고통 중이십니까? 갈등으로 심적 고통을 안고 계십니까? 용기 내십시오, 勇氣!

예수 성심 성월을 맞이하여 깊은 묵상과 기도합시다. 효림소식

효임소식 94호

》 몽당연필

8월 15일은 우리로서는 잃은 나라를 되찾은 광복절이요
성모님께서 승천하신 날,
우연의 일치인지
어떤 의미를 주신 것인지에 대하여 생각하다가
기쁜 쌍 경축일임에 틀림없다는 것을 알게 되었습니다.

성모 승천, 8 · 15 광복

| 최용학 안드레아(교육학 박사) / 6지역 |

1945년 8 · 15 광복을 맞이한 해 늦가을 어머니의 손을 잡고 동포들과 함께 김구 선생을 만나러 홍구 공원(일제 때 우리의 항일 독립 투사 윤봉길 의사가 일본 백천 대장 외 다수가 참석한 행사장에 폭탄을 투척하여 우리 민족이 살아 있음을 세계 만방에 알리게 된 중국 상해에 소재한 유명한 장소입니다. 몇 년 전 노신 공원으로 개명되었습니다.)에 갔습니다. 어른들 어께 넘어 멀리 보이는 단상에서 무슨 말인지는 몰라도 열변을 토하는 듯한 선생의 모습을 볼 수 있었으며 공원을 가득 메운 청중은 열띤 박수로 호응했습니다. 지금 생각하니 김구 선생께서 광복의 기쁨에 대한 소감 피력과 조국애를 호소한 것 같습니다.

흐느낌의 애국가 합창 선생의 마지막 인사 후 애국가 합창이 이어졌습니다. 일제 36년간 숨도 제대로 쉬지 못하고 살아온 민족이 애국가를 부르는 것은 참으로 감격스러운 일이었습니다. "동해물과 백두산이 마르고~" 복이 매여 흐느낌의 합창으로 눈물 바다가 되었습니다. 당시 안익태 선생이 애국가를 작곡하기 전이라 가사는 지금과 같으나 곡은 이별 곡(연말에 흔히 불리는 올드랭사인) 이어서인지 더욱 슬프고 애절한 느낌을 주었습니다. 어린 나이에도 어른들을 따라 함께 눈물을 흘렸습니다. 지금도 그때의 광경이 생생하게 회상됩니다.

감격의 만세 3창 애국가 합창에 이어 선생의 선창으로 대한 민국 독립 만세를 외치는데 완전히 감격과 감동의 눈물과 함성의 바다가 되었습니다. 잊을 수가 없습니다.

8월 15일은 우리로서는 잃은 나라를 되찾은 광복절이요 성모님께서 승천하신 날, 우연의 일치인지 어떤 의미를 주신 것인지에 대하여 생각하다가 기쁜 쌍 경축일임에 틀림없다는 것을 알게 되었습니다.

성모 승천 대축일을 1950년 교황 비오 12세께서 선포하셨고 제2차 바티칸 공의회에서도 재확인된 축일입니다. 우리가 이 날을 기리고 경축하는 참뜻은 우리 자신의 승리를 위한 갑옷을 입고 죄와 악마와의 싸움터에서 이기기 위하여 성모님께 의지하는 것입니다.

이 세상에서 오로지 하느님 말씀에 귀 기울이고 온전히 그 말씀에 따라 사셨던 마리아를 하느님께서 잊지 않으시고 드높여 주신 사건이 바로 성모 승천입니다. 일찍이 성모 마리아에게 일어났던 승천은 우리 그리스도인에게 희망의 표상이 되기도 합니다.

가난 그리고 고통과 슬픔에 젖었던 동정녀의 개선의 승리를 보면서 역경을 딛고 신앙을 더욱 굳건히 하여야겠다는 결심이 섭니다.

묵주 기도를 통해 청하는 것은 무엇이나 얻게 될 것이다. 《《묵주 기도로 드리는 9일 기도》, 찰쓰 V. 레이시 지음, 서 요셉 신부, 티 없으신 마리아 성심 수녀회 편역, 아베마리아출판사》

무신론적 공산주의 국가 베트남의 공산주의가 붕괴되고 그 종주국 러시아의 공산주의도 종말을 고한 지 10년이 지났습니다. 묵주 기도를 열심히 하라는 성모님의 말씀을 따른 전세계 가톨릭 신자들의 묵주 기도의 힘이 얼마나 큰지 보여 준 증거입니다. 중국 공산주의도 많이 달라졌습니다. 북한만이 아직도 무신론적 공산주의로 인하여 고통받고 있습니다. 북한 공산주의의 회두를 위하여 묵주 기도를 열심히 해야겠습니다.

개인적으로 말 못할 고민 있으신가요? 또한 간절한 소망 있으십니까? 우리의 성모님께서는 묵주 기도를 하면 꼭 들어 주신다고 약속하셨습니다. 묵주 기도로 드리는 9일 기도를 책의 지침대로 그냥 따라만 하시면 됩니다.

사랑의 우리 어머님께서는 묵주 기도를 하면 꼭 들어 주신다고 약속하셨습니다. 꼭 들어 주십니다. 확실합니다. 🙏

효임소식 96호

≫ 몽당연필

"네가 아직도 신앙 생활을 열심히 하고
교직에 몸담고 있다니 기쁘기 한이 없다.
도둑 누명을 쓰고 마음 고생을 그렇게 했다니
미안하다, 용서해라.
너는 지금도 내 친자식이나 다름없고,
너의 자식들은 나의 친손주나 다름없게 생각하겠다."

대부님의 사랑

| 최용학 안드레아(교육학 박사) / 6지역 |

저는 중국 상해에서 출생했습니다. 선친께서는 외할머니(金蘭史: 독립 운동가, 한
국 최초로 미국 대학에서 학사 학위를 취득한 여성)와 함께 운동 자금을 마련하여 항일 독립 운동을 하
는 분들과 합류하기 위해 중국 상해로 가던 중 할머니는 중경에서 외경에 체포되어 변사하시
고 부친 최태현(崔台鉉)은 임시 정부 요인들과 합류 후 활동하던 중 사망하셨습니다. 객지에서
청춘 과부가 된 어머니를 불쌍히 여긴 이시영(임시 정부 시절 부통령) 할아버지가 수양딸을 삼으
셨고 광복 후 환국하였지만 병고로 사망하시어 필자는 12살에 부모 없는 고아가 되었습니다.

보육원 시절 도둑 누명을 쓰고 쫓겨났습니다. 서울 중림동 약현성당 부
설 성가 보육원 초대원장 앙드레 몽타파리스 님은 유럽 벨기에의 부유한 귀족 가문 출신으로
수사가 되어 한국에 와서 불쌍한 고아들을 희생 봉사로 헌신적으로 돌보아 주신 분입니다. 모
든 고아들의 영세 대부를 서시고 신앙 생활을 잘하도록 이끌어 주셨습니다. 대부님은 주한 참
전국 외국인 부대에 트럭을 직접 몰고 다니면서 구호품을 받아 고아들을 먹여 살렸습니다. 하
루는 구호 물품 창고 도난 사고가 생겼는데 고아들 중 몇 명이 짜고 한 짓이었습니다.
대부님이 누가 그랬는지를 알고 난후 용서해 주려고 했지만 아무도 실토하지 않았습니다. 본
인에게도 물었지만 누가 그랬는지 알면서도 모른다고 거짓 대답하여 그분을 실망시켜 드렸

습니다. 또한 도둑질한 주범으로 지목을 받았습니다. 가장 많이 사랑해 주셨던 대부님으로부터 도둑 누명을 쓰고 고아원에서 울면서 쫓겨났습니다.

44년 만에 대부님 사랑을 다시 찾았습니다. 오랜 세월이 지난 후 우연히 하우현성당에서 벨기에 신부님을 만나게 되었습니다. 그분을 통해서 44년 만에 대부님 소식을 알게 되어 편지를 주고받게 되었습니다. 대부님의 답장에 "*네가 아직도 신앙 생활을 열심히 하고 교직에 몸담고 있다니 기쁘기 한이 없다. 도둑 누명을 쓰고 마음 고생을 그렇게 했다니 미안하다. 용서해라. 너는 지금도 내 친자식이나 다름없고, 너의 자식들은 나의 친손주나 다름없게 생각하겠다.*"라는 요지였습니다. 구구절절이 사랑이 녹아든 회답 편지를 받고 44년 만에 다시 대부님의 사랑을 찾게 되었습니다.
따라서 "**네가 무엇이든지 땅에서 매면 하늘에서도 매일 것이고, 네가 무엇이든지 땅에서 풀면 하늘에서도 풀릴 것이다.**"(마태 16, 19)라는 말씀을 되새기게 되었습니다.

유럽의 무덤은 화려하나 대부님의 무덤은 검소했습니다. 죽기 전에 한국에 꼭 다시 한 번 오고 싶어하셨지만 끝내 오시지 못하고 선종하셨습니다. 뒤늦게나마 대부님 묘소를 찾아갔습니다. 생존시 늘 다니시던 성당(티에즈 소재) 바로 옆 잘 가꾸어진 묘역 각 봉분마다 아름답게 가꾸어져 있었지만 대부님의 묘는 너무도 초라해 보였습니다. 어린 시절 도움을 많이 받은 대자로서 묘를 가꾸는 데 다소 도움을 드리겠다고 하였더니 그분의 유언에 따라 검소하게 한 것이랍니다. 꼭 그러고 싶다면 어려운 이웃을 위해서 그 비용을 쓰라는 것이었습니다. 대부님 유언에 따라 유니세프 그곳 지부에 헌금을 하고 나니 대부님의 유지에 조금은 따른 것 같아 보답을 한 것 같은 생각이 들었습니다.

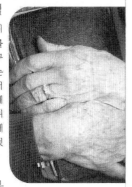

한국 고아들을 헌신적으로 사랑하시던 그분은 **사후에도 불우한 이웃 사랑을 실천**하고 계십니다. 유명한 독일 가전 회사 지분이 있어서 대부님 앞으로 배당금이 나오는데 지금도 일부가 유니세프에 기금으로 이체되고 있답니다. 주님의 사랑 실천을 잘 따르신 분이십니다.

주님, 그분의 삶을 본받게 해 주시옵소서. 효심

효임소식 98호

>> 몽당연필

무흠의 知識에 뛰하여 淵瀚하옴고

新年을 맞이하여 一層 多幸多福

하심을 祝願 하나이다

알렐루야 / 뜻깊은 성탄을 닭이하여
교수님의 가정위에 하느님의 크신은총이
언제나 함께 하시기를 기도드립니다.
　　　　　　　　서 석환 올림

인간에게는 육체뿐 아니라
정신도 있지 않습니까
정신이 더
중요하다는 생각이
머리를 스쳐 갔습니다.

입으로 쓴 크리스마스카드

| 최용학 안드레아(교육학 박사) / 6지역 |

대학 강의실에서 강의 중에 학생들에게 질문하게 되었습니다. 어떤 문제를 놓고 그렇게 생각하는 사람과 그렇지 않은 편으로 서로 갈라져 손들어 대답하게 했습니다. 그렇게 생각하는 사람과 그렇지 않은 사람들이 몇 번 나뉘어 손들어 질문에 대답했지만 유난히 앞에 앉은 한 학생만이 아무 반응이 없었습니다. "손을 들지 않은 사람은 어느 쪽인가?" 라고 물었습니다. 그때 그 옆에 앉아 있던 학생이 "저 학생은 손이 없습니다." 라고 말했습니다. "오른쪽 손이 없으면 왼손이라도 들어야지." 라고 하였더니 "왼손도 없습니다." 라는 대답이었습니다. 이상한 느낌이 들어 그 학생 앞으로 가 보니 머리를 책상에 박고 무언가 열심히 하고 있었습니

고압선에 감전되어 순식간에 온몸에 불이 붙어 타 들어가는데 그
때 마침 천행으로 회오리바람이 몰아쳐 몸이 땅바닥으로 떨어져 구사일생으로 살아났지만
두 팔이 숯 검댕이 되고 한쪽 다리마저 타 버렸습니다. 군 복무중에 전기 공사를 하다가 감전
사고를 당한 것입니다. 수술과 치료를 거듭 받으면서 생명은 건졌지만 두 팔과 한 쪽 다리 없
는 중증 장애인이 되었다는 것입니다.

비참한 자신의 처지를 비관하여 자살을 시도하기도 했지만 손이 없어 수면
제를 입에 넣어 먹을 수가 없고 칼을 쓰거나 목을 매려고 해도 도저히 죽을 수 없었습니다. 이
런저런 방법을 생각하다가 한강 다리 위에서 뛰어내리면 되겠다는 생각을 하게 되어 다리 위
로 올라갔습니다. 뛰어내리려는 순간 어디선가 들어 본 듯한 인간에게는 육체뿐 아니라
정신도 있지 않으냐 정신이 더 중요하다는 생각이 머리를 스쳐 갔습니다.

인간의 정신이 중요하다. 그렇다면 정신(情神), 神이란 무엇인
가? 자살하려던 결심을 극적으로 바꾸어 신이 무엇인지를 알기 위해 만학도로서 대학 신학
(神學)과에 입학한 것입니다. 한쪽 다리는 의족으로 지탱하면서 식사와 용변은 학과 친구의
도움을 받아가며 4년간 재학하여 무난히 졸업하게 되어 감동적인 졸업장을 받게 되었습니
다. 그 불편한 몸을 갖고도.

교도소 수감자들을 찾아다니며 죄수들에게 삶에 대한 희망과 용기를 불어넣어
주고 있습니다. "저처럼 두 팔과 한쪽 다리가 없는 사람도 살아가고 있습니다. 힘을 내십
시오."라고 하면서 사형수들에게도 광명을 찾도록 전도하고 있습니다.

입으로 글 쓰고 타이프도 치면서 열심히 살아가고 있습니다. 정부
지원으로 주택을 제공받고 연금도 받게 되었습니다. 중증 장애를 입은 서석환 씨의 두 팔과
한쪽 다리가 되어 드리겠다는 여성이 나타나 절망을 뛰어넘어 결혼 후 두 아이를 키우면서 살
아가고 있습니다.

그에게 새 삶의 용기와 희망을 주신 하느님께 감사드립니다. 머지

효임소식 99호

>> 몽당연필

사람 인(人)자에서
하느님과 사람들과의
관계를 알 수 있습니다

| 최용학 안드레아(교육학 박사) / 6지역 |

'人'자를 쓸 때 위(하늘 쪽)에서 아래(땅 쪽)로 내려 쓰는데 사람이 하느님과 직접 연결되어 있으나 사람이 홀로 설 수 없는 존재이므로 다른 사람들이 지탱하고 있는 모습을 보여 줍니다. 인간 관계의 중요성을 암시하고 있는 것입니다.

누구에게나 하느님의 부르심이 있습니다. 사람(인간 관계)을 통해서 또는 일을 통해서 그 부르심을 받습니다. 오로지 저에게만 그 일을 맡기시기 위해서 세상에 보내신 이유가 있습니다. 큰 일도 있고 아주 작고 미세한 일도 있습니다. 큰 일이기 때문에 더 중요하거나 작은 일이기 때문에 덜 중요한 것은 아닙니다. 그 모든 일들이 그물망처럼 연결되어 우리가 살고 있는 세상은 더 위대하게 변모하고 있습니다.

자신의 자질이나 가치관과 열정에 맞게 부르심에 응답하기만 하면 됩니다. 데레사 수녀님이나 김수환 스테파노 추기경님과 같이 추앙받을 훌륭한 인물이 될 만한 재목을 갖춘 사람은 우리 가운데 아주 드뭅니다. 그러나 우리 모두는 자기 위치에서 좋은 인간 관계를 통해서 작은 부르심에 얼마든지 응답할 수 있습니다.

좋은 인간 관계는 하느님께 향하는 큰 버팀목이 됩니다. 좋은 인간 관계는 다른 사람을 위해서 여러 모로 마음 쓰는 데서부터 시작됩니다. 먼저 가장 가까운 부부끼리 서로 마음을 쓰고 그 마음을 자녀들에게 옮겨주고 더 나아가 이웃에 이르기까지 마음 쓰는 부르심을 실천하는 것입니다.

그렇다면 좋은 인간 관계를 유지하기 위해서 마음 쓰는 비결이 무엇인지에 대해서 살펴보겠습니다.

첫째, 마음의 문을 활짝 열고 남의 이야기를 들어주며 칭찬을 아끼지 말아야 합니다. 누구나 자기 이야기를 들어주는 사람을 좋아하기 마련입니다.

둘째, 남을 도와주는 마음을 가져야 합니다. 남을 도와줌으로써 보람을 느끼게 됩니다. 보람 있는 삶 속에서 행복이 무엇인지 알게 됩니다.

셋째, 웬만한 남의 단점은 지적하지 않고 장점을 보도록 노력합니다. 그 장점을 멋지게 여기는 사람은 우선 자기 마음의 문이 열려서 좋고 사람들이 좋아하고 따라 주어서 좋습니다.

넷째, 웃음이 담긴 밝은 표정은 다른 사람들을 즐겁게 해 주므로 좋습니다. 웃음이 건강에 좋다는 것은 누구나 다 아는 사실입니다.

다섯째, 고맙다는 말을 수시로 합니다.
조그만 호의에도 "고맙습니다."라고 말합니다.
"고맙습니다."라는 소리는 아름답습니다. 고마워하는 사람을 싫어할 이는 아무도 없습니다. 읽어주셔서 고맙습니다.

새해에는 작은 부르심을 실천하는 신앙인이 되시기 바라며, 주님의 풍성한 은총을 받으시기 바랍니다.
풍성한 은총을！♪♪ 조욱

효임소식 100호

여러 나라 미사 참례,
신앙 체험기

| 최용학 안드레아(교육학 박사) / 6지역 |

필자가 대학 재직시 방학 때 해외 자매 대학 초청 또는 학술 교류 관계로 여러 나라에 장기 또는 단기 체류할 기회가 있었습니다. 또한 재직 7년차 되는 해에 교수들에게 1년간 연구년(안식년)이 주어져 자매 대학 또는 본인이 선택한 대학에 교환 교수로 가거나 국내외 어디서든 자유로이 연구 활동을 할 수 있어서 해외 여러 성당에서 미사 참례를 할 수 있었습니다.

이때에 여러 나라에서 미사 참례하면서 체험했던 사례들과 그 이외의 몇 가지 기억에 남는 점들을 간단하게 소개해 드리겠습니다. 각 나라는 문화와 환경은 달라도 가톨릭 신자들의 미사 때 주님을 향한 일치된 마음은 똑같아 보이고, 한국 가톨릭 신자들의 참례 열기는 어디서나 뜨거워 보였습니다.

바티칸 성 베드로 대성당 국내외 유명 여행사들이 서유럽 관광 안내 코스로 꼭 포함시키고 있는 불후의 세계적 예술 작품을 간직한 건축물인 이 성당에 전 세계에서 많은 인파가 몰려오고 있습니다. 웅장한 성당 내부에 유명한 성화들과 조각상들이 있는데 단체 관광객들

이 많고 시간에 쫓기다 보니 다는 볼 수 없었습니다. 넓은 성당 내부 벽 쪽으로 도처에 제대들이 있어서 성당 내에 있는 소성당들처럼 보였습니다. 한 곳에서 미사가 막 끝나서 참례를 하지 못했지만 다른 쪽에서 성체 분배중인 것을 보고 달리듯이 가서 성체를 영할 수 있었습니다. 영성체하러 달려온 다른 사람들도 있었는데 그들도 한국에서 온 가톨릭 신자들이었습니다.

벨기에 리예즈 성당 필자의 영세 대부님 나라인 벨기에는 작은 나라지만 유럽 공동체 본부가 소재한 유럽의 중심 국가입니다. 그분의 고향 마을인 리예즈 성당 건물은 건축한 지 오래 되어 보이는 붉은 벽돌 건물로서 좀 작지만 명동 성당과 같은 건축 양식 같았습니다. 성당 바로 뒤쪽에 성당 묘지가 있어서 성당에 오고 가면서 쉽게 볼 수 있기 때문에 죽은 이들과 살아 있는 사람들이 서로 가까이서 살고 있는 모습이었습니다. 성당 내 좌석 수는 신갈성당보다 좀더 많은 듯했는데 신갈성당 평일 미사 참례 신자 수 10분의 1 정도밖에 되지 않는 20~30명 정도가 미사 참례 하고 있었습니다.

미국 워싱턴 한인 성당 교우들이 대체적으로 밝은 표정이며 거의가 다 한국 사람들이지만 외국인들도 더러 보입니다. 신부님이 미사 후에 성당에 처음 나온 사람들을 제대 앞으로 나오게 하여 자기 소개를 하는 데서 친근감을 갖게 하고 신부님과 함께 찍은 즉석 기념 사진을 그 자리에서 나누어 주었습니다. 미사 후 성당 봉사자들이 마련한 점심을 염가로 사먹으면서 서로 친분을 나누며 즐거워하는 모습이었습니다.

러시아 모스크바 한인 성당 러시아는 그레고리오 교황께서 선포하신 그레고리우스 달력(양력)을 쓰지 않고 교회력으로 율리우스 달력을 쓰기 때문에 12월 25일을 성탄절로 지내지 않고 다음해인 1월 7일을 축일로 삼고 있습니다. 그러나 교회 밖에서는 12월 25일을 축제일로 삼는 분위기로 변해 가고 있습니다. 100여 명의 신자들 중에 ＊**고려인** 2~3세대(러시아 국적 한국 동포)들이 더러 나오는데 그들은 조국을 그리워하면서도 한국말이 서투르고 미사 예절에 익숙하지 않지만 적응하려고 노력하는 모습을 볼 수 있었습니다. 예술

12.
회고록 출판 축하

건강하세요! 최용학
할아버지에 대한 내 생각

바다의 물이 다 마르고 없어질 때까지 함께하고 싶은 사람
에베레스트 산이 평지가 될 때까지 건강했으면 좋겠다는 사람

할아버지에 대한 나의 기억

유치원 시절의 기억이 떠올랐다. 아버지와 함께하는 유치원
의 프로젝트였지만, 아버지는 해외출장으로 인해 오실 수 없어
슬퍼하고 있었는데 할아버지께서 선뜻 유치원에 와주셔서 같
이 재미있게 놀아주셨던 기억이 난다.

정확히 기억은 나지 않지만 간식으로 할아버지와 닭 꼬치를
함께 먹고 배를 만들어서 물에 띄워 보기 등 많은 활동을 했던
기억이 떠오른다. 아버지가 출장을 가신 탓에 기분이 좋지 않
았지만, 할아버지께서 재밌게 놀아주신 기억이 난다.

나의 동화, 만화그리고 교과서

어렸을 때를 포함해 지금도 역사에 대하여 관심이 많은데
아마도 할아버지 덕분이 아닌가 싶다. 항상 할아버지 댁에 뵈

러 가면 할아버지께서 할아버지의 어렸던 시절에 관하여 이야기를 해주셨는데 그 시절의 나에게는 느낄 수 없던 것들이었기에 한편의 동화 같았고 만화 같았고, 그게 맞는 건가? 싶은 소설이기도 했다. 직접 경험을 할 수 없는 역사에 관하여 교과서보다 생생하고 재밌게 얘기를 들을 수 있어 할아버지 댁에 가는 게 더욱 기대되고 좋았다.

그 생생했던 이야기가 지금 내가 역사에 관심을 두게 된 계기가 되었고 교과서만으로 할 수 없는 현실적인 내용과 그 이야기가 아직도 나의 머릿속에 하나의 주파수처럼 맴돈다.

그 주파수가 나의 역사 실력 향상에 크게 도움이 되었고, 잊히지 않는 하나의 기억, 하나의 공부가 되고 있고, 앞으로도 나에게그런 책이 되어 주실 것을 생각하니 잊을 수 없는 기억으로 진행된다.

할아버지께 감사한 점

항상 찾아뵐 때면, 어렸을 때부터 지금까지 "장하다. 우리 현웅이"라고 해주시던 할아버지의 말씀 덕분에 더 열심히 해야 한다는 생각이 들곤 한다. 아무것도 해드린 게 없는 나였지만 항상 믿어 주시고 건강하게 옆에 계셔 주시는 할아버지가 나는 좋다. 대단한 말씀을 해주셨다기보다 나를 위해 나를 생각해서 해주신 말씀이 나에게는 크게 다가왔다.

나는 그런 할아버지가 자랑스럽고 또 자랑스럽다.

마지막으로 나에게 최용학이라는 사람은 하나의 동화였으며 한 편의 소설이었고 나의 역사 선생님이자 역사 교과서이다.

이런 최용학이라는 사람은

대단한 최용학이라는 사람은

이렇게 훌륭한 그 최용학이라는 사람은 바로

나의 할아버지다.

외손자 박현웅

아빠의 기억과 추억

언제였을까? 내가 초등학생 저학년 때였을 것이다. 무엇 때문이었는지 기억은 나지 않지만 아빠에게 회초리로 종아리를 맞았던 기억이 난다.

회초리로 맞은 그날 밤 울며 잠든 나에게 오셔서 종아리에 약을 발라주시며 나를 한참 바라보다가 나가신 듯하다.(사실 나는 안 자고 있었다. 들어오는 아빠 소리에 자는 척 눈을 감고 있었다.)

또. 우리 집 통금시간은 9시였다. 대학생에게 9시의 통금시간은 빠른 시간이어서 친구들과 술도 못 마시고 시간을 어기지 못하고 시간에 맞춰서 집에 들어오는 착실한(?) 아이였다.

또 염색을 못하게 하셨는데 파마를 해서 머리가 탈색이 되자 염색했다고 혼날까 봐 탈색된 부분에 마스카라를 바르고 다니기도 했다. 이런 엄격한 통금시간 등등의 규제로 난 내 아이들만은 좀 자유로이 풀어주려고 하는 편인데도 은연중에 아이들에게도 엄격함이 나오는 것 같다.

엄마가 가게를 하실 때 아빠가 끓여주셨던 고추장찌개는 굉장히 맛있었다. 중학교 때 아빠가 영어를 가르쳐 주셨는데 영어 점수가 상위권이 되어 마음이 뿌듯했던 기억도 난다.

항상 길에서 어른을 보면 먼저 인사드려라, 집에 들어오면 신발 정리해라 등등. 이런 기본예절로 그 이야기가 귀에 박혀서 당연히 그렇게 했고 지금도 내 아이들에게도 그렇게 하라고 하고 있다.

아빠의 이런 교육과 엄격함으로 많이 지치기도 했고 반항도 했지만 돌이켜 보면 지금까지 내가 이렇게 잘 자라게 된 것은 아빠의 교육 방침이었다고 생각된다.

마지막으로 아빠께 드리고 싶은 말은

아직도 건강하게 계셔주셔서 감사드리고, 오래오래 건강하게 저희와 함께 계셔주세요.

사랑합니다.

큰딸 최경란

큰딸 최경란(세실리아)은 뚝심 있는 어머니를 닮아서 활동적이고 늘 근면하다. 봉사정신도 강하여 교육기관(베리따스)에서 감사 표창을 받기도 하였다.

할아버지에 대한 나의 생각

어렸을 때부터 성인이 된 지금까지 쭉 우리 외할아버지는 정말 대단하신 분이라고 생각했습니다. 어렸을 때는 할아버지 댁에 있는 여러 가지 상패와 감사장을 보면서 "우와~! 어른이 되면 나도 받을 수 있겠지?" 하는 막연한 생각도 했습니다. 하지만 성인이 된 지금 할아버지께서 받으신 상패나 감사장들은 아무나 받는 것이 아니라 공을 세웠거나 대단한 일을 한 사람들에게만 주어지는 특별한 것임을 알게 되었습니다.

성인이 되었지만 저는 아직도 친구들에게 우리 할아버지는 대학교수도 하셨고, 대통령훈장도 받으신 분이시라고 줄곧 자랑을 했습니다. 전쟁으로 인하여 어렵게 생활하셨을 텐데 누구보다 멋지고 존경받는 분으로 제 곁에 계시다는 것이 정말 자랑스럽다고 생각합니다.

역사 관련 및 독립 운동 자료

또, 할아버지 댁에 방문하면 할아버지께서는 우리에게 항상 서재 벽에 있는 세계지도를 보여주시면서 세상을 보는 눈을 넓히자는 말씀과 함께 세계 역사를 알려주십니다. 사실 10살

무렵 서대문 형무소를 방문하고 난 후 그 모습이 매우 충격적
이어서 역사를 오랫동안 무서워했고 심지어 그 시기에 인기몰
이를 한 '대조영'이라는 드라마를 할 때 소리만 들어도 무섭고
해서 혼자 방에들어가서 드라마가 빨리 끝나기를 기다렸던 적
이 있습니다. 어른이 되면서 공포심은 점점 줄어갔고 할아버
지께서 할아버지의 아버지의 독립운동기록을 찾기 위해서 힘
쓰신다는 이야기를 듣고 평소에는 관심이 없었던 역사에 대해
서 관심을 가져보게 되는 계기가 되었습니다.

할아버지께서는 중국 상해에서 출생하셨다고 들었습니다.
중국 상해에는 임시정부 청사가 있는데 그곳은 일본 사람들의
감시를 피해 우리나라가 아닌 중국 땅에서 독립운동을 하던
장소입니다. 할아버지께서는 그곳에 자주 가셔서 역사에 대한
정보를 수집하고 공부하시곤 하십니다.

현재 저의 전공은 중국어입니다. 중국어를 더 열심히 공부
해서 할아버지와 함께 상해에 가서 관련 자료들을 같이 찾아
보고 싶다는 생각이 들었습니다. 코로나19 사태가 잠잠해지고
 추후에 시간이 된다면 할아버지, 현웅이, 다은이, 한성이와
함께 중국 상해로 자유여행을 떠나고 싶습니다. 그리고 할아버
지의 아버지에 관한 이야기도 자세히 듣고 싶고 내가 할 수
있는중국어를 가지고 조금이나마 도움이 되면 좋겠습니다.

할아버지와의 추억

또, 할아버지 댁에 방문을 하면 항상 전통 게임인 윷놀이를

하는데 게임에서 이기면 용돈을 주시곤 하셨습니다. 윷놀이를
하는 과정에서 할아버지와 같은 팀이 되면 모든 기운을 모아
같은 팀원들의 코기름을 바르고 던지면서 재밌게 놀았습니다.

말레이시아로 가족 여행을 간 적이 있었습니다. 저는 그때
사실 영어를 잘못했는데 할아버지께서 나를 데리고 같이 커피
와 코코넛 워터를 주문하러 갔던 기억이 있습니다. 제가 알기
로는 할아버지께서는 영어에 능통하신 걸로 알고 있었는데 내
가 직접 주문을 하라고 말씀해 주신 것을 보면 언어 능력을
향상시켜 주려는 할아버지의 마음이 담겨 있지 않았나 하는
생각이 듭니다. 지금 생각하면 정말 부끄럽지만 그로 인하여
언어공부를 더 열심히 하는 계기가 되었고, 현재는 영어와 중
국어 모두 나쁘지 않은 실력을 가지고 있다고 생각합니다.

서울에 살다 보니 산에 갈 일이 많이 없었는데, 어렸을 때
할아버지 댁에 갈 때마다 뒤에 있는 산에 많이 데려가 주셨습
니다.

자연을 접하기 어려운 우리들에게 많은 것을 느끼게 해주
고, 흙을 밟고 맑은 공기를 마시면 건강에도 좋다고 말씀해
주셨습니다. 다음에 할아버지 댁에 방문하면 산에 모시고 가
서 옛 추억을 회상했으면 좋겠습니다.

인간관계론 할아버지의 교수 시절과 나의 대학교 교양 수업

대학교 1학년 시절에 교양과목으로 '인간관계론'이라는 수업
을 들었던 적이 있었습니다. 처음에는 인간 관계가 다 거기서

거기 아닌가?   하는 생각도 들었지만, 알면 알수록 신기했고 재밌게 공부를 하여 A⁺라는 좋은 성적을 받았습니다.

우연히 엄마가 말씀하시길, 할아버지가 대학교 윤리 인성 쪽의 교수님을 하셨고 '인간관계론'과도 관련이 깊다는 이야기를 듣고 할아버지께 이야기를 드렸던 적이 있습니다. 할아버지께서는 정말 반가워하시면서 교수 시절 이야기도 해주시고, 잘했다면서 칭찬과 격려를 아끼지 않으셨습니다.

외손녀 박선경

우리 아버지

서부 이촌동에 살 때로 기억합니다. 제가 대여섯 살 무렵, 어느 눈이 많이 왔던 겨울날 동네 형들과 눈사람을 만들면서 머리   부분의 눈덩어리를 너무 크게 뭉치는 바람에 무거워서 눈사람의 몸통 위로 들어 올리지 못하고 한참 동안 쩔쩔매고 있을때였습니다. 그때 마치 슈퍼맨처럼 나타나서 그 무겁게 느껴졌던 눈덩이를 번쩍 들어 몸통 위로 올려서 눈사람을 완성시켜 주시던 모습이 제가 가장 어린 시절의 아버지에 대한 기억입니다.

이후로도 당신은 제가 잘못하는 운동을 잘할 수 있도록 여러 가지 요령을 알려주며 도와주셨던 운동 코치로 또 한편으로는 부족한 공부를 지도해 주신 과외교사였습니다. 이처럼, 저는 어릴 때부터 부모님의 사랑과 도움을 받으면서 부족함 없이 컸다고 생각합니다.

그러나 아버지께서는 어려서 아버님과 어머님을 일찍 여의고 아무것도 가진 것이   없는 고아에서 강직한 교육자가 되셨습니다. 그것은 사회적인 통념보다 더 엄격한 자신만의 규칙을 가지고 절제하면서 원하는 목표를 달성하기 위해 꾸준히 노력하며 살아 오셨던 결과라고 생각합니다.

또한 정년퇴직을 하신 이후에도 사회적으로 많은 사람들이 선호하는 여러 유력 단체의 제안을 마다하고 아버님께서 도움을 줄 수 있다고 생각한 사단법인 한민회 회장을 맡아 봉사활동을 활발히 하시는 모습은 강직한 성품을 대변한다고 할 수 있습니다.

아버지께서 살아오신, 그리고 말씀하시고 싶은 내용이 이 한 권의 회고록으로 충분하지 않다는 것을 저는 알고 있습니다. 그러나 그렇게 어려웠던 시절 스스로의 노력으로 지금의 위치에 와 있다는 그 사실 하나만으로도 많은 사람들에게 삶의 귀감이 될 수 있을 것이라 생각합니다.

건강하시고 행복하게 어머니와 오랫동안 함께했으면 좋겠습니다. 존경합니다. 고맙습니다. 그리고 사랑합니다.

큰아들 희탁 올림

* 독립심 강한 아들

아들 최희탁이 주식회사 대우에 근무할 때 이모부(필자의 손아래 동서)가 삼성전자 사장으로 있으면서 처제를 통하여 삼성으로 오라 하였다. 삼성전자는 국내 굴지의 회사로서 세계적으로도 상당한 회사로 인지도가 높은 것으로 알려져 있다. 아들은 자신의 힘으로 살겠다고 하며 가지 않았다. 또한 굴지의 웹서버

회사 호스트웨이(HOST WAY) 한국 대표로 상당액의 연봉을 제시하였는데도 가지 않겠다고 하였다.

로렉스 시계

아들이 근무하던 싱가포르 회사에서 퇴직기념으로 받은 로렉스 시계를 나의 손목에 끼워주면서 "아버지 차고 다니세요." 하는 것이었다. 나는 필요 없다 네가 차라 하였다. 시계 값이 백화점에서 1200~1300만 원 한단다. 서로 옥신각신하다 집사람이 "이리 줘" 하면서 가로챘는데 애물단지가 되어 버렸다.

차고 다닐 수도 없고 집에 두려니 신경 쓰이고 하여 지인을 통하여 900만 원에 처분하여 돈으로 요긴하게 썼다.

막내딸 가족이 보낸 축하

할아버지는 나에게 많은 것을 알려주셨다. 예의, 배려, 세계 지도 외에 세상을 보는 여러 가지 방법을 가르쳐 주셨다. 할 아버지는 모든 일에 있어서도 늘 긍정적이시다. 나는 그런 할 아버지가 참 좋다. 할아버지와 또 여행하고 싶다.

막내 외손주 조한성(과학요리고등학교 학생)

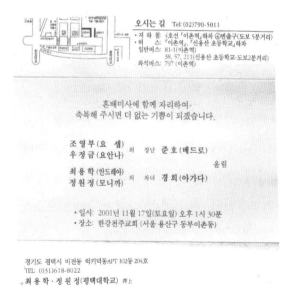

아버지는 밝은 에너지, 인자하심이 떠오르고 엄격하시지만 부드럽고 언제나 당당하시며 곧은 분이시다. 존경스럽다. 지조와 강단 있으신 아빠, 생활력 강하고 현명하신 엄마. 부모님이 옆에 계셔서 감사합니다. 사랑합니다.

막내딸 최경희(유치원 교사)

* 막내딸 최경희(아가다)는 밝고 상냥한 성격이다.

독립운동하신 아버님의 자녀로 힘든 유년시절을 보내셨음에
도 항상 건강하시고 바른 생각으로 타인에게 모범적인 생활을
하시는 아버님이 존경스럽습니다. 저도 그와 같은 마음을 갖고
자 노력하고 있습니다. 회고록 출판하심을 진심으로 축하드립
니다.

막내사위 조준호(IT회사 실장)

긴 삶의 여정을 지내오면서 누구나 한 번쯤은 자신의 삶을
돌이켜볼 것입니다. 때로는 후회와 아쉬움의 자책을 나름 올바
르고 성실하게 열심히 살아왔다는 격려와 만족감으로 스스로
의 삶을 평할 것입니다. 아버님께서 회고록을 준비하신다는
말씀을 듣고 제 자신의 삶을 돌이켜 보는 계기가 되었습니다.
  어려운 시절에 세상의 빛을 보신 아버님의 삶이 결코 수월
치 않았음을 알 수 있었습니다. 독실하신 가톨릭 신앙인으로서
한평생 교육자로서 한 가정의 가장으로서 해외 독립운동가,
유가족 발자취까지 연구하시는 삶에 경의를 표합니다.
  저도 결혼한 지 25년이 되었습니다. 딸 선경이, 아들 현웅이
가 20대 초반의 나이가 되었고 모두 올바르고 건강하게 자라
주어서 감사한 마음입니다. 특히 아내(최경란)는 항상 긍정적

이고 묵묵한 내조자로서 제 삶에 있어서 히로인입니다. 신혼초 넉넉지 못한 생활이었지만 불평 없이 든든한 동반자로 한결같이 곁에서 함께해준 고마운 사람입니다.

적은 수입이지만 남편이 힘들게 벌어오는 돈이니 소중하게 쓰라는 아버님의 말씀이 제가 나름대로 열심히 살아온 기폭제가 되었음을 잊지 않고 있습니다. 아버님과 어머님 두 분이 건강하게 계시다는 사실에 감사드리며 배움의 연속임에 깊이 감사드립니다. 부디 만수무강하심을 기원 드립니다.

큰사위 박동수 드림

㈜ 선경써지 에드 사장

할아버지 회고록 상재를 축하드려요

존경하는 최용학 할아버지, 회고록 발간을 진심으로 축하드립니다. 할아버지께서 회고록을 발간하신다는 말씀을 듣고 참으로 대단하신 분이라는 생각이 들었습니다.

할아버지는 지난 80여 년간의 긴 세월 동안, 중국에서 태어나 부모님을 일찍 여의고 고아가 되셨다는 얘기를 저의 부모님이 해주셨습니다. 혼자서는 견디기 힘들었을 어린 시절의 어려움을 극복하고 평생의 동반자인 할머니를 만나 현재 '한민회' 회장으로서 꿋꿋이 독립유공자 분들을 위해 의미 있는 일을 하시는 모습에 놀라움을 감추지 못하였습니다. 독립운동가셨던 할아버지의 아버지 발자취를 찾아서 중국 곳곳을 방문하여 그 당시의 역사를 기록하시는 할아버지가 참 존경스럽고 대단할 따름입니다. 할아버지의 수많은 중국 방문기를 한민회 잡지에서 살펴보았지만 그중에서도 저는 하얼빈 역에 위치한 안중근 의사 기념관이 제일 인상 깊이 남았습니다. 나중에 기회가 된다면 할아버지와 함께 꼭 그곳에 방문하고 싶습니다.

제게 할아버지는 '한민회' 회장이라는 수식어보다 골프 치는 것과 바둑 두는 것을 취미로 여기시는 분이라고 생각했습니다. 사실 '한민회'에 대해 잘 알지도 못했으며 제가 해외에서 살아 왔기에 지난 몇 년간은 할아버지와 만날 기회가 많이 없어서 할아버지에 대해 모르는 점도 분명히 많았습니다.

최근에는 제가 한국으로 와서 대학을 다니게 되면서 할아버지 할머니를 가까이에서 볼 수 있는 기회가 많아졌습니다. 할아버지가 '한민회'를 통해 활발하게 활동하시는 모습이 보기가 좋았습니다. 할아버지의 지난 80여 년의 경험을 통해 모든 삶의 순간들을 회고록에 잘 기록하실 수 있기를 염원합니다.

할아버지, 지금처럼 건강하시고 다시 한번 할아버지의 회고록 발간을 진심으로 축하드립니다!

2020년 5월 5일

할아버지가 깊이 아끼는 손녀 딸 최다은 드림

(연세대학교 영어영문학과 3학년)

To. 할아버지께

TO. 할아버지께

할아버지 안녕하세요? 저 장손녀 박선경 입니다.
항상 건강하시고, 제 곁에 오래오래 계셔주세요 ^^ 제가 결혼해서 아이를 낳고, 그 후로도 평생 같이 할아버지와 함께 하고 싶습니다. 그리고 꼭! 같이 상해가는 거 잊지 마세요 ^^
임시정부청사도 가고 제가 중국어 통역 책임지겠습니다! (할아버지께서 더 건강하시려나요? ㅎ)
어버이날 감사 드리고 만수무강 해지길 바랍니다.
가깜 예쁜 장손녀가 벌써 24살이 되었고, 대학교 4학년이 되었습니다.

정말 엊그제 같은데 벌써 어엿한 성인이 되어버렸네요.
할아버지, 책 쓰시는 거 정말 장말 멋지시고 대단하시다는 생각이 들었습니다. 어떤 글로 본 적이 있는데 '누구나 책을 쓸 수는 있지만, 그것은 깜장히 어렵고 부지런하지 않으면 할 수 없다.' 라는 말이 있고, 생각보나 맞춤법 관련이나 그 외에도 신경 써야하는 것이 많고 들었습니다.
할아버지, 항상 감사 드리고 싶랍합니다.

祝您健康

From. 장손녀 박선경 드림

할아버지 안녕하세요? 저 장손녀 박선경입니다. 항상 건강하시고, 제 곁에 오래오래 계셔주세요. 제가 결혼해서 아이를 낳고, 그 후로도 평생 같이 할아버지와 함께하고 싶습니다. 그리고 꼭! 같이 상해 가는 거 잊지 마세요. 임시정부 청사도 가고 제가 중국어 통역 책임지겠습니다!(할아버지께서 더 건강하시려나요?) 어버이날 감사드리고 만수무강하시길 바랍니다. 가장 예쁜 장손녀가 벌써 24살이 되었고, 대학교 4학년이 되었습니다. 정말 엊그제 같은데 벌써 어엿한 성인이 되어 버렸네요. 할아버지, 책 쓰시는 거 정말 정말 멋지고 대단하시다는 생각이 앞섭니다. 어떤 글을 본 적이 있는데 '누구나 책을 쓸 수는 있지만, 그것은 굉장히 어렵고 부지런하지 않으면 할 수 없다.'라는 말이었고, 생각보다 맞춤법 관련이나 그 외에도 신경 써야 할 것이 많다고 들었습니다.

할아버지, 항상 감사드리고 사랑합니다.

장손녀 박선경

애국 지사 항산恒山 구익균具益均

　항산 구익균 지사는 1908년 평북 용천에서 출생하였다. 13세까지 조부님으로부터 한학과 산수를 배우고 신의주 고보 시절 항일지 『신우新友』 편집장으로 활동하던 중 일경에 피체되었고, 신의주 고등보통학교 졸업 후, 신의주 고보 학생 시위사건을 주도한 혐의를 받아 체포하려는 일경을 피하여, 1929년 중국 상해로 망명을 하였다.

　상해에서 도산 안창호島山 安昌鎬 선생을 만나 도산 선생이 창단한 홍사단興士團에 입단하였고, 도산 선생의 지시로 대한독립당 비밀 정당 창당 준비위원이 되어 대한독립당 결성 준비를 하였다. 이때 창당 조직원으로는 이동녕(李東寧, 臨政國務領), 김두봉(한글학자), 조성환(임정 군무부장), 김원봉(金元鳳, 義烈團長), 최동오(만주 조선혁명당), 구익균, 신영삼, 신국권, 김기승 등 20여 명이었다.

　이들은 이념과 지역적 분파를 초월한 순수한 애국정신이 투철한 독립 운동가들만 선정하였다고 한다.

　1933년 중국 공학대학 정경학부 졸업 후, 광동 중산대학 조

교로 부임, 한국독립당 광동 광서성 학생지도책으로서 한국 독
립 혁명 운동가를 양성하였다.

1935년에는 일경에 체포돼 신의주로 압송, 신의주 지방법원
에서 '치안유지법 위반' 죄목으로 징역 2년 형을 받고, 1936
년 2월 평양 복심법원에서 징역 2년 집행유예 4년이 확정될
때까지 옥고를 치렀다. 그 후에도 구금 석방이 몇 차례 반복
되었다.

광복을 맞이한 1945년 8월 하순 김구 임정주석으로부터 상
해 교민 통치권 위임장을 받았고, 상해 한국교민협회 회장에
선임되었으며 일제에 의해 폐교되었던 상해 인성학교(上海 人成
學校 : 상해 거주 동포들의 자녀가 다니던 학교)를 다시 세운 후 학감
을 맡기도 하였다.

선생께서는 1990년 건국훈장 애족장을 받으셨는데 당시 국
가 보훈처 이선우李善雨 과장(현, 社團法人 韓民會 編輯人)이 담당했
는데 참으로 좋은 인연이다.

필자는 중국 상해에서 태어나 항일 독립운동을 하시던 선친
최태현(崔台鉉 1891~1940)은 본인이 4살 때 사망하여, 아버지
를 모르고 지내다가 지인을 통하여 인성학교와 인연이 있는
구익균 선생님을 만나게 되었다. 구익균 선생께서는 도산 안창
호 선생이 상해에서 조직한 공평사公平社 일도 보셨는데 본인의
선친의 이름(崔台鉉)도 그 명단에서 찾을 수 있었다.

2011년 외교통상부 고문 최서면崔書勉선생을 통하여 구익균

具益均 선생님의 거처를 알게 되어, 66년 만에 감격적인 상봉을 하게 되었다. 너무 오래 전이라 기억이 잘 나지 않으나 인성학교 교실에 걸려 있던 태극기는 생생하게 떠오르고 교가는 부를 줄 알았다.

인성학교 교가 작사와 작곡가는 도산 안창호인데, 대한민국 교육 기틀의 정신을 담고 있다.

안성학교 교가

〈1절〉
사람 곧다 인성학교 덕지체德知體로 터를 세우고
완전인격 양성하니 대한민국 기초 완연해

〈후렴〉
만세 만세 우리 인성학교 청천 명월 없어지도록
내게서 난 문명샘이 반도 위에 넘쳐 흘러라

〈2절〉
의기로운 깃발 밑에 한데 모인 인성 소년아
조상 나라 위하여서 분투하여 공부하여라

〈후렴〉
만세 만세 우리 인성학교 청천 명월 없어지도록
내게서 난 문명샘이 반도 위에 넘쳐 흘러라

　오늘날의 교육의 문제점을 미리 간파하신 듯이 교육의 시작을 덕(德:사람 됨됨이)을 제일 중요한 것으로 보아 최우선으로 하였음을 볼 수 있다. 그 다음이 공부요, 건강한 몸이다. 이러한 교육을 통하여 완전한 인격이 형성되니 대한민국의 기본 바탕이 완벽하게 된다는 선생의 혜안은 참으로 훌륭하다.

최박사 회고록 출간 축 시조

최박사, 평택대 교수
바른 길로 후진 양성
평택대 초석 놓기
성실 최선 다하였고
젊음을 바칠 적에도 겸손 충성 돋보였네

용기백배勇氣百倍 작은 거인
(사)한민회韓民會 회장으로
해외 독립 애국선열
사료 발굴 계간 홍보
춘부장春府丈 휘諱 최태현崔台鉉,
중국 상해에서 독립운동 하셨다네

학문연찬 교육학박사
1남 2녀 자녀 다복
백년해로百年偕老 부부 사랑
천주님의 강복降福일세
노익장 심신 건강에 만수무강萬壽無疆하소서.

법학박사 시조시인 조석연

잊지 못할 귀중한 삶의 추억

李善雨(國家報勳處 前 報勳宣揚局長)

최용학崔勇鶴 교수님과 본인은 80대의 나이에 뒤늦게 만나 중요한 일들을 하기가 쉽지 않은 때였지만, 그래도 평생 느껴 보지 못한 귀한 일을 함께하면서 가치 있는 세월을 보내고 있다.

최 교수님과의 이러한 인연은 몇 년 전에 전 모스크바 국립대 교수였던 박종효朴鍾斅 교수님과 함께 최 교수님이 '韓民會' 사무실을 찾아오셨기 때문에 만나게 되었던 것이다.

이러한 박 교수님은 본인이 현직에서 독립운동 업무를 담당하던 수십 년 전부터 러시아의 연해주 지역을 비롯한 만주 지역 등에서 항일운동을 한 선열들의 귀중한 자료들을 많이 수집하였고, 러시아어로 기록된 관련 자료들을 번역하는 등 다른 분들이 할 수 없는 많은 일들을 도와주면서 독립운동의 역사를 재조명하도록 지원했던 분이었다.

특히 본인은 수십 년간의 공직 생활을 하면서, 나라 위해 목숨 바쳐 싸우신 항일 선열들의 독립운동 관련 업무만을 계속 담당하였고, 이러한 선열들의 정신을 우리 민족의 후손들에게 널리 알리기 위해서 퇴직 후에도 계속 봉사하고 있었기 때문에, 최 교수님을 만나 여러 가지 이야기를 들으면서 참으로 보람 있는 인연이라고 깊이 느끼게 되었던 것이다.

그 중에서 특히 최 교수님의 부친인 최태현崔台鉉 선생님께서는 대한민국 임시정부가 수립된 중국 상해에서 광복 전에 별세하셨고, 이후 최 교수님은 광복 후 어린 나이에 어머님과 같이 귀국해서 생활하시다가 6.25전쟁 전에 어머님마저 돌아가셨기 때문에 고아가 되어 어렵게 자라신 분이라는 이야기도 들었다.

그런데 이렇게 어렸을 적부터 수십 년 동안을 상상하기도 어려운 외롭고 고통스러운 인생을 살아오셨지만, 이후에는 계속적인 노력 끝에 대학교수로서, 평생 동안 훌륭한 인재들을 키우면서 많은 업적을 쌓으신 후에 정년퇴직한 분이었기에 큰 감동을 느낄 수밖에 없었다.

그리고 특히 최 교수님의 부친께서는 1백여 년 전인 대한제국 시절에 특무대 장교로 군복무를 하시던 분이었는데, 길가에서 침략자인 일본군이 대들자 때려눕힌 일 때문에 군복을 벗게 된 분이었다.

그뿐만이 아니고 필자가 현직에 재직중이던 1995년에 관련 자료를 찾아서 독립유공자로 포상했던 하란사河蘭史 여사가 최

교수의 아버님이신 최태현님의 외숙모였다는 이야기도 들었
다. 하란사 여사는 본명이 김란사였지만, 1900년 이전에 하상
기河相岐 선생과 결혼했기 때문에, 남편의 성을 따라 하씨로 성
을 바꾼 분이었다.

결혼 후에는 남편과 함께 미국으로 유학을 가서, 오하이오주
웨슬리안 대학에서 수학하였다고 한다. 그리고 귀국해서는 이
화학당을 중심으로 민족교육운동을 하는 한편 성경학원聖經學院
을 설립해서 기독교 정신의 보급과 아울러 민족 의식을 고취시
키는 데 진력한 분이었다. 그런데 경술국치 이후 1914년 제1
차세계대전이 일어났으며, 이후에는 서울 종로에서 포목상을
운영하셨다고 한다.

그리고 1918년에 제1차 세계대전이 종결된 후에는 국제 사
회에서제국주의에 대한 반성으로 인도주의가 부상하게 되었
다. 이 때는 침략주의의 만행과 한국의 독립을 국제사회에 호
소하기에 적절한 시기였기 때문에, 1919년 3.1운동 직후에 하
란사 여사는 의친왕義親王의 밀칙을 받아 파리 강화회의에 참석
하기 위해서 북경北京으로 가게 되었다.

그런데 1919년 4월 10일 북경에서 갑자기 별세하였다는 당
시 독립신문(1920년 1월 22일)의 기사도 있었다. 이 기사에
는하란사 여사뿐이 아니고, 김경희金敬喜, 이인순李仁橓 등…….

독립유공자 3분의 추모식이 상해의 강령리康寧里 민단民團 사
무소에서 개최되었는데, 내빈으로는 당시 임시정부 국무총리

안창호安昌浩 선생을 비롯해서 김립金立 국무원 비서장, 윤현진
尹顯振 재무차장 등 30여 명의 인사들이 함께 참석했다고 한다.

　최 교수님의 아버님 최태현崔台鉉 선생께서는 이러한 외숙모
인 하란사　여사를 보호하기 위해 함께 서울을 출발해서 북경
까지 갔는데, 하란사 여사가 일제의 추격으로 북경에서 암살
되었기 때문에 적의 추격을 피해 상해까지 가셨다고 한다.

　이러한 부친께서는 상해에서 어렵게 살면서, 아드님인 최용
학 교수님을 낳았고, 임시정부에 기부금을 지원하시고, 윤봉길
의사의 의거도 돕는 등 여러 활동을 하시다가 1940년 49세의
연세에 상해에서 별세하신 분이었다.

　최용학 교수님은 이러한 선대의 숭고한 정신을 이어받으셨기
에. 선열들의 고귀한 독립정신에 남다른 큰 관심을 갖고　있는
분이었다. 그래서 사단법인 '한민회'에서는 최용학 교수님을 회
장님으로 추대하였고, 그　덕에 독립군의 중심지였던 만주에서
많은 사적지를 답사하였다. 그리고 중고등학생들에게 독립군을
이끌었던 많은 분들을 주제로 글짓기 대회, 관련 기념행사 등을
자주 거행할 수 있었기 때문에, 만주에 살고 있는 수많은 조선
족 학생들이 선열들의 고귀한 정신을 새삼스럽게 깨달을 수 있
도록 큰 업적을 남길 수 있었다.

　그리고 상해를 방문해서 임시정부 관련 지역을 답사하였
고, 최 교수님이 태어나셨던 옛집을 찾아 감개무량한 감동도

느끼게 되었다.

이러한 최 회장님께서 회고록을 쓰신다기에 부모님의 정신을 크게 느끼고 살아온 세월이 어떠했던가를 많은 분들이 새삼스럽게 알 수 있도록 간단히 적어 보았다.

만 남

얼마 전 최용학 교수님께서 전화를 주셨다.

반가운 마음에 얼른 통화 버튼을 누르니 언제나 밝고 청아한 목소리로 안녕이라고 말씀하신다.

한참 동안 요즘 대한민국뿐 아니라 전 세계를 팬데믹에 빠뜨린 COVID19와 관련한 안부 인사를 나누고 또 주변 분들에 대한 인사도 나누었다. 그러시면서 A4용지 1~2매 정도로 교수님과의 추억을 써보라고 하신다.

"네"라고 대답은 했으나, 그 후 며칠 동안 어떤 글을 써야 할지 고민을 해도 나의 글재주로는 40여 년간의 교수님과의 추억이 있음에도 주제를 잡을 수 없었다. 생각을 거듭하다 교수님과의 만남에 대하여 적어 보기로 했다.

일상을 살면서 우리는 수많은 사람들을 만난다. 내가 알고 있는 사람이든 모르는 사람이든 만나는 모든 사람들은 순간순간 각자의 표정을 가지고 살아 간다.

기억하지 못한다고 얼굴이 없는 것이 아니듯 시간 역시 스쳐지나가지만 이미지 또는 잔상을 남긴다. 나는 교수님에 대한 좋은 잔상들이 참 많다.

사람들은 만남을 '운명의 장난'이라는 말로 많이들 쓴다. 인생은 만남에서 시작된다고 할 수 있겠다. 그 만남에는 오묘한 무엇인가가 있다.

우연처럼, 축복처럼 다가와 인생에 머물며 한 사람의 인생을 변화시키기도 한다. 그래서 최 교수님은 내가 평생을 살아가면서 만난 수많은 사람들 가운데 참 감사한 만남 중의 한 분이시다.

나는 최용학 교수님을 만나게 되어 교수님의 소개로 1979년에 (사)한국청년회의소에서 청소년에게 지급하는 장학금도 받았었다. 다시 생각해도 너무나 감사한 일이다.

그리고 최 교수님에 대한 추억을 함께 회상하며 깔깔거리고 그리워할 수 있는 이명녀李明女, 윤화자尹化子, 정귀녀鄭貴女, 권순종權順鍾 언니들과의 만남도 있다.

지난여름에 우리는 베트남을 2번이나 함께 여행하는 호사를 누렸다. 여행하는 동안 많은 분들을 이야기했고, 그 가운데 최용학 교수님에 대한 이야기는 참 오랜 시간 행복하고 감사한 추억을 회상하게 했다.

최용학 교수님은 누구와도 비교할 수 없는 소신과 노력으로 겉으로는 아주 부드럽고 순하시지만 속은 곧고 꿋꿋함의 외유내강이시다. 평택대학교에서 근무하시는 동안 많은 주요 보직을 하실 때, 같은 부서에서 일을 하던 직원들은 교수님을 매우 봉사적이고 헌신적이고 모범적이라고 했고, 학교 발전을 위해 함께 최선을 다해 협력한 것도 사실이다. 교수님은 흔들림도 없고 이리저리 쏠리지도 않았다. 거짓으로 꾸밀 줄도 모르시고, 남을 시기할 줄도 모르시고, 세상 일에 정치할 줄도 모르시며 푸른 하늘처럼 늘 싱싱한 희망을 안고 사시는 순수함을 지니신 분이다. 변함없는 모습은 언제나 든든했고, 항상 따뜻하고 자상하신 미소는 만나는 사람들에게 행복함을 주었다.

평택대학교에서 근무하면서 이런저런 일로 힘들 때도 교수님을 만나게 되면 늘 뵐 때마다 특별한 말씀 없이 웃어주시는 것만으로도 많은 지지를 받고 힘을 낼 수가 있었던 것 같다.

힘들었던 시절 누구보다도 저에 대해 연민과 격려를 보여주셨던 교수님의 사랑은 잊지 못할 것이다.

교수님의 은혜에 감사드리며, 그 은혜에 보답하기 위해서 어디에 있든지 최선을 다하고 꿋꿋이 성장한 모습으로 살겠습니다. 늘 건강하시고 하나님의 놀라운 축복으로 빛나고 아름다운 삶의 여정이 되시길 기도하겠습니다.

2020. 4. 10.

평택대학교 생활관

관장 김애자

최용학 박사님의 회고록 출판에 부쳐

가곡 '보리밭'과 가요 '첫눈이 온다구요'를 좋아하시는 서정적 내면과 삶의 원칙 주의적 성향을 지니신 전형적인 외유내강의 소유자, 이것이 내가 평소 알고 있는 최용학 박사님의 모습이다.

이분이 살아온 삶을 들여다보면 도덕성과 윤리성을 바탕으로 공익적 삶을 살아 왔다는 것을 모든 사람이 느낄 수 있다. 또한, 훌륭한 교육가이며 열정을 가진 뛰어난 학교 행정가라 할 수 있다. 오랜 세월 대학교수로 재직 중 여러 핵심 보직과 교육대학원 원장을 역임했으며, 사회 각계의 활동과 더불어 깊은 인문학적 소양으로 삶을 살아 왔다는 것이다.

최용학 박사님과 나와의 인연은 30년 전 유학시절부터 시작되었다. 누구보다도 부지런하고 정열적인 학문적 연구 활동과 자신의 모든 소임에 최선을 다하는 분이다.

유학생 동문들과는 본인의 실무적 경험과 고언을 아끼지 않고 소통하는 분이었다고 회고한다.

최용학 박사님은 독립운동가의 후손이시다. 선친께서 항일

운동과 독립운동을 하셨다. 그래서인지 최용학 박사님의 몸엔 그의 선친의 뜨거운 피가 흐르는 것 같다. 산수傘壽의 나이에도 국내외 독립운동가 후손을 찾고 후원하는 '한민회'라는 사회 단체를 설립하여 『韓民』이라는 소식지를 발간하는 등 왕성하게 활동하고 있다.

현대 사회의 또 다른 독립운동이 아닌가 싶다. 최용학 박사님의 삶과 걸어온 여정과 열정에 감사와 존경을 표하며 항상 건승하시길 바란다.

2020. 03. 30.

한국행정관리협회 회장

경영학 박사 김보관

회고록 발간을 축하드리며

먼저 한평생 교육에 헌신하시어 빛나는 업적을 수없이 쌓아 놓고 평생을 후학 교육과 사회봉사에 헌신하신 최용학 박사님의 노고에 치하를 드립니다.

특별히 최 교수님은 호학好學에 투철하고 덕성德性이 탁월하여 지난 40여 년간을 합리성合理性과 생산성生産性 및 효율성 제고의 경영철학을 구현하는 데 바친 진정한 의미의 학인學人이요 교육자教育者이십니다. 그리고 교수님의 선친께서는 독립운동의 선구자적인 역할을 하신 애국자 중의 애국자로 알고 있습니다.

현재 교수님은 선친의 뜻을 받들어 사단법인 '한민회韓民會' 이사장으로서 독립유공자들의 발굴과 아울러 헌신적인 역할을 다하고 있음을 높이 평가하는 바입니다. 또한 교수님은 근면과 강직함으로 타인에게 모범적인 분으로서 누구보다도 정이 많고 의리에 사는 분이십니다. 따라서 오직 대학의 발전과 후학 양성을 위해서 일생을 바쳐온 참스승 교수님의 정신이 길이 존속되고 보존되기를 바라며, 미래에도 지속적으로 제자들

의 성원과 사랑 속에 교수님의 앞날이 영원히 빛나고 그 업적
이 길이 보존되기를 바랍니다.

   그리고 현재 나이가 팔십이 훨씬 넘었는데도 노익장을 자랑
이라도 하듯이 자서전을 출간한다고 하니 많은 사람들의 귀감
이 되며 존경스럽고 동료 입장에서 부럽기 한량없습니다. 아무
쪼록 앞으로도 더욱더 건강하시고 가정에 건승과 무한한 행복
을기원합니다.

전 용인대학교 대학원장
용인대학교 명예교수
교육학 박사 엄주정

여 보

당신은 결혼 전부터 몸이 아파 꿈에서도 성모님께 기도를 하곤 했지요.

때론 고상 앞에서 미소 지으며 '건강 주십시오.' 하고 떼를 쓰며 앉아 있던 생각이 나네요.

몸이 아파 직장을 쉬기도 하였고 미사도 못 갈 정도로 어지러워 몸을 가누지도 못했는데 건강한 모습으로 정년 퇴직하여 지금은 팔십이 넘은 나이에 독립유공자의 후손으로서 항일 독립운동 관련 『韓民』 잡지를 만들고 있으니 참 대단하십니다.

성실함과 미련할 정도로 우직함을 지닌 채 피어선 전수학교에서의 교편생활, 평택대학교에서의 교육대학원장, 기획처장, 사무처 등등 중요 요직에서 묵묵히 버틴 당신, 정말로 수고 많이 하셨습니다. 또 자녀도 삼 남매,

아들 희탁, 며느리 미라, 손녀 다은,

큰사위 동수, 딸 경란, 손녀 선경, 손주 현웅,

막내사위 준호, 딸 경희, 손주 한성이도 주셨으니 주님께 감사드립니다.

남은 생애에도 건강을 주시는 날까지 한민회韓民會 회장으로
서 열심히 일하십시오.

여보, 사랑합니다.

당신의 동반자

아내 정원정(모니까 鄭垣姃)

순국정신 실천지도자를 만나다

대한민국 국민은 삼천리금수강산 하늘에서 펄럭이는 태극기의 수호자다. 순국하신 열사, 의사들은 구국정신으로 순직하시어 태극기가 지구의 하늘에서 펄럭이게 하면서 대한민국을 국제적 강대국으로 위상을 높이는 미래의 등불을 밝히셨다.

이 순국 등불의 빛은 순국열사 · 의사들의 순직 이후 세월이 흐를수록 점점 흐려져 가는 듯하여 나라의 미래가 걱정되어 잠을 설치면서 순국정신 실천의 기틀인 정직과 신뢰의 인품을 찾는 세월은 삼추가 일각이다.

마침 2018년 10월 12일 최용학崔勇鶴 사단법인 '한민회韓民會' 대표이사 회장께서 매헌 윤봉길梅軒 尹奉吉 의사 친필인 장부출가생불생환丈夫出家生不生還 정신을 받들어 벽에 붙이고 순국정신을 농촌 운동에 쏟아가는 사단법인 젊은농촌살리기 운동을 찾아오셨다.

이때 순국과 애국정신이 담긴 애국보감愛國寶鑑인 한민회 책을 선사하시면서 순국정신의 밝은 표정으로 보고 요지를 진지하게 설명하셨다.

이날 최용학 회장께서는 순국정신 지도정신으로 서울 언론인 클럽 강승훈美勝勳 회장을 방문하여 나라의 뿌리인 농촌을 살리는 농촌운동의 등불을 밝히는 데 힘을 보탰다.

그 후 최용학 회장께서는 수원시 장안구 소재 보훈교육연구원 3층의 한민회 사무실에서 농촌이 국민과 함께 미래에 밝혀지도록 장은도·박홍서 작사, 장은도 작곡의 '젊은 농촌행진곡'의 제작을 실현시켰다.

2019년 12월 27일 서울시의원회관 별관 2층 제2회의실에서 시행하는 '충남지역 농촌융복합육성계획' 심포지엄에서는 순국정신 실천의 축사에 이어 젊은 농촌행진곡을 최회장께서 직접 독창하셨다.

최용학 회장의 순국정신 실천지도력이 국정운영 현역과 미래 국정운영자의 귀감이 되어 순국열사와 의사의 구국 모습이 국내외로 혁혁하게 빛났으면 한다.

사단법인 젊은농촌살리기운동본부
상임대표 경영학 박사 박홍서

최용학 교수님 자서전 발간에 즈음하여

"은도는 못 말려!", "결국 다 해낼 거야." 이렇게 말씀을 마치시고 교수님은 전화를 끊으셨다. 이 내용은 오래 전 비엔나로 유학을 가기 전에 최용학 교수님께 인사차 드린 전화 통화 중에 내게 하신 말씀이셨다.

하나님이 우리에게 부모님을 주신 이유는 영이신 하나님이 육을 가진 인간을 일일이 자상한 손으로 보듬어 주시기 힘들어 자녀에게 부모를 주셨다고 한다. 그래서 십계명은 신권을 상징하는 제4계명이 끝나자마자 제5계명에서는 "네 부모를 공경하라"고 말씀하신 것이다.

그러나 사람에게는 부모와 마찬가지로 스승이 반드시 필요하다. 그 이유는 명심보감 근학편에 강태공의 말 중 人生不學如冥冥夜行(인생불학이면 여명명야행;사람이 배우지 않으면 밤길을 걷는 것과 같다)이기 때문이다.

그래서 사람이 밤길을 걷지 않기 위해서는 배워야 하고 그 배움으로 세상을 이롭게 하는 것이 하나님께도 영광이 되기 때문이다. 그래서 예수님도 마태복음 15장 14절에 "소경이 소경을 인도하면 구덩이에 빠지게 된다."라고 하신 것이다.

그런 가르침과 동시에 스승의 따뜻한 격려와 사랑의 위로는 배움과 함께 더 큰 시너지로 제자에게 큰 힘이 되는 것이다.

하나님이 우리에게 좋은 스승을 주신다는 것은 어려움을 극복할 때 그 극복한 어려움이 널리 인간을 이롭게 하는 지식과 힘이 아니고 편협과 아집과 자기 유익을 위한 극복이 되지 않게 하시려는 하나님의 의도가 있을 것이다. 그래서 좋은 스승을 만나는 것은 인생의 큰 등불과 같은 이정표이며 나침반을 얻은 것과 같은 것이고, 인간의 공익성에 매우 선한 영향력이 되는 것이다. 그래서 성경에도 디모데가 바울을 보고 선한 영향력을 가진 자로 성장하였을 것이다.

나는 3살 때부터 소아마비로 전신을 목발과 휠체어에 의지해서 살아온 1급 장애인이다. 하나님이 주신 달란트를 이전에 찾아 음악공부에 매진했다. 그리고 가난과 장애를 이기려고 갖은 애를 쓰던 중 우리나라 최고의 대학인 S대에 응시하여 낙방을 경험하였다. 그 후 재수를 하였는데 또 원하는 대학에서 낙방을 하였다.

이후 방황이 시작되고 내가 믿는 하나님은 죽었다고 생각했다. 축복이라는 것은 한 번도 받아 보지 못한 삶. 어려서 장애인으로 살며 받은 상처, 가난을 친구처럼 여기고 산 세월, 아버지의 외도로 망가져 버린 가정의 질서, 모든 것이 내게 벅차고 힘든 가운데 내 삶은 오로지 성공해서 잘살자였다.

그러나 연이은 실패는 점점 삶의 의욕을 저하시켜 매일 불만과 불신, 공격적 인간성으로 사회 부적응자로 살고 있었다. 그러나 하나님이 주신 한 가지 비전 '찬양'이라는 것을 마음에 품고 경기도에 있는 작은 신학교 음악과에 진학을 하게 되었다. 넓은 교정, 멋진 교문을 보며 시험을 보러 다니던 내가 본 내 모교는 초라하기 그지없었다.

비만 오면 흙이 범벅이 되는 목발. 엘리베이터가 없는 가파른 계단과 친절하지 않은 사람들, 장애인이라고 따가운 시선으로 같이 해주지 않는 친구들의 왕따. 내게 그곳은 지옥같이 힘든 곳이었다. 나는 학교 생활에 당연히 등한시하여 가끔 일주일에 몇 번 가는 것이 전부였고, 오후가 되면 가정의 어려움으로 인해 아르바이트를 위해 학교를 도망하듯 뛰쳐나오는 데 급급했다.

그러던 어느 날, 필수로 들어야 하는 윤리과목 수업에 들어갔다. 여전히 집중하지 못해 따분한 강의, 떠들기만 하는 아이들, 그렇게 무익하게 시간을 보내고 어느 날 조퇴를 하기 위해 나의문제를 잠시 담당교수님께 이야기하게 되었다. 그분이 바로 최용학 교수님이셨다. 내 어려운 상황, 아르바이트를 해야 하는 상황을 들으시고 학생이 공부를 해야지, 하고 꾸짖으실 줄 알았는데 참 의외의 말씀을 하셨다.

"힘들겠구나! 나중에 좋은 날이 꼭 온단다. 용기 잃지 말자."

나에게 누군가가 힘을 주고 용기를 준 위로의 말은 태어나서 처음이었다.

매일 집에서 듣던, "네가 뭘 알아, 시키는 대로 해!"라는 부모님의 말씀과 나를 대하는 주변 사람들의 실망스런 눈빛과 말투와는 너무도 대조적인 따뜻한 용기의 말씀은 조퇴를 하는 나를한없이 부끄럽게 하셨다.

세월은 흘러갔다. 내 삶은 여전히 힘들고 여전히 발전 없이 허덕이는 삶을 살던 중 교수님이 떠올라 과일을 사서 교수님 댁으로 인사를 가게 되었다. 언제나처럼 교수님은 나를 따뜻하게 위로해 주시고 나이가 어리니 뭐든 할 수 있다는 자신감을 또 주셨다. 그날 교수님은 내게 "무엇을 하고 싶니?"라고 또 물으셨다. 나는 "공부하고 싶습니다."라고 하자 그럼 하면 되지, 라고 용기를 주셨다. 나는 그 후 바로 대학원 진학을 위해 준비하였고 5번의 낙방을 거듭하였다. 그때마다 교수님께 전화를 드리면 "또 하면 되지 뭐." 하시며 격려해 주셨다. 나는 패배감보다는 용기를 얻어 더욱 박차를 가했다.

결국 대학원을 차석으로 입학하여 졸업할 때는 수석으로 졸업한 후 바로 비엔나로 유학하고 6년 동안 유럽의 음악을 학부부터 다시 공부하여 연주자 과정까지 마친 후 15년 동안 10여 개 대학에서 강의하였고, 장애인 예술대상, 국무총리상을 수상하였으며 수백 회의 간증집회와 수십 번의 자선음악회, 30여 번의 방송출연을 하게 되었다. 그리고 또 교수님의 격려에 힘입어 신학교에 다시 입학하여 목사가 되어 대형교회에서 문화사역을 섬기며 설교하는 협동목사로, DCLO크리스천 오케스트라 지휘자로, 스완슨 유지재단 설교 담당목사로 섬기고 있다. 돌이켜보면 하나님의 인도가 아닐 수 없다. 이 간증은 당연히 목사로 크리스천으로서 해야 할 것이다.

그러면 하나님은 어떻게 인도하시는가? 다윗 왕은 소년일 때 이미 사무엘에게 기름부음을 받고 13년을 고생하여 헤브론에서 왕이 되었다. 그 역시 사무엘을 통해 기름부음으로 하나님께서 인도하신 것이다. 포로로 페르시아에 살던 힘없는 소녀였던 에스더는 사촌 모르드개라는 멘토의 교육과 조언에 힘입어 페르시아의 왕비가 되었고 이스라엘을 구원한 여인이 되었다. 모든 것은 하나님의 인도하심이다. 하나님의 인도는 사람으로 역사하는 것을 성경에서 보게 된다.

가장 어려운 시절 나는 최용학 교수님을 만났다. 남루한 단벌 양복을 입고 따뜻한 품성을 가지신 분, 모난 제자든지 둥근 제자든지, 어떤 제자를 만나든지 격려를 아끼지 않으신 교수님!

그 시절 그 시간 하나님은 나에게 최용학 교수님을 통해 격려해 주시고 용기를 주셨다. 매일 넘어지고 세상에 대한 불신을 잔뜩 품은 불쌍하고 가진 것 없던 장애인 청년에게 하나님이 보내주신 나의 멘토 교수님은 내 인생에 큰 위로자이며 하나님의 선물이다.

장수는 자기를 알아주는 주인을 위해 목숨을 바쳐 칼을 들고 전쟁에 나간다. 남편은 따뜻한 아내의 위로 한마디에 아침에 나가 저녁까지 일하여 가족을 봉양한다. 목사는 부족한 설교를 듣고 '아멘' 해주는 성도 한 분의 눈빛에 힘을 얻어 설교한다.

그렇게 사람은 누군가에게 위로받아야 하고 힘을 얻어야 한다. 그래서 사람 인人자는 서로 의지하게 그려진 것인가 보다. 그것은 공평하신 하나님이 우리에게 주신 사랑이다. 갈라디아서 5장 22절 말씀대로 성령 받으신 분의 성품인 사랑과 자비와 화평과 오래 참음이 있는 멘토를 만나 격려를 받으며 인생의 나침반을 제대로 세워 걸어가게 되는 것은 분명 하나님의 큰 축복일 것이다.

그런데 세상은 누군가에게 의지하기 힘든 현실이다. 그 이유는 자신의 자리를 반드시 지키지 못하는 사람이 많아져서이고, 기득권이라는 이권에 사람들이 집중하기 때문이며, 인생의 장신구를 많이 구비하여 목이 곧은 사람이 많아서일 것이다. 그러나 80이 넘으신 노 교수님이 자서전을 집필하신다는 이야기를 듣고 교수님 곁에서 내가 살아온 인생을 보니 내가 어려울 때 큰 의지도 하게 하시고 부족한 젊음의 피를 중화하여 실수도 줄이게 하시고 삶의 무게로 쓰러질 때마다 또 일어나 전진하게 하시는 그 사랑의 말 한마디를 갖춘 스승님이 내 곁에 계신다는 것은 얼마나 큰 하나님의 축복인지 다시 한번 알게 되었다.

지나온 세월, 부끄러움이 넘치지만 그래도 더 부끄럽지 않게 살게 해주신 최용학 교수님께 깊이 감사드리며, 교수님의 남은 인생이 이전보다 더 값지고 건강하시기를 기도합니다.

"교수님, 사랑해요!"

최용학 교수님의
제자 장은도 목사
(플롯티스트 1급 장애인 대한민국 예술대상 수상자)

* 오스트리아 비엔나 예술 사립대학교 및 대학원 최고 연주자 과정 졸업(Wien Conservatorium) 중앙대학교 예술 대학원 예술학 석사 졸업. 미국 미드 웨스트교회 음악박사 과정 지휘 수료. 평택대학교 신학전문 대학원 목회학과(M, div) 석사 졸업. 백석대학교 신학전문 대학원 실천신학 박사 과정 재학 DCLO. 크리스천 오케스트라 지휘자, 목사, 플롯티스트, 꿈의 교회 문화 담당 사역자 역임. 신나는 교회 협동목사. 스완슨 유지재단 설교 담당 목사.

崔勇鶴님 友情의 回顧錄에 드리는 글

一切의 前塵— 一切의 困憊— 一切의 悔悟를 넘어서
하나의 實存과 世界의 表象에서
바야흐로 사멸에 연쇄된 世界苦의 한복판에서
나는 결코 이 崇高한 友情의 熱血과 志向의 길을
버릴 수 없는 것이다.
바람을 향하여 능라로 흐르는 아담과 이브의 樂章을
나의 황홀한 심위는 울리고
나의 입술은 찰나의 母音을 쏟는도다.
여기 머물러 도취하고
여기 우러러 눈물 짓고
여기 돌아와 情炎의 피를 흘리나니
오— 우아로운 神의 날개여
새벽으로 길을 여는 萬古의 불빛과 더불어
千年꽃마다 금빛 노래의 샘으로 피어서
이 虛空의 절망을 막아내기 위하여
기어코 오라,

투명한 友情의 이슬 젖은 절대의 가슴이 소생하도록

뉘 마지막 노래의 불을 질러

어서 오라

이는 하늘과 땅을 맺는 不滅의 길

이는 희열의 목숨 채색한 우리의 푸른 영예

이는 아직도 모르는 비창한 초월된 이름

바람처럼 가벼이 나를 향하여

신종의 가슴 열렬히 튀어오는

나의 마지막 진정 어린 벗이여

이처럼 부르며 불리운 애절한 우리의 念願이

영영 이루어질 그 한 瞬時를

이렇게 아늑히 물들이면서 빛과 빛이 무르녹아

막막한 曲과 音을 울면서

그윽하게도 시내치는 영원의 내음 속에

너와 나는 현현하고 추구하고 영위하나니

오— 목마른 나에게 너의 손을 달라

너의 깊은 友愛의 정겨운 등불을 대어라

메말라 식어진 가슴의 불을 웃솟아

나의 마음 복판에 나의 너를 달라

오— 무지개 일만 년 부르다가 부르다가

피어 올린 6천년 눈물의 이름이여

그 얼에서 빛을 토해 길이 불리운 不滅의 靈曲이여

끝내 斷念할 수 없는 原始의 제전으로 기어코 오라
너와 나의 웃음 띠며 마주보는 그 하늘엔
그를 아쉬워하는 희미한 종소리
그 속에 崔勇鶴의 情熱과 雄志가 있었노라
永遠한 餘韻—

2020. 3.
서울 언론인클럽
회장 姜勝勳

崔勇鶴 교수와 나

최 교수와 나는 대학동창이다. 졸업 후 자주 만날 기회가 없다가 최 교수가 안식년安息年이 되어 1년간 연구 목적으로 모스크바에 와 있을 때부터 서로 친해지게 되었다. 특히 최 교수는 공중 도덕심이 남다르게 강한 분이라 나는 최 교수에게서 배운 것이 많다. 서울에 왔을 때 한번은 최 교수가 평택대학교에 초청招請해 간 적이 있었다. 점심시간이 되어 교내 식당에서 식사를 같이 하고 나서 밖으로 나와 담배를 피우다가 무심결에 평소 버릇처럼 담배꽁초를 정원의 구석진 곳에 버렸다.

최 교수는 그 담배꽁초를 보고 깜짝 놀라 나를 탓하고 그 담배꽁초를 주워 쓰레기통을 찾아 버리는 것이었다. 나는 참으로 민망하여 그 후부터 아무데나 담배꽁초를 버리는 습성을 고치게 되고 이후 담배도 끊었다.

이밖에도 최 교수로부터 밥 먹는 습관을 배웠다. 나는 밥을 먹으면서 맛이 없거나 배가 부르면 밥을 남기거나 아니면 밥찌꺼기를 밥그릇에 그대로 두었었다. 그런데 최 교수는 밥을 먹을 때면 밥풀 하나 밥그릇에 남기지 않고 깨끗이 먹었다.

최 교수의 그 밥 먹는 모습을 보고 그 후부터는 나도 귀한 음식을 남기는 나쁜 습관을 고쳤던 것이다. 반면에 나는 최 교수에게 모범이 될 만한 것을 보여준 것이 없는 것 같다. 그만큼 최 교수는 생활 태도가 모범적인 사람이라 우리 대학동기 중에서 유일하게 평택대학교 교육대학원장을 지낸 것 같다.

또 최 교수는 재미있고 담대한 면도 있는 분이다. 최 교수가 안식년에 모스크바에서 있었던 일인데 시내 중심가의 아르바트거리에 많은 기념품 가게는 외국인 관광객이 즐겨 찾아가는 곳이다.

하루는 최 교수와 내가 아르바트 거리에서 기념품 구경을 하다가 나만 잠시 기념품 가게에 들렀다 나와 보니 최 교수가 보이지 않았다. 최 교수를 찾느라고 한 곳을 보니 사람들이 모여 떠들썩하게 웃고 있었다. 그곳에 최 교수가 있는 것을 보고 깜짝 놀랐다.

최 교수는 러시아의 유명한 시인 푸시킨 동상銅像 앞에서 거리의 악사들의 반주에 맞춰 러시아 민요 카츄샤를 부르고 있는 것이 아닌가! 동양인이 길거리에서 러시아 민요를 러시아어로 부르고 있으니 호기심에 러시아 사람들이 모여 박수를 치고 있었다.

최 교수의 그런 배짱 좋은 모습은 그뿐만이 아니었다. 내가 모스크바에서 모스크바대학교 개교開校 200주년 기념행사로 '국제학술대회'를 1997년에 '한국사의 고리'라는 주제로 개최한

적이 있었다. 우리 고구려사高句麗史를 중국中國이 중국 영토내內의 소수민족사少數民族史의 하나로 중국사라고 주장하는 소위 '동북공정東北工程'을 반박하는 국제학술대회였다. 모스크바대학교에는 러시아에서 최초로 한국학韓國學을 창설하고 소개한 유명한 고려인 2세인 미하일 박朴 교수가 계셨지만 연세가 많아 실질적으로 내가 계획에서 진행까지 주도하고 있었다.

그때 나는 한국에 있는 최 교수에게 발표자의 명찰 등을 서울서 준비해 줄 것을 요청하였더니 기꺼이 준비해서 학술 대회를 지원하기 위해 모스크바까지 왔었다. 이 대회에서 발표하는 학자는 러시아에서 고구려사 연구에 독보적인 로자 자르가르시노바 교수는 물론 러시아 아카데미 동방학연구소東方學硏究所 한국·몽골학과 과장 유리 반인 박사, 러시아 아카데미 역사연구소 꾸만 요프 박사, 모스크바대학교 미하일 박 교수와 내가 발표자로 나서 고구려사는 엄연한 한국사임을 강력하게 주장하였었다. 그 동북공정에 대한 문제가 러시아 학계뿐만 아니라 국제적으로도 관심이 많아 러시아 외무성에서는 극동국極東國 부국장 티모닌(후에 한국주재대사 역임), 중국과장 그리고 또 남·북한 모스크바 주재 대사관에서 외교관들이 참관하였다. 게다가 중국 광명일보光明日報 특파원, 한국의 동아일보 특파원, 러시아 역사문제연구소에서 온 중국 및 일본 문제 전문가와 학생들이 많이 참석해 대성황을 이루었다.

여러 학자들의 발표가 끝난 후 이 대회 발표에 대한 논평이

있었는데 한국측에서는 최 교수가 당당하게 앞에 나와 러시아
어로 '한국사의 고리'라는 국제학술대회의 뜻깊은 행사를 감명
깊게 들었다는 말을 약 3분간 축사 겸 논평으로 하였다.

사실 이때 나는 최 교수가 혹시 러시아어가 익숙하지 않아
실수라도 하면 어쩌나 하고 속으로 걱정하고 있었는데 잘 마무
리하고 관중들의 박수까지 받아 속으로 자랑스러웠다.

나는 또 최 교수로부터 다른 많은 도움도 받았다. 한번 입
었던 양복을 자기에게 크다고 주어 입은 적도 있고, 또 어깨
가 아팠을 때 한의원에 가서 나에게 약을 지어주기도 했다.

그리고 모스크바 한인 가톨릭교회 신축 기금 모집에도 참가
하며 헌금도 많이 하고 또 객지에서 필요할 것이라고 하면서
비상금을 내 손에 억지로 쥐어주기도 하였다. 참으로 독실한
가톨릭 신자며 사려 깊은 친구다.

그러나 가장 잊을 수 없는 최 교수와 나의 추억은 모스크바
에서 눈보라가 몹시 몰아치며 폭설暴雪이 내리는 겨울날 '야스
나야 빨냐나'에 있는 톨스토이 박물관(博物館, 톨스토이의 저택)을
같이 방문한 일일 것이다.

톨스토이는 우리나라에서도 유명한 소설 「부활復活」과 「전쟁
과 평화」의 작가이다. 그리고 독실한 기독교 사상가로 전 세계
적으로 존경을 받는다.

당시 모스크바는 택시요금이 싸서 우리는 택시를 잡아 타고
톨스토이 박물관을 방문하기로 했다. 아침에 나설 때는 날씨

가 좋았으나 모스크바를 벗어나자 갑자기 폭설이 쏟아지기 시작하면서 눈보라도 몰아쳐 길에는 금방 30cm 이상으로 눈이 쌓여 갔다. 생전 처음 보는 폭설과 눈보라였다. 마치 눈이 소나기처럼 하늘에서 쏟아지고 눈보라까지 몰아쳐 한국에서는 한 번도 볼 수 없던 풍경이었다.

이때 마침 제설차除雪車가 도착해 눈을 치웠다. 맨 앞에는 불도저가 눈을 밀어 길가에 쌓아 놓으면 그 뒤에 황금손이라고 하는 차가 따라가 눈을 퍼서 트럭에 담는다. 트럭이 눈을 싣고 떠나면 곧 그 뒤에는 눈을 쓰는 청소차가 와서 길바닥에 남아 있는 눈을 쓸고 간다. 이렇게 4대의 차가 1조를 이루어 눈을 치우는 모습은 아마 러시아에서만 볼 수 있는 겨울 광경일 것이다.

이런 제설차의 도움으로 폭설을 뚫고 겨우 톨스토이 박물관에 도착했을 때는 오후 4시경이었다. 모스크바에서 3시간 반이면 갈 수 있는 곳이지만 이 날은 7시간이나 걸렸다. 박물관은 넓은 숲속에 생전에 톨스토이가 살던 집, 서재, 자연학교, 사과밭. 마구간 그리고 톨스토이 무덤이 있었다.

우리는 먼저 톨스토이의 무덤을 참배하기로 했다. 무덤으로 가는 길은 눈 위에 많은 사람이 오고간 발자국이 나 있었다. 벌써 그런 악천후인데도 참배객이 다녀갔다는 증거였다.

무덤에는 기념비는커녕 작은 돌멩이 하나 놓여 있지 않았다. 큰 참나무 밑에 약 2m 길이와 20~30cm 높이의 낮고 작은 무덤이 눈에 덮여 있었다. 누군가가 그 무덤 위에 방금 놓고 간 듯한 빨간 장미꽃 한 송이가 놓여 있을 뿐이다.

　톨스토이는 '인생은 나그네와 같은 것'이라고 여기고 죽음 직전에 주치의主治醫 한 사람만을 대동하고 일생에 마지막 여행을 하려고 기차를 탔었다. 그렇게 기차 여행을 떠났으나 얼마 가지 못하고 위독해 시골 기차 역에서 임종했던 것이다.

　그의 유언에 따라 시신은 평소에 자주가 쉬던 큰 참나무 밑에 매장하고 비석도 세우지 않았다. 아마 최 교수와 내가 함께 평생 잊을 수　없는 추억이 있다면 그날 처음 본 엄청난 폭설과 눈보라, 그리고 작은 비석 하나 없는 톨스토이의 무덤이 아닐까 싶다.

모스크바 국립대학교

명예교수 朴鍾涍

아름다운 그 뒤안길의 판타지

〈하나〉

만남

하루에 한 번은 소낙비가 와야 그나마 더위를 식힐 수 있음이며 지저분한 거리 청소가 되는 이곳, 그럼에도 불구하고 어쩌면 유난히 파란 하늘 한낮의 기온이 40c도의 열로 꿈틀대는 대지에(아우라 거리) 한국학사관이란 간판이 있는 아라네타 빌리지의 한 건물에서 뵙던 최용학 교수님, 한국에서 함께 온 투터의 역할을 한 김보관 박사님의 안내로 인사를 나눌 수 있었다.

당차면서도 온화한 첫 인상에서 자상한 교수의 분위기가 물씬 풍기는 모습으로 첫 눈에 깨끗한 이미지에 품위가 있음을 읽을 수 있었다.

평택대학교 교수로 대학원장이라는 네임 카드를 받고 김천대학교 박귀영 교수와 함께 자스민 거리의 숙소에 있는 자신을 소개했다. 생각하면 거의 삼십 년이 지난 우연이 아닌 필연의 만남으로 오늘도 함께하는 위대함이라 할 것이다.

〈둘〉

한국학사에서

사랑하는 아라네타 빌리지의 아우로라 거리, 언제나 뜨거운 태양의 작렬함 속에서 늘 푸른 나무와 파란 하늘이 가슴 깊이 와 닿는 길을 따라 새벽부터 만나는 우리는 모르는 사람과도 인사를 나누며 우리말로 떠들기도 했다.

시간이 있을 때마다 교수님과 함께 퓨리터니즘의 청교도들도 필거더니즘의 영국인도 때로는 실용주의 교육도, 본질주의 교육철학을 외치며 열띤 토론도 했다. 참으로 유익한 시간이었음을 기억한다.

저녁식사 후에는 일수불퇴의 원칙으로 자칭 국제 심판을 세운 채 손을 떨며 다시 손가락으로 문질렀다가 완전할 때 떼는 장기놀이, 상대편을 잡을 때는 두 손으로 신속하게 처리해야 하는 날렵성을 발휘했던 일.

돌아보면 우정이 돈독해지는 과정이었으리라. 이렇게 고매한 철학도 허전한 마음에 웃고 지내는 여정에서 훈훈한 인간애요 민족애를 느끼곤 했다. 폭 넓은 지혜의 소유자 교수님으로 하여……

물론 한국학사관은 소생이 명명하여 간판을 써 단 곳이기도 하다.

〈셋〉

학교 도서관에서

빅도네타 아라네타 캠퍼스는 늘 땀에 젖어 오르내리며 그렇게도 어려웠던 순간순간에서 소낙비가 지나간 후의 오후, 비교적 언어소통이 잘 되는 교수님과 학교 도서관을 찾았다.

교육학 전문의 책 내용을 원문으로 Summary할 수 있었고 그 주 금요일 발표할 Report 자료로 많은 도움이 되었다. 그것은 대학원장의 숙제로 자신이 시범수업을 하고는 그의 논문과 같은 것들을 학교 도서관에서 찾아 연구하여 1장과 2장을 요약 발표하도록 되어 있었던 것이다.

그러므로 노교수 대학원장의 강의시간에 상당한 부담을 느낄 수밖에 없었던 상황에서 교수님으로 하여 얼마나 큰 도움이 되었는지 모를 일이었다.

또 한번은 Youth Culture에 대한 내용으로 학위논문 자료를 위해 찾은 도서관 열람실에서의 기억이 새롭기도 하다.

〈넷〉

다시 찾은 마닐라

2006년 6월로 기억되는 몇 날을 특별히 교수님의 권유로 몇 동료가 마닐라를 찾게 된 여행의 여정이었다. 남쪽나라 푸른 숲 멀리 아득한 아키노공항, 심상을 풀에 던져 몇 번을 오고갔던 곳. 감회가 깊은 엄주정 교수님, 최용학 교수님, 설성진 교수님, 이재구 교수님, 박명준 교수님의 표정을 읽을 수 있었다.

　* 하루는 라살공원을 산책하면서 우연히 마주친 말마차를 타고 관광을 하게 되었는데 교수님께서는 그 마부에게 그곳 경찰서 관계자를 안다면서 건넨 이야기가 나로 하여금 수고료를 준비하던 중 큰 도움이 되었던 기억이 난다.

　50불을 주었으나 거스름돈을 주지 않고 큰소리를 치던 마부. 생각하면 덤터기를 쓸 뻔했던 일로 작은 웃음이 난다. 역시 지혜의 경험이기도 했다.

　* 다음 날 무더위 속에 모두는 히든 벨리를 찾았다. 몇 번의 방문에서 우리를 반겨준 식당에서는 Korea를 외치며 기타에 박자를 맞춰 '아리랑', '사랑해' 등 한국 가요를 불러줬고 모두는 손뼉을 치며 함께 노래를 하는 동안 힐링의 시간이 되기도 했다. 더욱이 수영복을 빌려 입고 야외 온천 계곡의 깨끗한 연못에서 천진무구한 어린 시절의 동심으로 돌아갔던 일을 기억한다.

　시간이 늦으면 어떨까, 신나게 물장구를 치며 손을 잡고 물 속에서 수중 발레를 하며 웃음꽃을 피우는 동안 세상사 모두 잊고 참된 우정을 확인할 수 있었으니 여행을 권유해 주셨던 교수님께 감사해야 할 일로 아름다운 추억이 되었다.

　* 그리고 다음날.

마닐라를 지키는 요새 마닐라만의 작은 섬을 찾았다. 물론 배를 타고 건너간 그곳은 마닐라시티가 한눈에 보이는 곳으로 이곳을 통과하지 않으면 출항과 입항이 안 되는 요새의 섬이다. 중요한 것은 아침부터 심상치 않았던 느낌에서 배 멀미를 하게 되어 무척이나 괴로웠던 나에게 배 뒤편에 있는 화장실을 안내하며 등을 두드려 주신 다정다감한 교수님의 배려가 있었기에 힘들었지만 그 섬에 대한 역사적 사실을 알게 되었음도 감사드린다.

우리는 간편한 복장으로 돌아다녔다. 미군이 주둔했던 섬 곳곳에 있는 대공포 진지며 학교 건물이며 병원 건물이 콘크리트로 지은 큰 건물이 있는 섬이다.

100여년 전이라 생각되는 때에 만들었을 섬 치고는 거대하다고 할 일로 미군사령부의 터널을 지나며 알 수 있었던 역사적 사실에 많은 생각을 하게 된 하루였다.

〈다섯〉

독립운동가 후손의 삶

진리를 모르면 죽음이다. 즉 산다는 것 자체가 진리 가운데만 존재할 수 있기 때문이다.

밝고 옳은 성품으로서 발전을 위해서는 어렵지만 위선자의 길 '천보지이복(天報之以福)'의 교훈을 새겨야 할 것이 아닌가.

40여 년간 제2세 교육을 위한 생활 속에서 올곧은 청년의 가치관 과 철학을 심어 물줄기를 만들어 주신 삶이 교수님의 생애일 것이다.

후세에 남겨줄 귀한 자산, 정신적 교육을 위해 오늘도 한민족 한 뿌리를 찾아 국내외로 동분서주하시는 모습, 가산을 털어 해외독립유공자가족 모임 사단법인 '한민회韓民會'를 설립하고 이사장으로 온 힘을 다하는 이 나라 역사의 산 중인으로 살기를 원하는 교수님을 뵐 때마다 머리가 숙여진다.

언젠가 아라네타 재한국인 동문회에서 종로구에 있는 옛 경기고등학교 자리를 찾은 일이 있었다. 박물관으로 개조된 안에 전시된 교수님의 선친께서 독립운동을 위해 중국에서 행하셨던 일을 알 수가 있었다. 그로 인하여 중국 상해가 탄생지인 바 어린 시절 인성학교를 다니셨고 선친 최태현(1891-1940)님은 대한제국시절 특무대의 마지막 장교로 복무하셨음을 알게 되었다.

생각하면 교수님이 그토록 애국지사의 후손임을 찾아 애쓰셨던 근자의 모습을 이해할 수가 있었다. 그토록 아껴야 했던 긴 세월로 이 나라 청년교육을 뒤로 하고 다시 시작되는 '한민족 한 뿌리, 한문화 큰 가꿈, 한 사랑'으로 세계평화와 인류행복을 위한 귀중한 사역자로 영원하소서.

시인, 수필가
교육학 박사
전) 신성대학교 교수 안병돈

최용학 회장님의 회고록 출간을 축하드립니다

사단법인 한민회 최용학 회장님은 중국 상해上海 태생으로 항일 독립운동을 하시던 선친 최태현崔台鉉 선생께서 4살 때 일경에 의해 돌아가시고 1946년 광복 이듬해에 귀국한 후 모친께서도 6.25전쟁이 발발되던 해에 운명하시어 의지할 곳 없는 고아가 되어 모진 고통과 시련을 겪으면서 살아오신 것으로 알고 있다.

그 모든 역경을 겪으면서 대학교수까지 되었고 선친의 흔적을 찾다가 해외운동가족 모임인 사단법인 한민회韓民會 대표이사 회장이 되셨다. 한민회는 국가보훈처 국장을 지낸 이선우 편집인이 보훈처 퇴직 후 20년 넘도록 이끌어 오면서 세계 20여 개국에 거주하는 후손에게 연 4회 계간지로 소식을 전하는 일을 하고 있다.

최 회장님과의 인연은 본인이 독립기념관장 재직시 평택대학교 겸임교수로 출강할 때 시작되었다. 더욱 인연이 깊은 것은 본인도 중국 상해 태생이기 때문이다.

인상 깊었던 추억으로 본인의 집에서 이미 고인이 되신 본인의 모친(최윤신 여사)과 최 회장님이 인성학교 교가를 함께 불렀을 때다. 모친께서는 상해 인성학교를 졸업하셨고 최회장님은 중퇴하셨고, 교가 작사·작곡가는 도산 안창호 선생이다.

　최용학 회장님께서 80대 중반에 회고록을 쓰신다니 동갑인 나이에 부럽기도 하고 대단하시다고 생각된다.

　다시 한 번 축하드리며 선친의 항일독립운동 정신을 계속 이어 나가시기 바랍니다.

2020년 5월 7일

전) 國家報勳處長

19대, 20대 光復會 會長 박유철

평택대학교에서

최용학 교수님을 처음 만났을 때

아산동산교회
담임목사 황기식

제가 평택 대학교 신학과 4학년 때가 1994년이었습니다.

그때 저는 신학을 공부하였는데 가을학기가 시작되자 교양학부 프로그램을 살펴보았는데 최용학 교수님께서 가르치시는 '인간과 윤리'라는 과목이 눈에 들어왔습니다.

과목이 고상하여 수강하기로 결정하고 선택했습니다. 윤리시간이라서 그런지 처음 본 최용학 교수님의 첫인상은 참 인자스럽고, 성실하셨으며 진실하신 모습이 몸에 배어 있었습니다. 한 강의씩 들을 때마다 성실하게 준비하셔서 그런지 진국이 솟아져 나왔습니다.

목회하는 저에게는 참 좋은 자료가 될 뿐 아니라 성경 말씀과 접목하면 영혼을 깨우치는 설교 자료가 되었습니다. 그때 들었던 강의내용은 대충 이렇습니다.

첫째는 인간의 윤리에 대해서 강의 하셨는데, 인간의 행위, 개인과 사회, 개인과 윤리, 행복과 윤리에 멋진 강의였습니다.

둘째는 율곡의 모범학교 16가지와 공자가 생각하는 9가지 몸

가짐을 강의해 주셨습니다.

셋째는 현대인을 위한 10가지 덕성론과 신뢰와 신의에 대해서 강의해 주셨고

넷째는 안정복의 율기론과 산업 사회와 인간의 지능과 지성에 대하여 강의해 주셨고

다섯째는 불교사상의 사성체(四聖諦)의 고집멸도(苦集滅道)

여섯째는 유학 사상의 인의예지 사상과

일곱째는 한국의 유학 소개, 이황과 이율곡을 소개하면서 율곡의 모범학교 16가지는 지금도 머리에 생생합니다.

여덟째는 한국의 실학자 유형원, 성호 이익, 다산 정약용과 동학사상을 소개하는 최재우, 전봉준, 김구 선생에 대해서 명강의를 해주셨습니다.

아홉째는 우리나라의 민족 사관을 강의하시면서 하란사, 윤봉길, 김구 선생을 끝내면서 설문지를 나누어 주셨습니다.

그 설문 내용은 자신이 大學을 졸업하고 무엇을 할 것인가?

자신의 포부를 써 내라는 것이었습니다. 그때 저는 현직이 목회자였기 때문에 앞으로 목회하면서 많은 영혼을 살리기 위해 부흥사가 되겠다고 내 포부를 써 내었습니다. 그러나 부흥사의 길을 걷지 못하고 한 교회를 맡은 목회자로서 역사 신학을 전공했기 때문에 역사 탐방, 성지 순례에만 전념하면서 목회를 하고 있었습니다.

그러나 세월이 30년이 흐른 후 2022년 3월 5일 평택대학교

조기홍 총장님이 소천하셔서, 발인예식 날 김삼환 목사님이 설교하시고 축도시간에 저를 보시고 평택대 출신 황기식 목사님이 축도하라고 하셨습니다. 저는 축도를 마치고 예식이 끝난 후 서로 헤어지는 순간에 최용학 교수님을 만나게 되었습니다. 근 30년 전에 만났던 최 교수님께서 조총장 장례 예식에 참여하셨던 것입니다.

서로 만나 반가움으로 인사를 나누었습니다. 점심시간이 다가왔습니다. 최 교수님 내외분과 김애자 실장과 저와 넷이 점심을 같이하자고 제안해서 함께 점심을 나누며 그동안 못 다한 학교 강의 때 있었던 이야기를 나누었습니다.

사실 그때 제가 부흥사가 되겠다는 설문 내용이 2021년에 와서야 예장총회 부흥전도단 통합 중부단 부흥사 협의회에 가입하였습니다. 가입하자마자 고속 승진을 시켜 중부지단 부단장에 임명되었고 2022년 5월에는 부흥사 중부 지단장으로 승진되었습니다. 학부 생활에 최 교수님 께서 서약을 받은 것이 이제 30년의 세월이 흐른 후 소원한 대로 되어진 것이었습니다. 그때 교수님께서 강의해 주신 것이 저에게 큰 지식이 되었고 인간은 높은 윤리 수준을 높이며 살아야 한다는 것을 강조해 주셨습니다.

최 교수님께서 은퇴하신 후에도 「韓民會라」는 학술단체를 만드시어 나라와 민족을 위해 독립운동을 하신 독립운동가들을 발굴하고 자료를 모아 책을 써서 세상에 내어놓는 애국정신은 가히 본받을 만하고도 남습니다. 교수님 께서 현직에 있을 때에도 학문의 열정이 넘치셨는데 은퇴 후에도 학문을 더 집필하는 열정이 넘치는 모습은 정말 멋지고 행복해 보였습니다.

　교수님의 정성 어린 보살핌으로 나라와 민족을 위해서 품격 있는 제자로 살 것을 다짐하면서 잘 가르쳐 주셔서 감사드립니다. 그리고 고맙습니다.

　그때 제가 교수님을 더 가까이했더라면 더 많은 지식을 전수받을 수 있었을 텐데 라는 아쉬움이 많습니다. 늘 강령하시기를 빌면서 보내주신 책 2021년 조선일보 8월호 교수님께서 연재하신 '광복 후 중국 **홍커우 공원에서 김구 생님과 울면서 애국가**를 불러'라는 글과 '천재작곡가 이문근 신부와 보리밭 작곡가 윤용하 선생'에 대하여 쓰신 책 그리고 「韓民」이란 계간지에 실린 독립운동가들에 대한 글들을 잘 읽었습니다.

2022년 6월 9일
아산시 탕정면 동산로 34-9
아산동산교회 목양실에서
제자 황기식 드림

최용학 교수님 저도 닮아 가고 싶습니다

　제가 최용학 교수님을 치음 뵌 것은 1994년 연말에 교수 초
빙을 위한 인사위원 면접으로 평택대학교의 옛 이름이었던 피어
선대학교 캠퍼스를 처음 방문했을 때입니다.

　오랜 유학생활을 마치고 귀국해서 교직과 목회의 길 중에 주
님의 소명을 기다리던 중, 옛 친구를 통해서 들었던 피어선이라
는 이름에 끌려서 지원을 하게 되었기 때문입니다.

　제가 처음 학교에 도착 했을 때 본관 앞에서 바라보는 길 건
너편 배나무 과수원과 포장되지 않은 교내 진입로 등 당시 피어
선대학교는 아직 캠퍼스의 조성이 진행 중인 신설 대학교로 목
표를 향한 출발선 앞에 서 있는 것 같은 긴장과 설렘이 있는 도
전으로 제게 다가왔습니다.

　하나님의 인도하심을 위해 기도한 뒤에 본관 지하 구내식당을
찾아갔을 때, 저음 뵙는 신사분이 제게 다가와서 친절하게 안내
해 주시고 또 당신의 식권을 제게 나눠 주시던 모습 속에서 학
교에 대한 낯섦이 하나하나 벗겨지고 곧 마음이 편해졌습니다.

　뜻밖에 만나 이름도 모르는 분의 친절에 마음이 따뜻해진 제

가 두 번째로 놀란 것은 교원 면접을 위해 들어간 곳에서 당시 기획처장님으로 면접위원이셨던 최 교수님을 다시 만난 것입니다.

이제 와 생각하니 하나님께서 최 교수님과의 예기치 않던 만남을 준비하셔서 제가 평택대학교의 가족으로 평생의 삶을 살아가도록 예비하셨던 것 같습니다.

이와 같이 최 교수님과의 고마운 만남은 그 후 미국 고든-콘웰 신학대학원 해외연수 프로그램의 책임자와 실무자로 매사추세츠피바디에섹스 박물관을 비롯해 뉴욕 서클라인, 필라델피아 독립 기념관과 제가 졸업한 웨스트민스터신학교, 워싱턴 DC. 그리고 나이아가라 폭포까지 같이 동행하면서 더욱 친밀하게 가슴으로 맺어졌던 것 같습니다.

지금도 그때의 사진들을 돌아보면 곳곳에서 최 교수님과 함께한 제 모습의 사진들이 많은 것을 보면서, 20여 명의 교직원과 학생들까지 혼성된 연수단을 형님 같으신 최 교수님이 너무나 잘 이끌어 주셨음에 감사드립니다.

연무대의 진중 세례식에서도 최 교수님과 한 팀으로 젊은 장병들을 위해 간절한 마음으로 기도하며 세례예식을 함께했던 추억. 사모님까지 함께했던 이집트와 베들레헴, 예루살렘, 사해 쿰란에서의 성찬식과 갈릴리 호수까지 이어진 성지순례의 과정에서 두 분이 보여주시던 신앙심 깊으시고 다정한 부부의 모습이 지금도 제 머리에서 떠나지 않습니다.

혹시 시내산을 지나 광야 끝에서 이스라엘 국경 통과를 앞두고 홍해 바다와 연결된 작은 바닷가에서 사모님과 두 분이 짧은 시간 함께 수영을 즐기셨던 기억이 나시는지요? 사막의 오아시스처럼 청명하고 밝은 멋진 모습이셨습니다.

어느 곳에서나 누구와도 스스럼없이 먼저 다가가서 이웃을 편안하게 해주시는 것이 두 분의 닮은 모습인 것 같습니다. 그때만 해도 40대 초반이었던 제 눈에 최 교수님과 사모님의 모습은 참 아름다운 중년의 모습으로 여겨졌는데, 벌써 제가 60대 중반으로 이제는 정년퇴임을 준비할 때가 되었고, 또 최 교수님께서는 인생의 회고록을 쓰신다니 참으로 세월이 빠르고도 고맙기만 합니다.

그 세월 속에 함께할 수 있었던 좋은 선후배로, 그리고 언제 소식을 들어도 반갑고 귀한 믿음의 동역자로 최 교수님과 이제까지 이런저런 만남을 이끌어 주신 하나님께 감사드립니다.

제가 처음 발을 디뎠던 1994년도의 '새롭게 시작하는 것 같은 피어선대학교' 모습은 이제 정말 많이 변했습니다. 어디에 내놓아도 찬란하고 아름다운 캠퍼스 조경과 하나하나 선배와 후배가 함께 마음을 모아서 세워 온 세월을 머금은 아름다운 건물과 조형물들, 그리고 선배들의 유산을 가슴에 새기며 또 다른 선배로 자라나는 장한 제자들의 모습은, 최 교수님과 저희 모든 피어선의 동료들이기도와 사랑으로 이루어낸 우리들의 자랑스러운 유산이 되었습니다.

비록 학교를 떠난다 해도 '우리가 학교를 잊거나 학교가 우리를 잊을 수 없을 것'입니다.

최 교수님과 더불어 우리 모두가 공유한 우정과 헌신이 우리 모두를 피어선의 가족으로 든든히 묶어 놓았기 때문입니다.

얼마 전에 저와 신학과 동료들에게 보내주신 해외 독립 운동가들의 발자취를 발굴하고 그 숭고한 뜻을 고취시키는 『韓民』 소식지는 제게 또 하나의 감동이었습니다.

항일 독립을 위한 평생의 헌신과 희생으로 이국땅에 4세의 어린 아들을 두고 소천하신 선친과 광복 후 국내에 들어와 12세의 어린 나이에 상주로 어머니의 초상을 치러야 했던 최 교수님의 살아오신 여정은. 개인에게는 아픈 가족사지만 우리 모든 한민족에게는 자랑스러운 독립의 역사입니다.

진정으로 들어야 할 것을 소중하게 기억하지 않는 이 세대에 잊지 말아야 할 나팔 소리처럼 후진을 잔잔히 깨우쳐 주셔서 고맙습니다.

'열매를 보아서 나무를 안다'고. 최 교수님의 올곧으신 삶의 성정을 보아 선친 최태현 선생님과 신수임 어머니의 기개를 다시 배우게 됩니다. 최 교수님의 꼿꼿하시지만 부드럽고 유머 있으신 '멋쟁이 모습'과 삶을 저도 닮아가고 싶습니다.

이광희
평택대학교 신학과 교수

愛國歌와 仁成學校 校歌 歌詞 小考

社團法人 韓民會 代表理事 會長 崔勇鶴

"동해물과 백두산이 마르고 닳도록
하느님이 보우하사 우리나라 만세."
애국가 1절 가사다.
사람 곧다 인성학교 덕지체德知體로 터를 세우고
완전 인격 양성하니 대한민국 기초 완연해
만세 만세 우리 인성학교 천청명월天靑明月 없어지도록
내게서 난 문명 샘이 반도 위에 넘쳐 흘러라"

동해의 물과 백두산이 어떻게 마르고 닳아 없어지겠는가.
인성학교 교가 후렴의 가사에 푸른 하늘 높이 떠 있는 달(天靑明月)이 어떻게 없어지겠는가.
동해의 물과 백두산이 마르고 닳아 없어지도록 우리나라 만세요, 푸른 하늘에 떠있는 별과 달이 없어지도록 만세 만세다.
애국가 작곡가는 안익태 선생이지만 작사자는 누구인지 이론이 분분하다. 그러나 정서적으로 보아 애국가 작사는 애국가 가사와 상해 인성학교 가사의 맥락으로 보아 도산 안창호島山 安昌鎬 선생이 작사한 것으로 심증이 간다.

부 록

신여성의 선구자, 란사·박에스더·윤정원

독립운동가 아버지 흔적 찾다 만난 은사

106세 독립운동가 스승 앞에 눈물의 애국가를 불러

그리운 '보리밭' 작곡가 윤용하 선생님

좌절감의 고통에서

아! 8.15광복감격, 흐느낀 애국가 합창

하란사(河蘭史) 1875~1919.4.10

인간관계 개선 프로그램

하란사(河蘭史) 여사와 아버지 최태현(崔台鉉)

월간 조선 2021년 8원호에 게재된 인터뷰 기사

著者 崔勇鶴 年譜

120년 전   일제치하의 탁월한 한국 여성
신여성의 선구자, 하란사·박에스더·윤정원

박에스더   하란사   윤정원

'부인 사회와 각 여학교에서 윤정원 씨와 박에스터 씨와 하란
사 씨가 외국에서 귀국하여 여자 교육에 종사함과 생명에 근무
함을 감복하여 지난 28일(1909년 8월 29일)에 서궐(西闕: 경희
궁)에서 환영회를 설(設)하고 삼씨를 영접하여 예식을 거행하였
는데 그 역사들 관하건대 아국 오백여 년 부인계에서 외국에 유
학하여 문명한 지식으로 여자를 교육함은 초유한 미사美事라 여
자 학업이 종차從此 발달됨은 가히 찬하하겠도다.'(황성신문
1909. 5. 5.)

1909년 4월 28일 경희궁에서 거행된 '여성 유학생 환영회'에

700~800명의 하객이 운집했다. 여성에 대한 편견을 극복하고 미국과 일본에서 학업을 마치고 돌아온 세 여성에게 거는 기대는 그만큼 컸다.

최초의 여성 유학생 박에스터(1877~1910)〈왼쪽 사진〉의 본명은 김점동이었다. 에스터(Esther:愛施德)는 세례명이었고 '박'은 남편 박유산의 성이었다. 부친이 감리교 선교사 아펜젤러의 고용인으로 일한 인연으로, 그녀는 1886년 이화학당에 입학했다. 졸업 후 의료선교사 홀(Roset-ta Hall) 부인의 통역으로 일했고, 그의 주선으로 1895년 미국 유학을 떠나 이듬해 볼티모어 여자의과대학에 입학했다. 1900년 한국 최초의 여의사가 되어 귀국해 보구여관(保救女館:이화학당에서 세운 한국 최초의 여성 병원)과 평양 광혜여원廣惠女院에서 의사로 일했다.

하란사(1875~1919)〈가운데 사진〉의 본 성은 김씨였다. '하'는 남편의 성이었고, 난사(蘭史:Nancy)는 이화학당 입학 후 지은 영어 이름이었다. 어린 나이에 인천감리 하상기의 후처가 되었는데, 혼인 전 기생이었다는 이야기도 있다. 이화학당은 기혼자의 입학을 금지했지만, 여러 번 찾아가 사정한 끝에 입학을 허락받았다. 1896년 남편의 도움으로 미국 유학을 떠나 1900년 오하이오 웨슬리안대학에서 영문학 학사 학위를 받았다. 귀국 후에는 이화학당 교사로 활동했다.

윤정원(1883-?)〈오른쪽 사진〉은 탁지부 주사와 대한자강회 부회장을 지낸 부친 윤효정의 권유로 1898년 일본 유학을 떠나

명치(明治)여학교와 동경 음악학교에서 영어와 음악을 공부했
다. 일본 영사 아키즈키(秋月左都夫)의 후원으로 영국, 프랑스,
독일 등지를 돌아보다가 1908년 관립 한성고등여학교가 설립
된 후 교수로 초빙되었다.

　세 여성에게 걸었던 사회의 기대와 달리, 그들이 뜻을 펼치기
에 시대는 너무 암울했다. 박에스더는 1910년 4월 폐결핵으로
사망했고, 하란사는 1919년 파리 평화회의에 여성 대표로 참석
하려는 계획이 일본 경찰에 알려져 중국으로 망명했다가 북경에
서 의문의 죽음을 당했다. 이등박문의 양녀로 일본의 간첩이었
던 배정자가 하란사를 미행해 북경에서 그를 독살했다는 소문이
돌았다.

　윤정원은 강제합방 후 한성고녀 교수직을 사임하고 중국으로
망명해 음악과 외국어 개인교수로 생계를 유지하며 독립운동가
를 후원했다. 광복 이후 북경에서 한국의 가족에게 편지를 보낸
것을 마지막으로 소식이 끊겼다. 세 사람은 한국 여성이 활동하
지 못했던 영역을 개척함으로써 한 세대 후 등장하는 신여성의
선구자가 되었다.

전봉관
KAIST 교수·한국 문학

독립운동가 아버지 흔적 찾다 만난 은사

도산 선생 비서실장 구익균 애국지사의 제자 최용학(4회) 동문
부모 잃고 고아원에서 어렵게 공부, 교수 정년 퇴직 후 뿌리를
찾다가 66년 만에 104세 스승 찾아······.
안창호 선생 도운 아버지의 동지

종로구 낙원동의 한 아파트 15층. 작은 태극기를 대문에 걸어 놓은 집에서
노랫소리가 울려 나왔다. 일제 때 중국 상하이에 있던 인성학교 교가이다. 최
용학(4회) 동문이 66년 만에 기억을 더듬어 교가의 후렴구를 부르기 시작하자
스승 구익균 지사도 나지막한 목소리로 따라 불렀다.

"사람 곱다 인성(仁成)학교 덕지체로 터를 세우고 완전인격 양성

하니 대한민국 기초 완연해 만세, 만세 우리 인성 학교."

일주일 전 최 동문은 아는 사람으로부터 연락을 받았다.

"인성학교에서 교무주임하셨던 분이 아직 살아 계십니다."최 동문은 1945년 중국 상하이에 있던 그 학교에 다녔다. 중국 상하이 내 한국인들을 위한 초등학교였다. 너무 어릴 적에 다닌 학교라 기억마저 희미해졌지만, 교실 앞에 걸려 있던 태극기와 선생님과 함께 부르던 교가만은 생생했다. 최 동문은 연락처와 주소를 수소문했고, 스승의 날을 이틀 앞두고 구 지사를 찾은 것이다.

"동지였던 독립운동가의 자녀들에게 한글을 가르쳤는데……. 자네가 그 자리에 있었다니 너무 반갑고 고맙네."

도산 안창호 선생의 비서실장으로 일한 구 지사는 1945~1947년 인성학교에서 교편을 잡았다. 구 지사는 벽에 걸려 있는 도산 선생의 사진을 가리키며 "안창호 선생이 인성학교가 어려울 때 큰 도움을 주었지."라고 회상했다.

그는 "우리 인성학교는 당시 중국에서 일제에 맞서 힘겹게 싸운 독립운동가들의 자녀들이 다녔던 곳인 만큼 항상 자부심을 갖고 살아야 한다."고 말했다.

최 동문의 아버지 최태현(1891~1940) 씨는 중국 상하이에서 독립운동을 하다 최 동문이 세 살 때 돌아가셨다고 한다. 1945년 해방 후 이듬해인 1946년 어머니, 두 누나와 함께 한국에 돌아온 최 동문은 열두 살 때 어머니마저 여의면서 고아원에 보내졌다. 중학교를 중퇴하고 엇나갈 뻔도 했다. 그럴 때마다 최 동문을 잡아준 건 어머니가 남기신 말씀이었다.

"용학아, 일본에 협력하지 않고 싸운 아버지의 용맹함과 절개를 본받아야 한다."

뒤늦게 공부를 시작한 최 동문은 동북고등학교 졸업 후 한국외대와 연세대학교 교육대학원에서 석사 학위와 마닐라 데라살 아라네타 대학교(GAUF)에서 교육학박사 학위를 획득하여 평택대학교 교양학부 교수로 재직하였고 2003년 정년퇴직했다. 은퇴한 최 동문은 자기의 뿌리를 찾기 위해 나섰다. "아버님에 대한 흔적을 찾으려고 시작한 일인데, 상하이 학교 은사님을 만나게 될 줄은 꿈에도 생각을 못했지요. 은사님을 66년 만에 뵈니 참으로 감개무량합니다."

노환으로 귀가 잘 안 들리는 구 지사의 귀에 대고 최 동문은 또박 또박 말했다.

"선생님, 살아계셔 주셔서 정말 감사합니다. 제가 아버지처럼 모시겠습니다."

한편 최 동문은 지난 3월 17일 뉴 국제 호텔에서 구익균 애국지사 105회 생신 축하식에 도산 안창호 선생이 설립한 상해 인성학교 제자로서는 유일하게 참석하였다.

조선일보(2011년 5 월 16일)자에 실린 기사 내용을 약간 수정, 보완하여 편집하였음을 알려드립니다.

106세 독립운동가 스승 앞에 눈물의
애국가를 불러

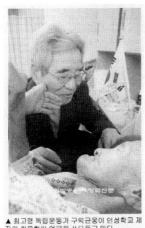

▲ 최고령 독립운동가 구익균옹이 인성학교 제자인 최용학씨 얼굴을 쓰다듬고 있다.

독립운동가 구익균 옹을 돌보는 인성학교 제자 최용학 씨(안드레아)

"선생님, 애국가 불러드리겠습니다." 일흔이 넘은 전직 교수가 허리를 급히고 병상에 누운 어르신 귀에 입을 바짝 대고 또박또박 말한다. 76년을 살아온 손이 106년 세월을 견뎌온 손을 잡는다.

"동해물과 백두산이 마르고 닳도록 하느님이 보우하사 우리나라 만세─"

서울 종로구 평동 서울적십자병원 병실, 최용학(안드레아, 76, 전 평택대 교육대학원장)씨가 애국가를 한 소절씩 정성들여 부르자, 독립운동가 구익균(요셉, 106) 옹이 온 힘을 다해 한 음절을 겨우 따라 한다. 잘 가누지 못하는 손을 힘겹게 들어 최씨 얼굴을 쓰다듬는다.

그의 머리맡에는 태극기가 놓여 있다. 태극기는 제자 최씨가 9일 서울 신사동 도산공원에서 열린 '도산 안창호 선생 순국 75주기 추모식'에서 구옹을 위해 받아온 것이다.

두 사람에게 애국가는 목 메이지 않고 부를 수 없는 애달픈 곡이다. 1908년 평안북도 용천에서 태어난 구옹은 일제강점기 도산 안창호 선생의 비서실장을 지내며 항일독립운동에 투신했다. 최씨는 독립운동가 최태현 씨 아들이다. 그의 아버지는 중국 상해에서 독립운동을 하다 1940년 세상을 떠났다. 최씨가 세 살 때였다.

두 사람의 인연을 맺어준 건 인성학교다. 인성학교는 도산 안창호 선생이 중국 상해에 사는 독립운동가 자녀를 위해 설립한 초등학교였다. 최씨가 인성학교 학생이었던 시절, 구 옹은 인성학교에서 한글을 가르쳤다. 아버지 흔적을 찾던 씨는 2011년 5월 수소문 끝에 인성학교 스승인 구 옹을 극적으로 만났다.

"만나 뵌다는 것 자체가 감격이었죠. 스승님을 끌어안고 통곡했습니다."

최씨는 일제강점기 안창호 선생을 도운 아버지의 동지인 구옹을 친자식 이상으로 아버지처럼 모셨다. 기회가 있을 때마다 병실을 방문해 말동무가 되어 드리고, 애국가와 인성학교 교가를 불러드렸다. 최씨는 스승을 통해 아버지의 기록도 찾았다. 아버지가 1931년 중국 상해에서 도산 안창호 선생이 창립한 독립운동 단체 '공평사(公平社)' 일원으로 독립운동 자금을 지원했다는 것을 알게 됐다. 공평사 조직 명단에 윤봉길 의사와 나란히 새겨진 아버지 이름도 발견했다.

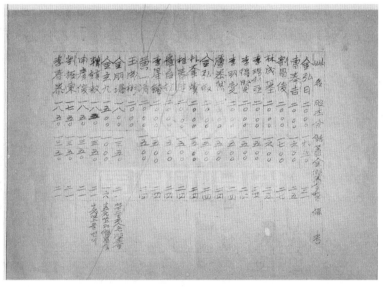

애국지사들이 헌납한 금액 기록장

"항일독립운동에 나선 아버지와 스승님 같은 분들이 계시지 않았다면 일제치하에서 벗어날 길은 없었을 겁니다. 고마운 마음을 잃지 말아야지요."

최씨는 노령의 스승님이 사실 날이 얼마 남지 않았다는 생각에 '영적 돌봄이'로 나섰다. 최씨는 노환으로 의사 표현을 하지 못하는 스승에게 종이를 들어 보였다.

종이에는 "선생님, 주님이 계신 아름다운 곳으로 가시길 원하시죠?" "천주교식으로 세례 (대세)를 드리려고 하는데 받으시겠습니까?" 하는 질문을 적었다.

구 옹은 고개를 끄덕였고 최씨가 대세를 드렸다. 그는 안드레아라는 세례명으로 대세를 했지만, 교적을 만들다가 45년 전 요셉으로 세례받은 기록을 확인했다.

최씨는 병원과 가까운 종로 본당에 병자성사를 신청했고, 12일 구 옹은 병자성사를 받았다. 기력이 다한 스승이 하느님의 품에서 안식을 누리기를 바라는 자식 같은 마음에서다.

아버지에 이어 어머니가 기근으로 세상을 떠나면서 어린 나이에 고아가 된 최씨는 벨기에 수사를 통해 하느님을 알게 되었다. 벨기에 출신 앙드레 몽띠 빠리스 수사는 한국 전쟁 직후 오갈 데 없는 고아들을 데려다 재우고 먹였다. 최씨도 그 고아 중 한 명이었다.

최씨는 스승이 병자성사를 받던 날에도 애국가와 인성학교 교가를 불러드렸다.

그리운 '보리밭' 작곡가 윤용하 선생님

선생님과의 인연

우리 동북고등학교가 장충동 사찰 터에 있던 시절에 본인의 집은 바로 학교 정문 오른쪽에서 20여 미터쯤 떨어진 축대 아래쪽에 있었습니다. 집 오른쪽 옆에 2층 양옥이 있었는데 모교 동기 동창인 차국헌(동문회 자문위원, 대림정밀공업(주) 대표 이사 회장) 동문이 살고 있어서 공부하다 창문을 내다보면서 가끔 눈이 마주쳐

윤용하(尹龍河, 요셉)
1922-1965

서 서로 웃으면서 인사말을 주고받던 추억이 있습니다.

우리 집 마당에 우물이 있었는데 가냘프게 보이는 한 아주머니가 가끔 물을 길러 왔습니다. 두 개의 통에 물을 담아 한 통을 들고 몇 걸음 가서 놓고 되돌아 와서는 좀 쉬었다가 한 통을 또 들고 몇 걸음 가고 하는 식으로 물을 힘들게 운반했습니다. 하루는 힘들어하시는 아주머니를 도와 댁으로 물을 운반해 드렸는

데, 그곳은 우리 모교인 동북고등학교 운동장 한쪽에 있는 땅굴 속이었습니다. 한 눈에 보기에도 살림이 아주 궁핍해 보였습니다. 바로 이 아주머니가 윤용하 선생님의 부인이라는 것을 알고는 깜짝 놀랐습니다. 아마도 학교 당국에서 집 없는 선생님에게 임시 삶의 터를 배려해 드린 것이 아닌가 싶습니다. 그 후에도 물을 자주 운반해 드렸지만 댁에서는 한 번도 직접 선생님을 만나보지 못했습니다.

천재 작곡가 윤용하

선생님에 대해서 전 조선일보 이규태 논설위원의 칼럼을 통해서 고귀하면서도 애절한 예술가의 생애를 알 수 있습니다.

「'보리밭'을 작곡한 천재 음악가 윤용하와는 세 번 만남이 있었다. 그 첫 만남은 재해를 몰아온 사라호 대풍 때였다. 의연금을 모집하는 신문사 데스크에 허술한 중년 신사가 나타나 입고 있던 겉저고리를 벗어놓고 돌아서 가는 것이었다. 주소 성명을 묻자 돌아보지도 잃고 사라졌다. 소매나 깃이 헐어 너덜너덜한 저고리 속주머니 위를 보았더니 尹龍河라고 박혀 있었다. 후에 들은 것이지만 그에게는 여분의 옷이 없어 한동안 윗옷 없이 살았다고 한다. 그 후 보리밭을 작곡하게 된 어떤 사연이라도 있는지 물은 일이 있다.

"나는 헛소리 듣는 허청(虛廳)기가 있으며 분명히 들었는데 돌아보면 아무것도 없을 때 그곳에 아무것도 없을 리 없다고 작심하고 추구하다 보면 미美의 고리 같은 것이 어른어른 보이기 시작한다."라고 했던 그의 집요한 예술관에 접했던 것이 두 번째 만남이다. 그 윤용하가 40대 젊은 나이에 요절했다는 부음에 접했다. 빈소를 찾았는데 한 번지에 수천 호가 잡거하는 판자촌인지라 이틀을 넘겨서야 찾을 수 있었다. 이 천재가 누워 있는 곳은 판잣집도 못되는, 종이 상자를 뜯어 여민 단칸방의 거적 위였다. 미美의 순수한 응어리가 저렇게 이승을 마칠 수 있었던가 하는 원망스러웠던 세 번째의 만남이었다.」

신당동 가톨릭 합창단 시절

선생님께서는 신당동 가톨릭 합창단 성가대를 지휘하셨는데 선생님의 명성으로 인하여 한때 유명한 합창단으로 소문 나기도

1956년 또는 1957년 장충동 모교 정문 앞에서 친구들과 함께

맨 좌측 엉거주춤한 자세가 필자, 중앙 큰 키 80 넘은 나이에 지금도 아침마다 조기 축구를 하고 있다.

했습니다. 단원 중에는 고등학생들도 몇 명 있었는데 본인을 비롯하여 고등학교 3학년 때 짝이었던 한국 조명웅趙明雄 명성당明星堂 최초 보석감정사 조명웅(명성당 대표) 동문이 테너 파트에서 봉사하였는데 지금도 노래를 잘 부릅니다.

어느 날 학교 근처 대포집 앞을 지나가는데 누가 불러서 가보니 선생님이 안주 없이 주전자 막걸리를 마시고 계셨습니다. 아무 말없이 의자에 앉으라고 손짓하시어 교복 입은 학생으로서 어색하게 앉아 있던 적이 있습니다. 선생님은 무뚝뚝하시지만 마음은 따뜻하셨습니다. 지금 생각하니 귀여워하는 제자에 대한 애정 표현을 그런 식으로 하셨던 것 같습니다.

호암 아트홀 추모 음악회

2005년 10월 26일 작곡가 윤용하40주기 연주회에 어렵게 입장권 2장을 구입하여 모교 동기동창 권순달 전 모교 8대 총동문회장, 전(주)태우공영 대표이사) 동문과 함께 갔습니다. 연주회에는 원로 음악가 테너 안형일(22회 안종선 동문의 부친), 바리톤 오현명, 피아니스트 정진우 등의 선생님과 동 세대의 음악가들이 출연하여 관객들에게 큰 감동을 주었습니다. 원로 음악가 바리톤 오현명 교수는 윤용하 선생님과 같은 세대 음악인으로서 선생님의 대표적 가곡 '보리밭'에 대해서 "우리 국민 누구나 사랑하는 국민 가곡이 된 지 오래 됐다. 이 가곡은 한국 전쟁이 한창이던 1951년 피란 수도 부산에서 박화목 선생의 노랫말에 곡을 붙여 태어났다. 전란으로 인하여 메마를 대로 메말라 버린 우리네 마음을 포근하게 적셔 주어야겠다는 두 사람의 뜻이 투합하여 만들어졌다."고 회고했습니다.

이날 또 하나의 감동을 받았습니다. 어린이 합창단이 부른 주옥과 같은 선생님이 작곡하신 동요들은 우리가 어렸을 때 귀에 많이 익은 노래를 들으면서 어린 시절이 떠올라 눈물이 고였습니다. 또한 200곡 이상의 많은 곡을 만드신 것에 놀라움을 금치 못했습니다.

천재 작곡가 윤용하 선생님의 추도연주회

언젠가 추도 연주회를 우리 동문회에서 주도한다면 학교 홍보도 되고 모교 위상도 향상될 것이라고 생각됩니다. 우리 4회 동기 모임에서 노래할 기회가 있을 때마다 우리 선생님께서 작곡하신 '보리밭'을 제가 꼭 부릅니다. 끝으로 노래를 불러 드리겠습니다. 음미하시기 바랍니다.

보리밭 ~ 사이 길로 ~ 걸어가면 ~ 뉘 ~ 부르는 소리 있어 ~ 나를 멈춘다 ~ 옛 생각에 ~ 외로워 ~ 휘파람 불면 ~ 고운 노래 귓가에 ~ 들려온다 ~ 돌아 보면 ~ 아무도 보이지 않고 ~ 저녁 놀 ~ 빈 하늘 만 눈에 차 누나 ~

좌절감의 고통에서

아픔의 고통이 엄습해 왔습니다. 6.25전쟁 중 전방 미군부대 하우스 보이로 있을 때 생나무로 모닥불을 피우는데 군속, 이발사가 휘발유를 뿌리다 그 통이 내 다리에 튀어 큰 화상을 입었는데 그때 나이 13 세였습니다.

미군 야전병원에서 응급조치 후 서울적십자방원 무료 병동에 후송되었습니다. 익은 살에서 김이 났습니다. 핀셋으로 머큐롬을 환부에 바르는 정도가 유일한 치료 수단이었는데 치료 후 너무도 아픔이 심하여 신음이 저절로 났습니다. 그 치료라도 받지 않으면 환부가 점점 더 악화된다는 것입니다.

어느 날 딱한 사정을 안 간호사 누나가 어린 저를 등에 업고 간호사실에 가서 부드러운 연고를 정성껏 발라주자 아픔이 사라졌습니다. 박태숙 간호사 누나의 고마움은 오래도록 기억에 남는다.

배고픔의 고통이 엄습해 왔습니다. 아픔의 고통에 시달릴 때는 배고픔을 알지 못하였는데 아픔이 사라지니 배가 고프기 시작했습니다. 당시 무료 병동의 식사는 하루 2식, 우그러진 양재기에 반 정도 되는 양의 꽁 밀밥과 소금국, 운 좋으면 콩나물줄기 1~2개, 콩나물대가리 부분 2~3개 정도가 국에 떠 있거나 가라앉아 있었습니다.

어느 날 저녁 때, 밥 주는 아주머니가 침대에 다가와 "배고프지, 먹어라."라고 하면서 행주치마 속에서 누룽지 한 덩어리를 담요 밑에 슬며시 넣어 주셨습니다. 밤늦도록 누룽지를 먹고 나니 배가 불룩해진 데다 아침밥을 더 먹으니 포만감에 기분이 좋았습니다. 아픔의 고통이 사라지고 배까지 부르니 행복한 느낌까지 들었습니다. 꽁밀밥의 구수한 맛 늘 기억에 남습니다.

좌절감의 고통이 엄습해 왔습니다. 아픔의 고통이 사라지니 배고픔의 고통이 심하게 다가 왔고 배고픔의 고통에서 벗어나니 이번에는 좌절감에서 절망감이 마음을 짓누르기 시했습니다. 병원(지금도 서대문 사거리에 있음) 2층 병실에서 가방 들고 교복 입은 학생들이 활기차게 학교에 가는 모습이 보였습니다.

학생들처럼 정상적으로 걸을 수 있을 것 같지 않았습니다. 당시 기역자(ㄱ)로 구부러진 다리를 아침부터 저녁때까지 조금씩 움직여야 바로 펴지고, 펴진 다리를 다시 구부리려면 또 그만큼 시간이 걸렸습니다.

그때의 아픔은 말로 표현하기 어렵습니다. 이 운동을 계속하지 않으면 꼬부랑다리 혹은 뻗정다리가 될 수 있다기에 고통을 무릅쓰고 열심히 했습니다. 그후 나무 지팡이 하나에 의지하여 한쪽 다리로 절룩거리며 조금씩 다닐 수 있게 되었습니다.

다리가 정상적으로 회복될 가능성이 있게 된 것입니다. 불구는 안 될 것 같아서 안심이 되었습니다. 그러나 완전히 회복되어도 무슨 소용이 있을지 살아나갈 길이 막막한 생각이 들어 좌절감에 빠져 들었습니다.

화장실 깨진 거울에 비친 자신의 모습은 여러 날 동안 깎지 못한 머리 모양이며 몸에 걸친 커다란 군복, 다 떨어진 신발, 가지고 있는 것이라고는 누군가가 준 손때 묻은 나무지팡이 하나뿐, 갈 곳도 의지할 곳도 없어 앞으로 살아나갈 길이 막막하였습니다. 어린 나이에도 처절한 절망감에 빠져들었습니다.

평온한 사랑의 품으로 어느 날 간호사 누나의 안내로 인자하게 생긴 분이 병실로 찾아와 의지할 곳 없는 고아라는 것을 알고는 저를 당신의 품에 안고 중림동 성가보육원으로 데려갔습니다. 그분은 벨기에에서 온 앙드레 몽띠 빠리스 가톨릭 수사님이었습니다. 고아원에서 치료는 물론 따듯한 사랑을 듬뿍 받으며 학교도 가게 되었고 오늘에 이르렀습니다. 고통과 슬픔 그리고 절망이 왜 많은 사람들에게 주어지는지 다 이해할 수는 없지만 고통의 크기에 비례하여 삶의 보상도 따르는 것 같습니다.

　교육학 박사 최 용학

　　　　　　　전 평택대학교 교양학부 교수

　　　　　　　교육대학원 원장

아! 8.15광복 감격, 흐느낀 애국가 합창

1945년 8월 15일 광복을 맞이한 해 늦가을 어머니의 손을 잡고 상해 동포들과 함께 김구 선생을 만나러 홍구공원(일제 때 우리의 항일독립투사 윤봉길 의사가 일본 백천 대장 외 다수가 참석 한 행사장에 폭탄을 투척하여 우리 민족이 살아 있음을 세계만방에 알리게 된 중국 상해에 소재한 유명한 장소입니다. 지금은 노신공원으로 개명되었음)에 갔습니다.

어른들 어깨 너머 멀리 보이는 단상에서 열변을 토하는 선생의 모습을 볼 수 있었는데 공원을 가득 메운 청중은 열띤 박수로 호응했습니다. 7살 어린 나이에 연설의 내용이 무슨 뜻인지 이해는 못했지만 지금 생각하면 김구 선생께서 광복의 기쁨에 대한 소감 피력과 조국애를 호소하신 것 같습니다.

흐느낌의 애국가 합창

선생의 마지막 인사 후 애국가 합창이 이어졌습니다. 일제36년간 숨도 제대로 쉬지 못하고 살아온 민족이 이국땅에서 애국가를 부른다는 것은 참으로 감격스러운 일이었습니다.

"동해물과 백두산이 마르고 닳도록~"

목이 메어 흐느낌의 합창으로 눈물 바다가 되었습니다. 당시 안익태 선생이 애국가를 작곡하기 전이라 가사는 지금과 같으나 곡은 독일 민요(연말에 흔히 불리는 올드 랭 사인)이어서인지 더욱 슬프고 애절한 느낌을 주었습니다. 모두가 흐르는 눈물을 주체하지 못하였습니다.

지금도 그때의 광경이 생생하게 떠오릅니다. 감격의 만세 삼창, 애국가 합창에 이어 김구 선생의 선창으로 대한민국 독립 만세를 외치는데 완전히 감격과 감동의 눈물 섞인 함성의 바다가 되었습니다. 68년의 세월이 지난 지금도 홍구 공원의 감동 장면이 생생한 영상으로 뇌리에 담겨 있습니다.

하란사(河蘭史)1875~1919.4.10

평남 안주(安州) 사람이다.

이화학당에서 교사로 재직하면서 학생들에게 민족의식을 고양시키는데 앞장섰다. 그는 이화학당을 거쳐 일본 동경(東京)의 경응의숙(慶應義塾)에서 1년간 유학한 뒤, 1900년 남편 하상기(河相驥)와 함께 다시 미국으로 유학하여 오하이오주 웨슬렌대학에서 수학하고 귀국하여 이화학당에서 교편을 잡았다.

그 후 이화학당을 중심으로 민족교육운동을 전개하는 한편 성경학원(聖經學院)을 설립하여 기독정신의 보급과 아울러 민족의식을 고취시키는데 힘을 기울였다.

그는 제1차세계대전 종결과 함께 국제사회에서 제국주의에 대한 반성으로 인도주의가 부상하는 것과 때를 같이하여 한국의 독립을 국제사회에 호소할 것을 계획하였다. 그리하여 그는 1919년 초 파리강화회의에 참석하기 위하여 의친왕(義親王)의 밀칙을 받아 북경(北京)으로 건너갔으나 유행병에 감염되어 1919년 4월 10일 북경에서 작고하였다.

정부에서는 고인의 공훈을 기리어 1995년에 건국 훈장 애족장을 추서하였다.

註 * 독립신문(1920.1.22.)
    * 이화 80년사(이화80년사 편찬위원회) 71·84·99·119·450·603·
      615·661·664

하란사(河蘭史) 할머니에 대한 기록은 위와 같으나 필자가 직접 작은아버지 최청용(崔靑用)님을 통하여 들은 바로는 고종황제가 파리강화회의에 아들 의친왕에게 밀서를 주어 가게 하였으나 고종황제의 변고로 인하여 뜻을 이루지 못하게 되자 미국 웨슬리안대학에서 함께 공부하던 인연이 있는 하여사에게 그 소임을 하도록 요청하였다. 하여사는 국가관이 투철하고 영어도 능통하여 그렇게 요청한 것이다.

하여사는 서울 종로 화신백화점 옆에서 직접 운영하던 포목상을 처분하여 독립운동자금을 마련하였다. 당시 필자의 선친(최태현)이 동행하였는데 하여사가 일경에 의해 피살되고, 필자의 선친은 탈출하여 상해로 가서 백범 김구 선생, 상제 이시영 선생와 합류하였다꼬 한다.

인간관계 개선 프로그램

교육학 박사 최용학
전 평택 대학교 교양학부 교수

1. 우리 인간은?

사람의 두뇌에 저장되어 있는 평생의 모든 경험과 체험, 느낌들을 고성능 특수 비디오녹음기와 같은 것에 담아 비디오처럼 볼 수 있다면 과연 나의 모습은 어떻게 비칠까요?

화면에 비친 부정적인 면과 긍정적인 면이 뒤섞여 있는 수많은 내용들을 보면서 부정적인 부분은 지워 버리고 싶은 생각이 드는가 하면 긍정적인 면은 크게 신장시키고 싶은 마음이 들것입니다. 이러한 모습이 타인의 모습이면서 지금 자신의 모습이기도 합니다.

이에 관하여 부정적인 모습으로 비치고 있는 타인들을 긍정적인 모습으로의 변화를 유도해야 하는 교육자들이 인식해야 할 점입니다. 더 나아가 교육자들은 피교육자에 앞서 먼저 긍정적인 모습이 되어야 합니다. 특히 인성교육을 하고자 하는 지도사들에게 있어서는 긍정적인 모습이 필수적입니다.

긍정적인 모습의 인성교육지도사에게서 타인(피교육자)의 인성을 변화시킬 수 있는 교육효과를 크게 기대할 수 있습니다. 다음의 인간의 유형을 살펴보면 자신은 어느 유형에 접근해 있는지 이해에 도움이 될 것입니다.

2. 인간의 유형

정신의학자 해리스(Thomas A. Harris)의 인간관을 보면 자신과 타인에 관해서 가질 수 있는 네 가지 기본적인 입장과 관점을 정했는데. 이는 남들이 자기를 어떻게 보고 있고, 자기가 남들을 어떻게 보고 있는가 하는 두 개의 관점이나 태도가 긍정적이거나 부정적인 정도에 따라 네 가지 유형類型이 있는 것으로 설명하고 있는데, 자신은 어느 유형에 가까운지 음미해볼 필요가 있습니다.

1) 자기 부정-타인 긍정 : I'm not OK, You're OK.
2) 자기 긍정-타인 부정 : I'm OK, You're not OK.
3) 자기 부정-타인 부정 : I'm not Ok. You're not OK.
4) 자기 긍정-타인 긍정 : I'n OK. You're OK

효과적인 프로그램 진행을 위한 필자 나름댜로의 이해를 돕기 위하여 부연하면, 여기서 말하는 'OK이다'라고 하는 말의 의미는 영리하고. 유익하 고, 행복하고, 쓸모 있고, 강하고, 좋은 것,

바른 것 등 좋은 것들을 의미하지만, 'OK가 아니다.'라고 하는 것은 바보. 가난, 쓸모없고, 불행하고, 악하고 나쁜 것. 틀린 것, 열등의식 등 모든 좋지 않은 것들의 의미를 내포하고 있는 데 이를 하나씩 설명하면 다음과 같습니다.

첫째 유형으로서 '자기 부정-타인 긍정'의 자세를 가지고 있는 사람은 다른 사람에게 크게 의존하고 있으며 자존감이 낮은 사람의 태도로서 자신을 다른 사람들에 비해 열등하다고 생각하는 사람으로서 이러한 생각을 가진 사람은 자신이 없고 또 상대방을 불편하게 하는 경향이 있습니다.

이런 사람은 보통 사기가 저하되거나 열등감, 번민 또는 우울하기 쉬운 사람이 취하는 자세를 갖게 됩니다. 이런 사람은 다른 사람에 비해 자기가 무력하고 열세하고 무엇을 해도 안 되는 무능자이며 쓸모없는 인간이라는 등의 열등의식을 갖고 있으므로 이런 의식이 몸에 밴 사람은 마음속으로는 다른 사람과 좋은 인간관계를 맺고 싶으면서도 자기 부정이나 열등감 때문에 다른 사람과 함께 있는 것을 부담스러워하여 친밀한 관계를 맺지 못합니다.

때로는 자신이 긍정하지 않는 것이지만 다른 사람을 무조건 칭찬해서 또 다른 사람으로부터 미움을 사기도 하여 또한 다른 면에서는 좋은 대인관계를 갖고 싶거나 인정받고 싶은 욕구를 취하는 수단으로써 자신을 부모처럼 따뜻하게 감싸주고 이해해

주는 사랑을 찾으면서 살아 가려고하는 수도 있 습니 다.

두 번째 유형으로서 '자기 긍정-타인 부정'의 자세를 가지고 있는 사람은 다른 사람을 깔보고 자신이 다른 사람들보다 우월 하다고 생각하여 교만한 태도를 갖고 있습니다.

이러한 사람은 상대방의 의견을 존중하기보다는 자신의 주장만을 내세우고, 다른 사람에 대한 존경심이 없기 때문에 대인 관계가 원만하지 못합니다.

이런 유의 사람은 다른 사람에게 강한 의혹을 품거나 자기 자신을 회생자나 피해자로 생각하고 자신의 불행이나 비참함 등을 모두 다른 사람의 탓으로 돌리기도 합니다. 그런가 하면 남의 결점을 고의로 들춰내고 비방하기 잘하며 자기의 생각과 다른 것이나 맞지 않는 것은 떨쳐 버리려 합니다.

다른 사람이 어떤 일을 하면서 시간을 오래 끌면 능력이 부족하다고 비난하고 자기 자신이 시간을 오래 끌게 되면 철저해서 그렇다고 하지요. 또한 다른 사람이 무엇인가를 하지 않을 때는 게으르다고 하고 자기 자신이 하지 않을 때는 바빠서 그렇다고 하고 시키지도 않은 일을 다른 사람이 해놓으면 월권 행위를 했다고 트집 잡고 자기가 했을 때는 솔선수범했다고 내세우기도 합니다.

또한 다른 사람이 예절을 어기면 무례하다고 질타하고 자기 자신이 예절을 어기면 스타일이 조금 달라서 그런 거라고 자기

합리화를 주장하기 일쑤입니다.

　세 번째 유형으로서 '자기 부정-타인 부정'의 자세를 가지고 있는 사람은 전체적으로 부정적인 자세를 가지고 있으므로 집단과 잘 어울리지 못할 뿐 아니라 이 세상만사를 부정적인 시각으로 보기 때문에 늘 우울한 삶을 살고 있습니다. 또한 좌절감에 빠지기 쉽고 공격적이고 파괴적인 행동을 잘하여 이러한 사람은 원만한 인간관계를 이루기가 거의 어려운 사람입니다.
　이런 유형의 사람은 매사를 부정적인 시각으로 봄으로 참으로 대하기가 힘든 사람입니다.

　네 번째 유형으로서 '자기 긍정-타인 긍정'의 자세를 가지고 있는 사람은 자기 자신뿐만 아니라 타인 모두에 대해서도 긍정적인 태도를 갖는 사람입니다. 인간의 존엄성과 존재 가치를 인정하는 태도를 갖습니다. 이런 자세를 가지고 있는 사람은 정신적으로나 사회적으로나 건강하고 성숙된 사람으로서 상대방의 입장에 서서 생각할 줄 알고 상대방을 잘 배려할 줄 압니다. 이러한 생활자세는 가장 바람직한 유형의 사람입니다.
　위 네 가지 유형 중 자신은 어느 유형에 가까운지 한번 마음의 스크린을 통하여 바라볼 필요가 있습니다. 가장 바람직한 것은 '자기 긍정-타인 긍정(I'm OK-You're OK)의 자세로 인성교육 지도사가 필히 갖추어야 할 모습입니다.

3. 정서와 인간관계

사람의 정서는 대략 8가지로 喜·怒·哀·樂·愛·懼·惡·慾으로 감정을 말합니다. 사람들은 매순간 부딪치는 상황에 따라 제각기 다른 감정에 빠져드는데 이때 감정을 어떻게 어느 정도로 발산하고 자제할 수 있는가 하는 능력을 감성능력感性能力이라고 합니다.

이 능력은 남을 편안하게 하여 사람들과 잘 어울리는 특성을 지니고 있습니다. 감성능력이 있는 사람일수록 인간관계가 안정적이며 사회적 근심, 걱정에 빠져들지 않습니다. 책임감과 동정심이 강하고 타인을 배려할 줄 알며 정서표출을 적절히 조절하여 누구하고나 잘 어울리는 특성을 가지고 있습니다.

이러한 사람은 '자기 긍정-타인 긍정'의 유형에 가깝습니다. 문제는, 지능지수 (IQ)는 높으나 정서지수(EQ)가 낮은 경우입니다. 지능지수가 높은 사람은 기억을 잘하고 문제해결을 잘하는 편이며 추리와 계산능력이 우수하나 반면, 타인의 마음을 읽을 줄 모릅니다. 감성능력이 부족하여 타인의 고통이나 슬픔을 읽지 못하고 자신만의 좋은 쪽을 취하려 하기 때문입니다.

범죄심리학자들에 의하면 강력범들이 어떠한 사고를 저지를 때의 심리는 자신이 무슨 행위를 하고 있는지 그 심각성을 느끼지 못하는 상태에서 이루어진다고 합니다. 일반적으로 보면 범죄자들이 정서지수가 낮을 것으로 추정됩니다. 자신의 행동이 타인에게 미치는 결과에 대해서 생각하지 못하기 때문이기도 합니다. 지능지수가 낮아도 감성지수가 높으면 감성능력이 있으므로 타인과의 공감 능력이 뛰어날 수 있습니다.

유의 사항

* 정서지수(BQ)가 높은 사람일수록 감성능력이 우수하다.
* EQ테스트를 통해서 어느 정도(완벽한 것이 아니므로) 자신의 정서지수를 확인한 후 본 자료를 활용하여 팀 토의를 하는 과정에서 정서지수가 높아질 수 있다.

4. 정서 지수 (EQ 테스트)

우리 사회는 이성능력만을 과신, 지능지수(IQ)가 높아야만 능력이 인정되는 듯한 편향된 잘못된 의식意識이 흐르고 있습니다. 그 결과 차디찬 비판과 논리의 경쟁과 성적만이 우선시되었습니다. 이로 인하여 만들어진 것은 인간관계가 메마르고 삭막한 사회로 치달으면서 날이 갈수록 범죄를 양산하는 주변 환경입니다.

이때에 지능만이 아닌 정서와 감성능력에 대한 가치판단이 최대의 관심사로 떠오르고 있습니다. 정서지능을 개발함으로써 도덕성의 위기에서 벗어나 인간성을 회복하고 범죄율을 최소화할 수 있는 계기가 될 수 있습니다.

사람이 가지고 있는 심리적 특징은 완전히 선천적이거나 완전히 후천적인 것이 아닙니다. 사람이 갖고 태어나는 지능(심리적 특징 가운데 가장 유전적인 요소가 강함)은 유전적으로 결정되기도 하지만 후천적으로도 결정된다는 사실은 이미 알려진 바입니다.

정서지수 (EQ)의 상승 가능성은 지능지수(IQ)의 변화 가능
성보다 훨씬 더 후천적인 요소가 강합니다. 인간관계 개선 프로
그램을 통해서 정서 지수를 향상시키어 자신의 감성을 상승토록
할 수 있습니다.

情緒指數 : EQ(Emotional quotient)

知能指數 : IQ(Intelligence quotient)

유의 사항

* 현재 자신의 정서지수(EQ)가 낮을 경우 인간관계 훈련을
통해서 상승될 수 있음을 인식한다.

* 팀 토의를 하면서 정서지수가 신속히 변하기도 하고 시간이
지나면서 서서히 상승되기도 한다.

5. 결론

정서 지수 (EQ)가 우수한 사람은 대인관계가 원만하고 자신
의 감정조절을 잘하며 남의 마음을 잘 헤아릴 줄 아는 특징을
갖고 있습니다. 두뇌에 저장되어 있는 긍정적 인면을 신장시켜
극대화시켜 나가는 데서 훌륭한 인재(인성교육 지도사)들이 배
출됩니다. 이들을 통해서 인성교육의 큰 효과를 거둘 수 있습니
다. 감성능력이 우수한 인성교육 지도사라야 인성교육의 성공을
거둘 수 있기 때문입니다.

하란사(河蘭史)여사와 아버지
최태현(崔台鉉)

하란사(河蘭史:1875~1919)) 여사는 본 성은 김씨지만 인천 감리를 지낸 하상린(河相麟:필자의 친할머니 바로 아래 동생)과 결혼하여 미국식으로 남편 성을 따르게 되었습니다. 하란사 할머니는 한국 여성으로서는 최초로 미국 웨슬리대학에서 학사학위를 취득한 여성으로서 학위취득 후 귀국하여 신풍운동을 일으켰습니다.

항일 독립 정신을 고취하고 집에서 운영하던 포목상(당시 종로 화신 백화점 근방에 몇 개의 점포가 있었다 함)을 저분해서 독립운동자금을 마련하였습니다. 할머니는 그 자금을 필자의 아버지에게 지참시키고 채포하려고 혈안이 되어 있는 일본 경찰을 피해 필자의 아버지(崔台鉉)와 함께 중국 상해로 가던 중 변고를 당하신 것입니다.

그러나 필자의 아버지는 왜경의 피습을 받았을 때 위기에서 탈출하여 상해에 가서 항일독립운동을 하셨지만 어떠한 기록물도 찾지 못한 상태로 오늘에 이르렀습니다. 당시 상해에서 항일

독립운동을 하시던 분들은 일본 경찰의 감시가 삼엄하여 그들에게 트집잡힐 증거물이 될 만한 것은 모두 없애버렸다고 합니다. 하란사 할머니는 이화학당(이화여대 전신)에 재직하면서 김활란 박사를 키웠다는 말을 전해 들었습니다.

1995년도에 대한민국 건국훈장 애족장을 수상한 바 있습니다. 최태현(1891~1940) 아버지는 20kg 모래주머니를 발에 달고 백운대를 뛰어오르는 강인한 체력을 지닌 조선군 특무대 마지막 장교였다고합니다.

군복무 중 도로에서 일본군이 불러 새워 왜 인사를 안 하느냐고 시비를 걸어와 분개하여 '내가 왜 일본 놈한테 인사를 하느냐'면서 그 자리에서 그 일본 군인을 때려 눕혔다고 합니다. 이런 관계로 피신하여 있다가 대한 제국군이 해체되면서 받은 얼마 되지 않는 퇴직금을 하란사 할머니가 포목상을 처분한 돈과 함께 갖고 상해로 가시던 중이었습니다. 하란사 할머니에 대해서 신문기사나 자료집에는 북경 만찬장에 참가했다가 변고를 당하였다고 하나 필자는 중국 중경의 어느 숙소에서 왜경의 피습에 의해 변고당하셨다고 전해 들었습니다. 그때 아버지는 피습현장에서 탈출하여 '상해로 가 김구(金九) 선생님과 이시영 할아버지를 도와드리며 독립운동에 동참하셨지만 그 어떠한 기록물이나 자료를 찾아볼 수 없고 아버지에 대한 기록물은 다만 호적 등본에 신수임申壽任과 혼인 계출屆出 1940년으로만 되어 있습니다.

한 국 일 보　　1982年 4月 25日 (日曜日) (陰曆 4月 2日 戊辰)

舊韓末 한국人 7명 하워드大서 집단修學

하워드大 尹일상博士 학적부까지 확인

이 빛 바랜 사진한장
留學史를 바꾸었다

◇워싱턴의 명창이

안준식·강은태·김식현·김윤정·박성K·송영택등

歸國후 활약 궁금

최초 女學士학위받은 金河蘭史
귀국후 서울거리 洋裝차림활보
獨立운동투신 北京서 풍운의삶 마쳐

"선생님, 애국가 불러 드리겠습니다."

일흔이 넘은 전직 교수가 허리를 굽혀 병상에 누운 어르신 귀에 입을 바짝 대고 또박 또박 말한다. 76년을 살아온 손이 106년 세월을 견뎌온 손을 잡는다.

"동해물과 백두산이 마르고 닳도록 하느님이 보우하사 우리나라 만세~"

서울 종로구 평동 서울 적십자 병원 병실. 최용학(안드레아, 76세, 전 평택대 교육대학원장)씨가 애국가를 한 소절씩 정성 들여 부르자, 독립운동가 구익균(요셉, 106) 옹이 온 힘을 다해 한 음절을 겨우 따라 한다. 잘 가누지 못하는 손을 힘겹게 들어 최씨 얼굴을 쓰다듬는다. 그의 머리맡에는 태극기가 놓여 있다. 태극기는 최씨가 9일 서울 산사동 도산공원에서 열린 '도산 안 창호 선생 순국 76주기 추모식'에서 구옹을 위해 받아왔다. 두 사람에게 애국가는 목메지 않고 부를 수 없는 애달픈 꼭이다. 1908년 평안북도 용천에서 태어난 구옹은 일제강점기 도산 안 창호 선생의 비서실장을 지내며 항일독립운동에 투신했다. 최씨 는 독립 운동가 최태현 씨 아들이다. 그의 아버지는 중국 상해 에서 독립운동을 하다 1940년 세상을 떠났다. 최씨가 세 살 때 였다.

두 사람의 인연을 맺어준 건 인성학교다. 인성학교는 도산 안창호 선생이 중국 상해에 사는 독립운동가 자녀를 위해 설립한 초등학교다. 최씨가 인성학교 학생이었던 시절, 구옹은 인성 학교에서 한글을 가르쳤다. 아버지의 흔적을 찾던 최씨는 2011년 5월 수소문 끝에 인성학교 스승인 구옹을 극적으로 만났다.

"만나 뵌다는 것 자체가 감격이었죠. 스승님을 끌어안고 통곡했습니다."

최씨는 일제 강점기 안창호 선생을 도운 아버지의 동지인 구옹을 친자식 이상으로 아버지처럼 모셨다. 기회가 있을 때마다 병실을 방문 말동무가 되어 드리고, 애국가(안익태 작곡 전 영국민요 올드랭싸인)와 인성학교 교가를 불러 드렸다.

최씨는 스승을 통해 아버지의 기록도 찾았다. 아버지가 1931년 중국 상해에서 도산 안창호 선생이 설립한 독립운동 단체 '공평사(公平社)' 일원으로 독립운동 자금을 지원했다는 것을 알게 됐다. 공평사 조직 명단에 윤봉길 의사와 나란히 새겨진 아버지 이름도 발견했다.

"항일 독립운동에 나선 아버지와 스승님 같은 분들이 계시지 않았다면 일제치하에서 벗어날 길은 없었을 겁니다. 고마운 마음을 잃지 말아야지요."

최씨는 노령의 스승이 사실 날이 얼마 남지 않았다는 생각에 '영적 돌봄이'로 나섰다. 최씨는 노환으로 의사 표현을 하지 못하는 스승에게 종이를 들어 보였다. 종이에는 "선생님, 주님이 계신 아름다운 곳으로 가시길 원하시죠? 천주교 식으로 세례 (대세)를 드리려고 하는데 받으시겠습니까?" 질문을 적었다.

구옹은 고개를 끄덕였고 최씨가 대세를 줬다. 그는 안드레아 라는 세례명으로 대세를 줬지만, 교적을 만들다가 45년 전 요셉 으로 세례를 받은 기록을 확인했다.

최씨는 병원과 가까운 종로 본당에 병자성사를 신청했고. 12일 구옹은 병자성사를 받았다. 기력이 다한 스승이 하느님의 품에서 안식을 누리기를 바라는 자식 같은 마음에서다. 아버지에 이어 어머니가 기근으로 세상을 떠나면서 어린 나이에 고아가 된 씨는 벨기에 수사를 통해 하느님을 알게 됐다. 벨기에 출신 앙드레 몽띠 빠리스 수사는 한국전쟁 직후 오갈곳 없는 고아들을 데려다 재우고 먹였다. 최씨도 그 고아 중 한 명이었다. 최씨는 스승이 병자성사를 받던 날에도 애국가와 인성학교 교가를 불러 드렸다. (이지혜 기자)

나두 이젠 기숙사 들어갈 수 있다

금남의 집에서 탈바꿈 할 ⓢ⁺ᵒ 기숙사

교수 칼럼
인성 회복의 길

우리나라는 1960 년대 이후부터 초유의 발전을 거듭해 왔다. 불과 30.
40년 전 빈곤의 문제로 허덕이던 우리나라는 이제 올림픽 개최국가, 인터넷 사용 인구 최고의 국가라는 발전과 희망의 선상에 서게 되었다.

2002 년에는 '소득 3만 달러를 열자'는 대망을 품고 산업발전과 경제 도약에 전심을 다하고 있다. 그러나 한편 우리 모두 가슴에 두 손을 얹고 반성하며 각성하자는 통감의 목소리도 함께 들려온다. 더 늦기 전에 우리가 풀어 가야 할 중요한 과제가 우리 앞에 놓여 있다. 그것은 우리 사회 전반에 걸쳐져 있는 불합리와 모순, 각계각층에서의 부정과 무사안일 정신이 아닌가 한다. 그것은 급조된 한국 산업화의 과정에서 전통적 가치, 정신 문화적 가치를 단절 한 채 단순한 서구 추구주의, 산업 개발 중심주의로만 치달은 결과이기도하다. 이를테면 기본예절 상실, 기본질서 의식의 붕괴, 학벌중심으로 대변되는 교육의 위기, 센세이션과 이벤트 중심의 대중매체 등을 들 수 있다.

이러한 현실은 이 땅에 살고 있는 한국민들의 인생관, 가치관에 균열과 위기의식을 불러오고 급기야 한국병의 원인이 되고 있다. 일전에 지하철에서 한 젊은 아낙과 어린 사내아이가 탑승을 했다. 5살 내지 6살로 보이는 그 아이는 차에 오르자마자 차 안을 뛰어다녔고 흙 묻은 신발로 장난을 치고 조금도 가만있지 못하고 법석을 떨고 있었다. 그런데도 그 젊은 여인은 그 아이가 대견스럽다는 듯 미소를 지으며 아무 제재도 하지 않는 것이었다. 보다 못한 한 나이 지긋한 어른이 "가만히 좀 있어"하며 아이의 엉덩이를 한차례 때려주었는데 그 순간, 그 여인은 눈을 동그랗게 뜨고 아이의 기를 죽인다며 그 어른에게 대들었다. 도대체 그 여인이 말하는 '기'는 무엇이며 어른에 대한 예의와 인간적 예절은 다 어디로 갔단 말인가.

나는 이 대목에서 한국사회가 가지는 몇 가지 병폐에 대한 문제 해결점을 찾고자 한다. 우선 자아상 정립을 위한 모델이 있어야 한다. 화가가 그림을 그리기 위해서 모델이 필요하듯 삶의 지침을 제시하고 모범이 되어야 할 모델을 우리 스스로 찾아야 한다. 향상되어야 한다. 물질적 풍요가 실은 배부른 돼지만 양산하고 있는 것은 아닌지 의심해 보아야 한다. 삶에서 가치 있는 것을 찾고 공동체 의식을 가지며 협력하게 될 때 우리 삶의 질은 향상될 수 있으리라 생각한다.

셋째, 매스컴의 변화가 이루어져야 한다. 각분야 매스컴은 어두운 면만을 보도한다거나 상업적, 선정적 보도에만 치우치는 경향이 있다. 긍정적 미래와 발전적 희망을 제시하게 될 때 성장기 청소년에게 어떤 모델을 심어주게 될 것이다.

넷째, 지행합일(知行合一)은 필수이다. 한국인은 의욕에서 세계 최고 수준이고 학력과 체력 그리고 지적 능력에서도 선진국 진입형 요건들을 갖추고 있다. 하지만 인격을 연마하고 덕(德)을 쌓아가는 인간 내면에 대한 훈련은 뒤진다는 생각이다. 그것은 바로 눈에 보이지 않는 양심, 진실성, 성실성, 겸손의 미덕, 예절의 문제이며 더 나아가 가치관, 인생관에 관한 것이다.

바로 이러한 부분이 우리 평택대학인이 앞장서서 이루어 나아가야 할 일이다. 그것은 무엇보다 우리 자신이 지행합일을 이루는 데서 찾을 수 있다.

실천해 보자!

* 내 자신이 좋은 일을 앞서 하면 다른 사람의 심상(心象)에 그 모습이 그려진다.
* 내가 먼저 인사하면 상대방도 인사를 한다. 내가 다른 사람에게 우호적으로 대하면 다른 사람들도 나에게 우호적으로 대한다.
* 옳다고 생각되는 것은 즉시 실행으로 옮기면 그만큼 우리 사회가 밝아진다.
* 흡연이 건강에 나쁘다는 것은 누구나 안다. 그럼에도 흡연을 하고 싶은 사람은 지정된 장소에서 흡연을 하면 그것은 예의에 어긋나는 것은 아니다.
* 먹다 버리는 음식 쓰레기는 환경을 오염 시키며 자원을 낭비하는 것이다. 먹을 만큼만 음식물을 담도록 한다.
* 학교가 나에게 무엇인가를 해 줄 것을 생각하기 전에 내가 학교를 위해 무엇을 할 것인가를 생각하면 학교 생활이 즐거워진다.

"한국전쟁 직후 고아들을 헌신적으로 돌봐주신 벨기에 출신 앙드레 몽띠 빠리스(Mon sieur Andre Motte dit Falisse, 1924-1993) 수사님 은혜를 잊을 수 없습니다. 수사님 도움을 받은 고아들을 찾아 함께 추모 미사를 드리고 싶습니다.

최용학(안드레아, 76. 전 평백대 교육대학원장) 씨는 고아다. 아버지는 일제 강점기 중국 상해에서 독립 운동을 하다 목숨을 잃었다. 해방된 이듬해 어머니와 한국으로 돌아왔지만 어머니는 기근으로 세상을 떠났다. 그의 나이 겨우 12살이었다.

수사의 따뜻함에서 살아갈 힘 얻어

한국전쟁 시절 미군 부대에서 허드렛일을 하는 하우스 보이로 있을 때 한 군인이 추운 겨울, 깡통에 든 휘발유를 모닥불에 붓다가 깡통을 놓쳐 다리에 심한 화상을 입었다. 미군 야전병원에서 치료를 받다 서울 적십자병원 무료 병동으로 옮겨진 그는 소금국과 찢어진 양재기 그릇에 적은 양의 꽁밀밥으로 허기진 배를 달랬다.

"어느 날 저녁 간호사 안내로 예수님처럼 생긴 외국인이 병실로 들어왔습니다. 그분은 제가 고아란 것을 앓고 담요에 싸서 포근히 안고 서울 중림동에 있는 성가보육원으로 데려가셨습니다."

그가 앙드레 몽띠 빠리스 수사였다. 수사는 오갈 곳 없는 고 아들을 데려다 재우고 먹였다. 상처 난 곳에는 연고를 발라주고, 아이들 끼니를 위해서라면 체면을 아랑곳하지 않고 어디서든 손 을 내밀었다. 고아들이 세례를 받을 때에는 대부가 돼 신앙적으 로도 돌보아 주었다.

서너 명에 불과했던 고아들은 금세 30여 명으로 늘어났다. 고 아들은 빠리스 수사가 서울 약현성당(현 서울중림동 약현성당) 내에 세운 성 요셉의원에서 신발을 정리하고 환자들을 안내하는 일을 도맡았다.

그는 중학교 1학년 무렵, 소식이 끊겼던 작은아버지와 연락이 닿아 거처를 옮겼다. 야간 고등학교에 입학한 최씨는 낮에는 직 공, 외판원으로 일하며 학업을 이어갔다. 늦은 나이에 외국어대 러시아과에 입학한 그는 연세대학교에서 석사학위를, 마닐라에 서 교육학 박사 학위를 취득했다. 우여곡절이 많았다. 하지만 그는 실패할 때마다 '나 같은 고아는……'하며 좌절했지만 수사 의 사랑을 기억했다.

"수사님이 계시지 않았더라면 힘든 순간이 닥쳐올 때마다 견 뎌내지 못했을 겁니다. 아프고 배 고파 쩔쩔 매던 시절, 수사님 이 스티브에 빵을 구워 버터를 발라 설탕을 뿌려 먹은 맛은 평 생 잊을 수 없습니다. 수사님의 따뜻한 품에서 저는 삶을 살아 갈 힘을 얻었습니다."

그 고아들과 함께 수사 추모하고파

그가 보육원을 나온 후 빠리스 수사와는 자연스레 연락이 끊겼다. 그 후 수소문 끝에 1983년 그의 벨기에 자택 주소를 알아내어 편지를 보냈다. 몇 개월이 지나 답장이 왔다.

"내가 점점 기력이 안 좋아진다. 죽기 전에 한국 땅을 밟아 널 만나 싶다. 불쌍한 아이들을 잊지 말고 살아라. 그리고 네 자식들은 내 친 손주와 다름없다."

빠리스 수사는 편지를 주고받은 그 해에 세상 떠났다.

최씨는 "생가보육원에서 함께 세례를 받은 고아들이 지금은 대부분 노인들이 됐다"며 "이들을 찾아 수사님 묘지에 가서 함께 기도드리고, 감사의 뜻을 전하고 싶다"며 친구들 이름을 댔다. 당시 보육원에서 함께 지낸 친구들은 김용균(엠마누엘), 김선례, 김창호, 박평권. 황수연(베드로) 이길자(마리아), 석금정(라파엘) 김규환(톰)씨 등이다.

최씨는 "수사님을 통해 죽어 있던 마음에 부활의 숨결을 넣어주신 주님께 감사드린다"며 "파란만장한 내 삶이 절망에 빠진 사람들에게 힘이 됐으면 좋겠다"고 말했다.

이 글은 월간 조선 2021년 8월호에 게재된 인터뷰 기사.

인터뷰 최용학 한민회 이사장

"광복 후 중국 훙커우공원에서
김구 선생님과 울면서 애국가 불러"

⊙ "일본놈들이 우리 집을 도와주는 척하며 항상 감시하고 있어"
⊙ 도산 안창호 선생이 세운 '상해 인성학교'에서 受學
⊙ "아버님은 일본군에 끌려가 고문받고 그 후유증으로 돌아가셔"
⊙ "광복 후 화물선 타고 그리운 조국으로 돌아와"
⊙ "어린 나이에 어머니 돌아가시고 고아로 떠돌아다녀"
⊙ 광복부터 6·25전쟁까지 살아 있는 역사
⊙ "한국 독립투사 마지막 한 사람까지 찾아내 보상받게 하는 게 꿈"

정광성 기자 jgws89@chosun.com

2022년은 윤봉길 의사 상하이(上海) 의거(義擧) 90주년이 되는 해이다. 윤봉길 의사의 의거 장소는 중국 상하이 홍커우공원이다. 윤봉길 의사는 이 공원에서 열린 일왕 생일 축하 행사에 참석한 일본군 수뇌부를 향해 수통형 폭탄을 투척했다.

홍커우공원은 최용학 한민회 이사장에게도 특별한 장소다. 최 이사장은 1937년 상하이에서 태어나 광복 이듬해인 1946년 조국으로 돌아왔다. 최 이사장의 부친(최태현)은 김구, 이시영 선생 등과 함께 임시정부에서 일했지만, 그에 대한 공식 기록이 발견되지 않아 독립유공자로 인정받지 못하고 있다고 한다.

최 이사장을 만난 것은 경기도 수원에 있는 한민회 사무실에서였다. 90세를 바라보는 최 이사장은 아직도 상하이에서의 생활을 생생히 기억하고 있었다.

"홍커우공원에서 일본군 때문에 목숨을 잃을 뻔했다"

— 상하이에서 사실 때 기억이 납니까.

"네, 아직도 어제 일처럼 생생히 기억이 납니다. 일본놈들이 말을 타고 우리 집에 몰려와서는 감시를 하곤 했습니다. 그러면서 인심 쓰듯 나를 말에 태워주기도 했습니다."

— 왜 감시를 했나요.

"아버님이 독립운동을 하다 돌아가시다 보니 이놈들이 우리 집에 수상한 사람들이 드나들지 않는지 감시한 거였죠."

— 아버님이 독립운동을 했나요.

"네, 현재는 아버님이 어떤 독립운동을 했는지에 대한 정확한 기록이 없어 유공자로 인정은 받지 못하고 있습니다."

— 독립운동을 했는데 왜 기록이 없죠.

"지금 나온 기록이라는 것이 도산 안창호 선생이 만드신 '공평사'에 회비를 당시 돈으로 2000원 정도 냈다는 기록과 윤봉길 의사 의거를 도왔던 분들이 당시 우리 집에서 숙식을 해결하며 의거를 도왔다는 증언밖에는 없습니다."

— 그걸 어떻게 알았나요.

"당시 의거 이후 체포된 사람들이 일본 경찰에 끌려가 진술한 내용이 있습니다. 그 내용이 당시 신문과 자료들에 나와 있었습니다."

— 그래서 일본군이 집을 감시했던 건가요.

"네, 그렇지 않다면 우리 집을 감시할 이유가 없죠. 그리고 아버님이 독립운동을 하지 않았다면 무엇 때문에 일본군이 우리 집을 감시하겠습니까. 아마제 기억으로는 당시 그 사건 때문에 아버님도 일본군에게 끌려가 고초를 겪은 걸로 알고 있습니다."

— 아버님도 일본군에게 끌려갔었나요.

"네, 가서 갖은 고초를 다 겪었습니다. 저는 당시 보지 못했습니다만 나중에 얘기를 들어보니 거의 죽기 직전까지 고문을 받다가 풀려났다더군요. 이후 계속 병상에 누워 계시다가 끝내 돌아가셨죠."

— 몇 년도에 돌아가셨나요.

"1941년에 돌아가셨다고 알고 있습니다."

— 아버지에 대한 기억은 있나요.

"없습니다. 4세 때 돌아가시다 보니 아버지에 대한 기억은 없죠. 집에 걸려 있는 사진을 통해서 아버지 얼굴을 아는 거죠."

— 상하이 살던 집이 훙커우공원에서 가까웠다면서요.

"네, 엄청 가까웠어요. 그러다 보니 그분들이 우리 집에서 숙식하면서 거사를 도모한 것이 아닌가 싶어요. 훙커우공원은 저에게 특별한 곳입니다."

— 어떻게 특별한 곳인가요.

"앞서 말한 윤봉길 의사가 의거한 곳이기도 하지만 제 개인적으로 어려서 뛰어놀던 곳이기도 합니다. 그곳에서 일본군 때문에 목숨을 잃을 뻔도 했습니다."

— 그건 무슨 얘기인가요.

"당시 그곳에서 동네 아이들과 전쟁놀이를 하곤 했어요. 어린 마음에도 일본이 싫어 일본과 싸워 조국의 광복을 이뤄내야 한다고 생각했어요. 그날도 전쟁놀이를 하는데 갑자기 일본군 트럭이 나타났어요. 저는 피할 틈도 없이 트럭에 치였죠. 그놈들은 그때 내리지

"어머니와 이시영 할아버지는 종로 같은 동네에서 사셨다고 했습니다. 이시영 할아버지가 상해에서 독립운동을 하던 당시 아버지와 어머니의 중매를 섰다는 얘기를 들었습니다."

도 않고 그대로 달아났다고 하더군요."

— 큰 사고였네요.

"네, 그 사고로 6개월 정도를 병원에 입원해 있었어요. 어린 마음에도 얼마나 분하던지 빨리 일어나 나를 치고 간 일본군 트럭에 폭탄이라도 던지고 싶었어요."

"이시영 할아버지 중매로 부모님 결혼까지"

— 이시영 초대 부통령의 중매로 부모님이 만

崔勇鶴

1937년생. 한국외국어대 졸업. 마닐라 데라살 아레네타 대학원 박사 / 평택대 교수·교육대학원장 역임 / 저서 《천재 작곡가 이문근 신부와 보리밭 작곡가 윤용하 선생》

2011년 5월 13일 오후 서울 종로구의 한 아파트에서 최용학 한민회 이사장이 중국 인성학교 다니던 시절 은사인 구익균 옹(104세)을 66년 만에 만나 대화를 나누고 있다. 사진=조선DB

났다고 하던데요.

"네, 맞습니다. 어머니와 이시영 할아버지는 종로 같은 동네에서 사셨다고 했습니다. 이시영 할아버지가 상하이에서 독립운동을 하던 당시 아버지와 어머니의 중매를 섰다는 얘기를 들었습니다."

최용학 이사장은 이시영 초대 부통령을 할아버지라고 불렀다.

— 혹시 어떻게 중매를 하게 됐는지 들은 바 있나요.

"네, 할아버지와 어머니는 예전부터 아는 사이였고, 아버지는 상하이 임시정부에서 인연으로 두 분의 만남을 주선했다고 하더라고요."

— 혹시 이시영 부통령을 만나보셨나요.

"네, 해방 이듬해인 1946년 서울로 돌아와 어머니와 함께 할아버지를 찾아뵌 적이 있습니다. 당시 부통령이었고, 관저에서 한 번 만났습니다."

— 뭐라고 하던가요.

"나를 무릎에 앉히고 머리를 쓰다듬으시면서 '너의 아버지가 살아 있었다면 얼마나 기뻐했겠느냐. 아버지는 참으로 훌륭한 분이다. 그걸 꼭 명심해야 한다'고 한 말씀이 기억이 납니다."

— 그런데 부통령을 할아버지라고 부르는 이유가 있나요.

"제 부모님의 중매도 서주시고, 나중에 할아버지가 어머니를 수양딸로 삼으셨어요. 그러니 저에겐 외할아버지가 되는 거죠."

— 아버님도 이시영 부통령과 함께 일했으면 독립운동을 한 게 아닌가요.

"그러니까요. 여러 가지 정황 증거는 있지만 그런 것들이 기록에 남아 있지 않으니 국가에선 인정하지 않는 거죠."
― 그럼 아버님은 어떻게 하다 중국으로 가게 된 겁니까.

"독립운동가이자 한국 여성 최초로 미국에서 학위를 받은 하란사 할머니와 함께 파리로 가다 중국 베이징에서 하란사 할머니가 돌아가시고 아버지는 그곳에 남았다고 들었습니다."
― 독립운동가 하란사 선생이 할머니 되나요.
"네, 제 아버지의 숙모가 됩니다."

하란사 선생은 일찍이 여성의 몸으로 미국으로 건너가 자비로 유학했다. 하란사 선생은 미국 오하이오주에 있는 웨슬리안대학교에서 공부했다. 그녀는 유학 이후 이화학당에서 교사로 재직하기도 했다. 하란사 선생은 유관순 열사의 스승이기도 하다.

하란사 선생은 고종의 통역을 맡아했으며, 의친왕과도 친분이 두터운 것으로 알려졌다. 제1차 세계대전 종전(終戰)과 함께 국제사회에 한국의 독립을 호소하기로 계획한 하란사는 고종과 상의해 파리 강화회의에 의친왕을 파견하려 했지만 갑작스러운 고종의 승하로 수포가 됐다.

직접 파리 강화회의에 참석할 방안을 세운 그는 의친왕의 밀칙을 받아 베이징으로 떠났지만, 그것이 마지막이 될 줄은 아무도 몰랐다. 교포들이 마련한 만찬에 참석했다가 병을 얻은 그는 1919년 4월 10일 베이징 협화의원 병실에서 45세로 생을 마감했다. 장례식에 참석한 베커 선교사는 그의 시체가 검게 변해 있었다고 증언했다.

패망한 조선인의 설움 그리고 해방

최용학 이사장은 어린 시절 중국 상하이에서 제6국민학교에 다녔다. 학생들은 대부분 일본인과 중국인이었다. 학교에 다니면서 나라를 빼앗긴 설움을 어려서부터 겪어야 했다.
― 어쩌다 일본인 학교에 가게 됐나요.
"당시에는 대부분이 일본인 학교였어요. 상하이 제6국민학교가 그중에서도 일본인 학생들이 적은 편이어서 그곳에 가게 됐습니다."
― 제일 힘든 점은 무엇이었나요.
"일본인과 중국인 학생들의 놀림거리가 되는 것이 가장 힘든 점이었습니다. 그들은 우리에게 '패망한 조선인'이라고 놀리며 때리기까지 했어요. 나는 분하고 서러웠지만 참을 수밖에 없었습니다."
― 학교에 조선인 학생은 없었나요.
"있었죠. 그런데 뭐 우리가 할 수 있는 것이 없었어요. 선생들부터 조선인 학생들을 차별하니까 아이들도 우리를 조선인이라고 놀리고 시비 걸고, 그땐 정말 힘들었어요. 너무 힘들었어요. 그러다 해방이 되면서 일제가 패망하고 학교가 문을 닫게 됐어요. 그러다 보니 1학년 중퇴자가 된 거죠."

— 이후엔 학교를 안 다녔나요.

"다녔습니다. 해방 이후 도산 안창호 선생이 세운 상하이 인성학교에 입학했죠. 그곳에서는 당연히 차별 같은 건 존재하지 않았습니다. 정말 학교 다닐 맛이 나더군요. 안창호 교장선생님은 '지덕체(智德體)'가 아니라 '덕지체'를 강조했습니다. 학생은 공부도 잘해야 하지만 먼저 덕을 쌓아야 한다고 가르치셨습니다."

— 66년 만에 인성학교 당시 선생님을 만났다고 하던데요.

"네, 지인을 통해 알게 됐습니다. 외교부에 있는 지인이었는데 식사를 하다 내가 인성학교에서 공부했다고 하니 그곳에서 교사로 일하던 분이 있다고 얘기해주더라고요. 그래서 찾아뵙게 됐습니다. 얼마나 감격스럽던지 선생님과 한참을 부둥켜안고 울었습니다."

— 기억하던가요.

"그때 선생님이 연세가 있으셨습니다. 그래서 제 이름은 기억 못 하시는데 제 아버지 이름을 대니 금방 알더군요. 거기서 선생님하고 애국가와 인성학교 교가를 부르면서 행복한 시간을 보냈습니다. 선생님은 106세로 돌아가셨습니다."

최용학 이사장이 66년 만에 만난 인성학교 은사(恩師)는 독립운동가 구

익균 선생이다. 구익균 선생은 1929년 3월 신의주 학생 의거에서 주도적인 역할을 하였고, 중국 상하이로 건너가 한국독립당에서 활동했다. 이후 도산 안창호 선생의 비서실장을 역임하면서 인성학교에서 교사로 일한 것으로 알려졌다.

"조선 동포들이여!!! 김구 선생님이 오십니다. 홍커우공원으로 갑시다"

— 해방되던 날을 기억하나요.

"네, 아직도 생생히 기억납니다. 정말 많은 조선인이 밖으로 뛰어나와 '조선 독립 만세'를 외쳤으니까요."

— 그때 뭐 하고 있었나요.

"저는 홍커우공원에서 친구들이랑 놀고 있었어요. 그런데 갑자기 사람들이 '조선 독립 만세' 하면서 막 공원으로 모여들더라고요. 저는 처음에 어안이 벙벙했어요."

— 그때 몇 살이었나요.

"8세였어요. 그런데 그 어린 마음에도 독립됐으니, 이제 조국으로 돌아갈 수 있다는 생각이 먼저 들더라고요. 그동안 일본놈들과 중국놈들에게 받은 수모를 다시는 겪지 않아도 된다고 생각하니 나도 눈물이 났어요."

— 상하이에서 태어나서 한 번도 가보지 못한 조국인데 그런 느낌이 들던가요.

"가보지는 못했지만 어린 시절 어머니와 외할머니에게서 이야기를 들었습

니다. 그러니 가보지 않아도 다 아는 그런 심정이었습니다. 거기에 일본놈들의 패악이 싫었기 때문에 더욱 그랬던 것 같습니다."

— 그날 상하이의 분위기는 어땠나요.

"뭐 말해서 뭐 합니까. 잔칫날이었죠. 조선인 어른이라면 누구나 싱글벙글 얼굴에 웃음이 떠나지 않았고, 밤새 잠을 자지 않고 술을 마시고, 노래도 부르고 했던 것으로 기억합니다. 제 어머님과 할머님은 너무 기쁜 나머지 펑펑 우셨어요. 이젠 고향으로 돌아갈 수 있다면서요."

— 해방 이후 김구 선생을 뵌 적도 있다면서요.

"네, 아마 그때가 1945년 가을이었을 겁니다. 해방이 되고, 어느 날 누군가 '조선 교포들이여!!! 김구 선생님이 오십니다. 홍커우공원으로 갑시다' 하고 소리치더군요. 저도 어머니의 손을 잡고 공원으로 달려갔죠. 벌써 많은 사람이 몰려 있더군요."

— 김구 선생은 어떤 연설을 하던가요.

"어렸을 때라 연설 내용은 잘 기억이 나질 않습니다. 조국 사랑에 관한 거였던 것 같습니다. 연설이 끝나자 김구 선생님은 애국가를 부르기 시작합니다. 그러자 거기에 모인 조선인들이 다 같이 합창을 했어요. 그런데 조금 지나자 여기저기서 흐느끼는 소리가 들리기 시작했어요. 사람들이 애국가를 부르며 울고 있더라고요. 김구 선생님도 울면

"연설이 끝나자 김구 선생님은 애국가를 부르기 시작했습니다. 그러자 거기에 모인 조선인들이 다 같이 합창을 했어요. 그런데 조금 지나자 여기저기서 흐느끼는 소리가 들리기 시작했어요. 사람들이 애국가를 부르며 울고 있더라고요. 김구 선생님도 울면서 노래를 하고 있었어요."

서 노래를 하고 있었어요. 어른들이 울고 있으니 나도 모르게 눈물이 나더라고요. 지금 생각해봐도 정말 그날은 잊을 수가 없습니다."

— 그 이후에 김구 선생을 뵌 적이 있나요.

"이후에는 없습니다. 그런데 그날 뵌 선생님은 정말 훌륭한 분이었습니다. 어린 나에게도 그게 전해지더라고요."

해방된 조국에서의 삶은 고난의 시작

— 해방되고 나서 언제 귀국했나요.

"우리 가족은 해방 후 1년 뒤인 1946년에 화물선을 타고 귀국했습니다. 상하이에서 부산까지 3개월이나 걸렸습니다."

— 당시 기분이 어떠했나요.

"화물선이다 보니 힘든 점이 많았지만 저는 대단히 신이 났습니다. 한 번도 가보지 못한 조국에 간다는 것이 나에게는 얼마나 행복한 일인지 모를 겁니다."

— 부산에 내려서 어디로 갔나요.

"부산에서 며칠 머물다 기차를 타고 서울로 갔죠. 국가에서 적산가옥을 한 채 내주면서 그곳에서 살라고 하더라고요. 그래서 거기서 얼마간 살았죠. 그러다 다시 나가라고 해서 어쩔 수 없이 쫓겨났어요. 다행히 서울에 사촌 형이 살고 있었어요. 사촌 형의 도움으로 공덕동에 자그마한 셋방 집을 하나 구했죠."

— 그럼 공덕동에서 정착해 사신 건가요.

"아니요. 그곳에서도 얼마 살지 못하고 쫓겨났어요."

— 왜 쫓겨난 거죠.

"당시 우리 가족은 몸이 불편한 외할머니와 어머니, 그리고 누나 2명에 저까지 5명이었어요. 주인은 우리 식구가 많다고 나가라고 하더라고요. 그래서 다른 곳에 집을 잡고 살았죠."

— 당시 생활 형편은요.

"어려웠죠. 거기에 어머니까지 병으로 몸져눕다 보니 누나들이 공장에 나가 일해서 겨우 먹고사는 수준이었어요."

— 어머니가 이시영 부통령의 수양딸이라고 하셨는데 부통령께 도움을 받지 않으셨나요.

"어머니 성품이 하도 바르고 고지식하셔서 다른 사람에게 폐 끼치는 것을 싫어하셨어요. 그러다 보니 우리 힘으로 살아가야 한다고 생각하신 거죠. 누나들이 벌어 하루하루 살아갔죠. 그러던 중에 어머니가 돌아가셨어요."

— 어머니는 병으로 돌아가신 건가요.

"뭐 병환이 깊어진데다 제대로 된 식사도 하지 못하다 보니 끝내 숨을 거두신 거죠. 그때 기억이 아직도 생생하네요."

— 어떤 기억인가요.

"누나들은 일하러 가고 나와 어머니가 집에 있었어요. 어머니는 항상 누워 계셨어요. 그런데 그날따라 어머니의 신음이 안 들리고 조용하더라고요. 그래서 이상하다 싶어 어머니를 깨웠더니 이미 세상을 떠나신 뒤였어요. 어린 마음에 슬프기보다 무서웠어요. 사촌 형의 도움으로 장례를 치렀어요."

— 그 이후엔 어떻게 됐나요.

"그러던 중에 전쟁이 터졌죠. 폭격으로 집까지 불타고 한순간에 밖에 나앉게 됐어요. 그때 사촌 형수가 누나들에게 동생을 살리기 위해선 시집을 가라고 하셨는데 그때 누나들 나이가 10대 중반이었어요."

— 시집을 갔나요.

"뭐 어쩔 수 없이 거의 강제 결혼을 한 거죠. 저는 큰누나가 보살피기로 했고요."

6·25전쟁 그리고 누나와 생이별
— 그때부터 큰누님 집에서 살았나요

466

"그곳에서도 얼마 살지 못했어요. 저 때문에 강제로 한 결혼이라 누나도 힘들었나 봐요. 하루는 누나가 사돈 어르신에게 몸이 좋지 않아 서울에 가서 침을 맞고 오겠다고 하고 저를 데리고 서울로 올라왔어요. 당시 누나의 시댁은 경기도 양주였어요."

— 누나와 서울에 올라와서 어디로 갔나요.

"지금 광화문의 이순신 동상 자리에서 헤어졌어요. 누나는 친구 집에 가야 한다고 하면서 저더러 하란사 할머니 집으로 가라고 하더라고요. 처음엔 싫다고 했는데 나중엔 그러겠다고 했죠. 헤어지면서 다음 날 아침 그 자리에서 다시 만나자고 약속했어요."

— 다음 날 누나를 만났나요.

"아니요. 그날 그렇게 헤어진 이후로 지금까지 누나를 만나지 못했어요. 당시 누나 친구 집이 서대문 근처였는데, 그날 저녁 서대문 일대가 폭격으로 많은 사람이 죽었어요. 아마 누나도 그때 잘못되지 않았나 싶어요."

— 누나를 만나지 못했으니 다시 양주로 갈 수도 없었겠네요.

"혼자 다시 양주로 갔죠. 그런데 누나 없이 돌아온 저를 사돈 댁에선 반겨주지 않더라고요. 그래서 둘째 누나 집으로 갔죠."

— 뭐라고 하던가요.

"그동안의 얘기를 했죠. 그곳에서 누나가 해준 밥을 먹고 얼마 동안 있었어요. 그런데 눈치도 보이고 누나네도 형편이 좋지 않았어요. 그래서 몰래 나왔죠"

— 나와서는요.

"위로 가면 북한군이 있고, 밑으로 내려가려면 유엔군과 미군이 있는 것을 알고 무작정 밑으로 내려갔죠. 그러다 미군 부대를 만났어요. 그곳에 한국인 군인 아저씨의 도움으로 저는 그곳에서 미군 하우스 보이로 일하면서 생활했죠"

— 얼마 지나지 않아 그곳에서도 나오게 됐다면서요.

"네, 한 6개월 정도 미군부대에서 생활했어요. 그런데 갑자기 15세 미만 하우스 보이들을 모두 고아원으로 보내라는 명령이 떨어졌어요. 그래서 나도 고아원으로 가게 됐죠"

— 어느 고아원으로 갔나요.

"그때 고아원으로 가지 않았습니다. 가는 길에 도망을 쳤어요. 고아원에 가면 힘들게 생활해야 한다는 이야기를 듣고 차에서 몰래 뛰어내렸어요. 그래서 그 길로 한강을 건너 다시 내가 있던 미군부대를 찾아서 갔죠. 정말 전쟁 통에 쉽지 않았어요. 주변 도움을 받아 내가 있던 부대로 다시 찾아가니 나를 아껴주었던 한국인 아저씨들과 미군들도 모두 반가워하더라고요."

— 그곳에서 불의의 사고를 당한 것으로 알고 있습니다.

한민회 최용학 이사장(오른쪽)과 이선우 이사의 모습이다.

"네, 겨울이다 보니 아침에 일어나 식사를 하려면 모닥불을 피워야 돼요. 그런데 나무가 다 젖어 불이 잘 붙지를 않았어요. 그때 누군가 휘발유를 부었는데 갑자기 불길이 거세지면서 제 다리로 옮아붙은 거죠. 그때 화상을 입고 병원으로 이송됐어요."

최용학 이사장은 전쟁 당시 입은 화상 자국이 아직도 선명하게 남아 있었다. 최 이사장은 이를 훈장처럼 말했다. 병원에서 치료를 끝낸 최 이사장은 그곳의 도움을 받아 고아원으로 가게 된다. 하지만 그곳에서도 오래 머물지는 못했다.

— 고아원에서 왜 금방 나온 거예요.

"내가 들어가서 얼마 되지 않아 고아원 창고가 털렸어요. 나는 누구의 소행인지 알고 있었죠. 원장이 나보고 범인을 말하라고 하더라고요. 근데 차마 말할 수가 없었어요. 그러다 보니 제가 도둑으로 몰리면서 쫓겨난 거죠."

최용학 이사장은 나중에 도둑에 대한 오해는 풀렸다고 했다. 당시 해당 고아원 원장은 벨기에 사람이었다. 최 이사장은 후에 고아원 원장을 대부로 모셨다고 했다. 최 이사장은 고아원에서 쫓겨나 전라남도 목포에서 고아원을 운영하고 있는 고모에게로 갔다. 하지만 그곳에서의 생활도 녹록지 않았다. 고모는 최 이사장을 머슴 대하듯 일을 시켰다고 했다.

"조카라 해도 원생으로 대해줬으면 좋았을 텐데 고모는 그러지 않았어요. 온갖 잡일은 내가 다 해야 했고, 정말 힘들게 생활했어요. 머슴 같았어요."

최 이사장의 말이다.

이후 최 이사장은 그곳을 나와 막내 삼촌의 집으로 들어갔다. 최 이사장은 그곳에 정착해 고등학교를 나와 한국외국어대학교를 졸업했다. 이후 연세대학교 석사를 거쳐 필리핀 마닐라 데라살 아레네타 대학원에서 박사 학위를 받았다. 최 이사장은 평택대학교에서 교수로 일하다 정년퇴임했다. 그러나 그는 쉬지 않고 독립유공자들을 위해 현재도 일하고 있다.

"'한민회'를 통해 독립유공자 마지막 한 사람까지 찾아낼 것"

― '한민회'는 어떤 단체인가요.

"한민회는 국내외 독립운동 가족을 중심으로 애국선열의 유지를 계승하고 한민족공동체의 일원으로서 자긍심을 갖도록 함과 더불어 조국의 발전과 민족정기 선양을 위한 뿌리 의식을 함양하여 민족문화 계승 발전에 이바지하도록 하기 위해 만든 단체입니다."

― 한민회는 언제 만들어졌나요.

"한민회는 2000년 3월에 처음 만들어졌어요. 그 전에 한민회라는 이름의 조직이 있었지만 그 단체와는 다릅니다. 물론 독립운동과 관련 있는 것은 맞지만 성격이 조금 다릅니다."

― 한민회는 어떤 활동을 하고 있나요.

"한민회 주요 활동은 독립유공자들을 찾아 그에 대한 보상을 하는 일도 하지만, 《한민》이라는 잡지를 통해 국민에게 항일투쟁에 대한 제대로 된 정보를 제공하는 일을 하고 있습니다."

― 《한민》이라는 잡지는 과거 백범 김구 선생이 결성한 한국국민당의 기관지로 알고 있는데요.

"네, 그 정신을 이어받아 지금까지 관련한 내용을 잡지로 발행하고 있습니다."

― 한민회에서 여러 활동을 한다면서요.

"현재는 코로나19 때문에 활동이 중단됐습니다. 그 이전엔 중국에 항일 유적지들과 박물관을 찾아다니며 우리 선조들의 역사를 알리고 그에 대한 보존 사업을 해왔습니다."

― 상하이 훙커우공원도 방문했다면서요.

"네, 훙커우공원에 있는 윤봉길 박물관에서 토론회도 했습니다."

― 나중에 훙커우공원을 갔을 때 어떤 느낌이었나요.

"제가 처음 갔을 때는 한민회 사업을 시작하고 나서였어요. 근데 몇십 년 만에 방문한 건데 생생하더라고요. 어린 시절 뛰어놀던 그 모습이랑 새로 생긴 윤봉길 의사의 역사 유적과 박물관을 보면서 신기했어요."

― 한민회의 향후 활동 계획은요.

"지금과 비슷한 활동을 계속해서 해나갈 계획입니다. 정말 독립유공자들을 마지막 한 사람까지 찾아내 그에 맞는 보상을 받게 하는 것이 제가 해야 될 소망입니다." ㉾月刊朝鮮

著者 崔勇鶴 年譜

별명 : 앉은 자리에 풀도 안 난다는 지독한 최가에 곱슬머리, 옥니백
이 낚시눈깔(외할머니가 지어주신 별명 이름이다) 사육신 가운데 한
분이신 하위지가 나의 친할머니 하(河 이름 없음)씨의 선대 분이시다.

생년월일 : 1937년 11월 28일

출 생 지 : 中國 上海

學   歷 : 1945년 上海 第6國民學校 1학년 中退

1946년 上海 仁成學校 1학년 中退

1948년 서울 協成國民學校 2학년 中退

1952년 서울 봉래국민학교 5학년 중퇴

1952년 서울 善隣中學校(야간부) 1학년 입학

1952년 서울 善隣中學校(야간부) 1학년 중퇴

1958년 서울 東北高等學校(야간부) 1학년 入學, 주간
부 3학년 卒業

1958년 韓國外國語大學校 1학년 入學

1964년 韓國外國語大學校 4학년 卒業(文學士)

1972년 延世大學校 敎育大學院 入學

1974년 延世大學校 敎育大學院 4학기(修了)卒業
敎育學 碩士(道德 및 宗敎敎育 專攻)

1991년 마닐라 그레고리오 아라네타대학교 입학
    (De Lasal, GAUF)
1993년 그레고리오 아라네타대학교 6학기(修了)卒業
    敎育學博士(敎育哲學 專攻)
1994년 모스크바 고리끼문학대학 2학기 러시아 문화역사 연구
經 歷 : 서울 동대문시장 거리 담배 팔이, 천막풍로공장 직공, 美
    8機甲部隊 C중대(에잇캬브리 C company) 하우스보이,
    서울 中部警察署 사환
1966년 피어선高等公民學校 講師(영어)
1968년 피어선고등공민학교, 피어선實業專修學校 庶務課長
1981년 평택대학교 교수
        보직 : 2부 敎務主任, 敎養學部 部長, 圖書館長, 事務
            處長, 企劃處長, 相談大學院長, 敎育大學院長
    * 東方海上保險株式會社 硏修室 代理, 極東製罐株式會社 理事
    學校法人 泰光學院 理事
    사랑의 전화 敎育理事(京畿支部)

    社團法人 韓國人性敎育協會 敎育理事(講師)

    矯導所 各機關, 陸軍敎育司令部(領官級 高級將校 人
    性敎育 敎官養成

    平澤市 企劃發展委員會 企劃委員
    社團法人 韓民會 代表理事 會長
軍 服務 : 보병 제8사단 21연대 C중대 상병 제대
賞 勳 : 보병제8사단 21연대 C중대 중대장 표창
        學校法人 피어선學院 理事長 表彰
        平澤大學校 總長 表彰, 大韓民國 녹조근조 勳章

宗　敎 : 가톨릭敎,, 본명 안드레아, 대부 ; 앙드레 몽띠 빠리
　　　　스(벨기에 귀족 가문)
세례주례 : 申仁植 바오로 神父(서울 약현성당, 중림동)
견진주례 : 盧基南 바오로 主敎(서울 약현성당)
서울 한강성당 司牧委員會 總務
경기도 송현성당 사목위원회 부회장
경기도 신갈성당 요아킴회 회장
서울대교구 꾸르실리오 제9차 서울 남부지역 간사
서울 漢江大建會 會長
대자 : 지창훈 미카엘(전 대한항공 KAL 사장)
　　　　선우중호 안드레아(전 서울대학교 총장)
　　　　故 양승춘 안드레아(전 서울대학교 미술대학 교수, 학장)
　　　　이해민 미카엘, 동서(전 三星電子 株式會社 代表, 社長)
　　　　故 具益均 요셉(國家有功者, 島山 安昌浩 秘書室長 歷任,
　　　　2013년 고령이라 대세를 하였는데 44년 前 종로
　　　　성당에서 장면 박사 집권 시 국방장관 역임한 玄錫
　　　　浩 회장이 대부셨고 이미 세례를 받은 것을 알게
　　　　됨. 2013년 106세로 故人이 됨.
* 가톨릭의과대학에 사후 시신 기증 등록 2012년 1월 31일
　사전 연명치료의향서 작성
　한국 사전 의향서 보관은행
　2016년 7월 28일

사랑으로 가꾼 최용학 가족

아내 정원정(鄭垣珽, 모니까, 82세)
장남 최희탁(崔羲鐸), 아오스딩, 55세, 싱가포르 회사 사장)
며느리 김미라(치앙마이 국제학교 교사)
　　　손녀 최다은(연세대학교 영어영문학과 4학년)
큰사위 박동수(朴東洙, 미카엘 57세, SK써지매드 사장)
큰 딸 최경란(崔璟蘭, 세실리아, 51세)
　　　외손녀 박선경(28세, 영어 중국어 유창, IT회사 사원)
　　　외손자 박현웅(24세, 매너 좋은 젠틀맨)
막내 사위 조준호(趙俊浩, 53세, IT회사 실장)
막내딸 최경희(崔璟嬉, 아가다, 48세, 클래식 기타리스트, 유치원 교사)
　　　외손자 조한성(趙漢成, 과학조리고교 3학년, 미카엘)

＊ 親戚

順鶴 작고
泰鶴 작고
春鶴 (교회 전도사)
永鶴 작고
仁鶴 큰누나(작고) 미상
義鶴 작은누나(아들 이종섭) 딸 이경은은 중화요리점 운영. 사위
　　(송동근)과 다복하게 살고 있음.
崔昌得(작은아버지 방지거, 작은어머니 朴福童 마리아(兩位 작고)
사촌 여동생 崔銀淑(MBC가요제 입선, 음악인), 고 이종찬(매제,
　　전 한국전선협회 전무)
　　이지혜(제이 인터네이셔널 'RIVECOWE화장품 생산' 사장, 수
　　　　출유망기업으로 정부지원 받음)
　　이혁준(방송국 작곡가)

10번의 죽을 고비를 넘은 삶

① 상해 홍구공원 북사천로 규강로에 살던 집이 공원에 있었는데 몽둥이를 들고 전쟁놀이 하며 뛰어다니다가 일본군 군용트럭에 치어 3주 동안 인사불성으로 1차 죽을 고비를 넘김.

② 7살 때 상해 중심을 흐르는 강에 매어 놓은 배를 타려다가 똥물이 흐르는 물에 빠져 위험에 처해 허우적거릴 때 지나가던 사람이 건져주어 2차 죽을 고비를 넘겼으나 새로 사준 운동화를 잃어버려 어른한테 크게 야단맞음.

③ 미군부대 하우스보이로 있을 때 장난감으로 알고 수류탄 안전핀을 뽑아들었을 때 미군이 소리치는 바람에 얼떨결에 집어 던지자 바로 코앞에서 꽝하고 터져 3차 죽을 고비를 넘김.

④ 유엔군을 따라 야외에서 식사를 하는 중 모닥불에다 휘발유를 끼얹다가 불이 몸에 붙어 뒹굴 때 군인들이 달려들어 꺼주어 4차로 살아남.(당시 화상을 입은 흔적이 지금도 다리에 남아 있음)

⑤ 미군 하우스보이로 있을 때 흑인병사와 의견 대립이 있을 때 그가 칼빈 총을 내게 정조준하여 쏘려는 순간 담 너머서 보던 사람들이 비명을 질러 흑인 병사가 총을 내려 5차 죽음 면함.

⑥ 워커힐 풀장에서 남들이 다이빙하는 것을 보고 따라 뛰어 내렸다가 가슴에 충격을 받아 익사할 뻔하고 여러 날 고생을 하다 가까스로 6차 고비 넘김.

⑦ 30대 초반 폐결핵에 걸려 6개월간 심하게 앓다가 사탕(잠뱀, 살모사 등을 고아 만든 국물)을 먹으면 낫는다고 하여 과다섭취하여 합병증으로 죽을 뻔하다가 구사일생으로 7차 소생.

⑧ 고등학교 때 학교 깡패들과 대결할 때 단체로 에워싼 공격을 받게 되었을 때 과감히 대들자 벽돌장이 내 귀를 스치고 치나갔고 이때 나는 오기가 나서 사납게 반격을 하자 놈들이 모두 물러나서 위기 모면함.

⑨ 6.25당시 뚝섬 강둑을 따라 피란을 가다가 폭격기가 총을 발사할 때 짊어지고 가던 솜이불을 뒤집어쓰고 엎드려 살아남.

⑩ 한강에서 수영을 한다고 물살이 심한 곳으르 뛰어들었다가 물결에 휘발려 허우적거리고 익사 직전 조카 최광일(고인)이 위험을 무릅쓰고 뛰어들어 나를 구해주어 위기에서 10번째 고비를 넘김.